Rüdiger Sünner
# Schwarze Sonne

Rüdiger Sünner

# Schwarze Sonne

Entfesselung und Mißbrauch der Mythen
in Nationalsozialismus und rechter Esoterik

HERDER / SPEKTRUM

Herder Freiburg · Basel · Wien

Gedruckt auf umweltfreundlichem,
chlorfrei gebleichtem Papier

Alle Rechte vorbehalten – Printed in Germany
© Verlag Herder Freiburg im Breisgau 1999
Herstellung: Freiburger Graphische Betriebe 1999
ISBN 3-451-27186-9

# Inhalt

1. Einleitung .......................... 7
2. „Germanischer Frühling": Neuheidnischer Aufbruch
   um die Jahrhundertwende ............... 12
   „Ariosophie" ....................... 17
   „Adler und Falken" .................. 23
   Die „Artamanen" .................... 26
   Die „Thule-Gesellschaft" .............. 28
3. **„Licht vom Norden": Mythen zur Herkunft und
   Überlegenheit der „Arier"** .............. 33
   Der „göttliche Funke" des „Ariers" .......... 33
   Die Legende von „Thule" ............... 39
   Atlantis-Forschung in der SS ............. 44
   „Die Sage von den Riesen": Hitlers „Arier"-Glaube . 54
   „Nordmänner herrschen im Süden":
   Der „Arier"-Mythos in der NS-Erziehung ....... 60
4. **Entwürfe und Praktiken einer neuen Kultreligion** .. 67
   „Steinerne Heiligtümer":
   Kultstätten und Sakralbauten ............ 67
   Anrufungen des „Lichtgottes":
   Rituale und Weihefeiern ............... 79
   „Sonnenrad" und „Runenwissen":
   Symbole und Sinnbilder ............... 85
5. **„Ordensburg" und „reines Blut":
   Der Mythos vom „Heiligen Gral"** .......... 92

6. „Mittelpunkt der Welt":
   Die SS-Kult- und Schulungsstätte Wewelsburg .... 103

7. Krieg als „Gottesdienst" ............... 110
   „Die nordische Seele im Kampfe":
   Germanische Kriegerethik .............. 110
   „Drachentöter":
   Siegfried und Arminius als mythische Vorbilder ... 114
   „Die letzte Schlacht": Heldenopfer und Apokalypse . 118

8. „Schwarze Sonne": NS-Esoterik nach 1945 ...... 141
   Der Mythos der „Schwarzen Sonne" .......... 146
   „Rebellen für Thule" .................. 148
   „Esoterischer Hitlerismus" ............... 155
   Kamen die Deutschen von den Sternen?
   (Rechte Ufologie) .................... 164

9. Die Wiederkehr der alten Götter ............ 172
   „Artgemäße Religion":
   Neuheidnische Glaubensgemeinschaften ....... 172
   „Nordischer Nietzscheanismus":
   Neuheidentum in der Pop-Musik ........... 185
   „Nordland-Blues": Die Sängerin Mari Boine ..... 201
   „Fährten im Traum-Harz":
   Der Dichter Rolf Schilling ............... 203

10. Vom Mißbrauch und Gebrauch der Mythen ...... 212

**Anmerkungen** ........................ 229

**Ausgewählte Literatur** .................... 253

**Abbildungsnachweis** .................... 256

# 1. Einleitung

Auf einer einsamen Heidelandschaft steht ein wuchtiges Hünengrab. Es ist älter als die ägyptischen Pyramiden, und bis heute wissen wir wenig darüber, wie Menschen der Steinzeit tonnenschwere Platten in diese Position brachten und sie nach bestimmten Aufgangspunkten von Sonne und Mond ausrichteten. Jahrhundertelang erzählten die Sagen der Umgebung von „Riesen", die einst hier gelebt haben sollen und mit ihren übermenschlichen Kräften Granitblöcke wie Spielzeuge hin und her bewegten. In einer Bibelstelle (1. Mose 6), die mythische Erzählungen aufgreift, entstanden „Riesen" aus der Paarung von „Gottessöhnen" mit „Menschentöchtern" und werden als „Helden der Vorzeit" bezeichnet. Angeblich verschwanden sie mit der Sintflut, die ebenfalls bei fast allen Völkern der Erde erwähnt wird und die das abrupte Ende eines paradiesischen „Goldenen Zeitalters" andeutet. Auch der griechische Philosoph Platon erwähnt eine solche glückliche Urzeit und die sie verschlingende Katastrophe in seinem Bericht über das sagenhafte „Atlantis", das vor ca. 9000 Jahren untergegangen sein soll. Haben wir es hier mit Ergebnissen dichterischer Phantasie zu tun, mit verschlüsselten historischen Erfahrungen – oder greift das eine kaum unterscheidbar ins andere über?

Es sind große und rätselhafte Bilder solcher Art, aus denen Mythen bestehen: suggestive Szenarien von dramatischer und hochemotionaler Kraft, vieldeutige Erzählungen vom Anfang aller Zeiten und von heroischen Urahnen, die göttlichen Geschlechtern entstammten und die Schöpfungsordnung in erbitterten Kämpfen immer wieder gegen Riesenschlangen, Drachen und Dämonen bewahren mußten. Die Helden heißen Marduk, Herakles, Siegfried oder Heiliger Michael und treten – stellvertretend für ihre Gemeinschaft – mit Schwert, Feuer und List gegen die Mächte der Finsternis an.

Dabei machen sie zuweilen auch Wandlungen und neue Erfahrungen durch: Siegfried etwa badet im Blut des erlegten Drachen und versteht danach die Sprache der Vögel, die ihm den Weg zu neuen Mutproben weisen, in denen er sich vom Jüngling zum Mann entwickelt.

Die Mythen enthalten Initiationsmuster und Bilder archetypischer Erfahrungen, die auch in unseren Träumen und Märchen wiederkehren. Es sind keine naturalistischen Geschichten, sondern ineinander verschlungene Metaphernströme, in denen wir manchmal umherirren wie in einem Labyrinth mit Tausenden von Türen, hinter denen sowohl die Schönheit als auch das Grauen lauern.

Mythologie ist faszinierend und gefährlich zugleich. Ohne sie gäbe es keine Religion, keine Kunst und kein modernes Kino, aber ohne sie wäre auch weniger Blut in der Geschichte der Menschheit vergossen worden. Unter ihrem suggestiven Bann schufen Künstler wie Homer, Dante, Hölderlin, Wagner, Picasso oder Joyce ihre Meisterwerke, und in ihrem Namen wurden Völker ausgelöscht und sprengten sich Sekten in kollektivem Selbstmord in die Luft. Im Kraftstrom ihrer Bilder gedeihen sowohl Selbsterkenntnis und Läuterung als auch Psychose, Größenwahn und „ethnische Säuberung". Das Hakenkreuz, mythologisches Symbol für zyklische Bewegung und kosmische Regeneration, ziert die Tempelräume des Dalai Lama – und war das wichtigste Emblem unter Hitler, der darin ein „heiliges Zeichen der Germanen"[1] sah und in seinem Schatten millionenfachen Mord beging.

Mythen können gebraucht und sehr leicht mißbraucht werden. Ihre Suggestivkraft und Mehrdeutigkeit verführt zu noch so abwegig erscheinenden Interpretationen, und der Nationalsozialismus ist eines der eklatantesten und lehrreichsten Beispiele dafür, welchen Zündstoff sie bereithalten, wenn man allzu schnell und fanatisch Gewünschtes hineinprojiziert.

Neben den ökonomischen, politischen, historischen und ideologischen Hintergründen hat man die mythologische Komponente des „Dritten Reiches" bisher nur unzulänglich untersucht. Der Nationalsozialismus war aber nicht nur ein politisches Programm, das Arbeitsplätze und kollektiven Zusammenhalt versprach, sondern auch eine „Bewegung" der großen Legenden, Bilder, Symbole und Rituale.

Aus verschiedenen Elementen wurde eine Art Ersatz-Mythologie zusammengebaut, die Fragen nach dem Ursprung und der Zukunft beantworten wollte und die Helden der Vorzeit zu Identifikationsmustern für die Gegenwart verklärte. Ein „messianischer" Führer versprach einem suchenden Volk geistige Orientierung, siegreiche Kämpfe gegen vermeintliche Mächte der Dunkelheit und die Errichtung eines in die Ewigkeit reichenden „Tausendjährigen Reiches". Man entwarf einen „arischen" Ursprungsmythos, der die eigene Nation in eine erhabene Traditionslinie stellte und den man in gewaltigen Zeremonien und Massenritualen immer wieder beschwor und erneuerte. Dazu wurden eigene „Tempel", „Kultstätten" und „Ordensburgen" errichtet, Symbole und Heilszeichen bereitgestellt. Die eigenen Ahnen wurden als unversiegbare Kraftquelle zu einem der Mittelpunkte des Lebens erklärt. Weihestätten und Weiheveranstaltungen suggerierten die Unsterblichkeit der eigenen Volksseele und spornten den idealistischen Geist junger Menschen an, die am Ende jedoch nicht ins Kriegerparadies „Walhall" einzogen, sondern auf den Schlachtfeldern verbluteten.

Die „politische Religion"[2] des Nationalsozialismus ist nicht nur auf ein Element zu reduzieren, egal ob man dieses nun „heidnisch-germanisch", „gnostisch"[3], „okkult"[4] oder „christlich-apokalyptisch"[5] nennt. Hitler äußerte sich über die römische Kirche sowohl respektvoll anerkennend als auch mit vernichtendem Sarkasmus. Er verspottete völkisch-germanische Sektierer und ihre Wiederbelebung des „Wotankultes", bezeichnete sich aber auch als „Heide" und liebte die von keltisch-germanischer Sagenwelt durchdrungenen Opern Richard Wagners.[6] Tatsache ist, daß im „Dritten Reich" zahlreiche mythologische Elemente zur Glorifizierung einer „arischen Herrenrasse" benutzt wurden und in die Wiederbelebung von Kult- und Symbolformen einflossen, die diese Ideologie tief im Gefühlsleben der Bevölkerung verankern sollten.

Dazu gehörten Legenden vom Ursprung der „Arier", prähistorische Spekulationen, Deutungen heidnischer Bräuche und Symbole, germanische Sagen, der Mythos vom „Heiligen Gral" und auch Bilder aus der christlichen Apokalypse („Tausendjähriges Reich", Kampf gegen „Satan" etc.).

Im vorliegenden Buch interessieren uns vor allem die Mythen, die um das vermeintlich hohe Alter und die geistige Überlegenheit der „arischen", „nordischen" oder „germanischen" Rasse kreisen. Sie spielten nicht nur im „Dritten Reich" eine wesentliche Rolle, sondern entstanden bereits lange vorher und sind auch heute wieder in einer rechten Esoterikszene zu finden. Hitler, Himmler und Rosenberg glaubten an Legenden vom Ursprung der „Arier" auf prähistorischen Kontinenten im hohen Norden, die vor den uns bekannten Kulturanfängen existiert haben sollen: „Wir tun gut daran anzunehmen, daß das, was die Mythologie von Gestalten zu berichten weiß, die Erinnerung ist an einstige Wirklichkeit", sagte Hitler in einem seiner Tischgespräche[7], und für Heinrich Himmler waren Sagen keine Phantasie, sondern „das Gesagte, die Chronik"[8].

In kaum einer Zeit ist aus der vieldeutigen Bilderwelt der Mythen wohl soviel vermeintlich Eindeutiges herausgepreßt worden wie im Nationalsozialismus, was vor allem die nordisch-germanische Überlieferung bis heute mit einem Schatten belegt hat. Allein Worte wie „Wotan" oder „Runen" genügen, um im In- und Ausland einen Schauer des Unbehagens zu erzeugen, der keine unbefangene Beschäftigung mit diesem Thema zuläßt, das jedoch genauso zu unserer kulturellen Vergangenheit gehört wie die „Deutschen Heldensagen" oder das Nibelungenlied. Allein die starke Skepsis gegenüber der germanischen Mythenwelt heute zeigt, wie intensiv ihre Bilder mit dem „Dritten Reich" verbunden waren. Wir spüren eine unheilvolle Mischung von Mystik, Pathos, Fanatismus und Gewalt und schützen uns durch Abwehr, Verdrängung oder Ironie. Kein Ire, Schotte oder Bretone würde das Wort „keltisch" so als Schimpfwort benutzen, wie der heutige Deutsche sich zuweilen gerne als „Germane" oder „Teutone" abwertet. In der Tat ist die Mythologie des Nordens auch dunkel, blutrünstig und voller Kampfgetümmel, aber dies teilt sie mit vielen anderen Mythen der Welt, und es bleibt zu untersuchen, ob ihre Bilder in besonderer Weise totalitäres oder rassistisches Denken befördern oder nicht.

Dieses Buch soll ein wenig helfen, die Sinne zu schärfen für die unselige Verstrickung von solchen Inhalten mit der Ideologie des „Dritten Reiches" und Fragen zur allgemeinen Faszination stellen, die den alten Göttern auch heute wieder entgegengebracht wird.

Denn die Botschaften des Christentums oder der aufgeklärten Vernunft scheinen schwächer zu werden oder nur noch Lippenbekenntnisse in einer Zeit zu sein, in der neuheidnische und okkulte Gruppen aller Art aus dem Boden sprießen, um einen wachsenden Hunger nach Archaik und Magie zu befriedigen, der Irrweg und Erleuchtung kaum mehr auseinanderhalten kann. Auch in der rechten Szene werden Mythologie und Esoterik immer mehr dazu benutzt, um völkisch-rassistischen Weltanschauungen „Tiefe" und geheimnisvollen Glanz zu verleihen.

Brauchen wir überhaupt Mythen, oder sind sie Überreste einer vorwissenschaftlichen Zeit, die mit den Forderungen der Aufklärung nicht mehr vereinbar sind? Beinhalten sie zeitlose Wahrheiten, die uns bei der Lebensbewältigung helfen können, oder spiegeln sie nur ein definitiv vergangenes Weltbild, das höchstens nostalgische Sehnsüchte befriedigen kann? Wie konnte es passieren, daß in einer modernen Zivilisation von hohem kulturellem Niveau am Anfang dieses Jahrhunderts archaische Bilderwelten aufbrachen, die große Teile eines Volkes in einen Taumel der Begeisterung versetzten? Das sind Fragen, denen man sich bisher bei uns – vielleicht auch aus Angst vor den Untiefen dieses Themas – noch zu wenig gestellt hat, deren Beantwortung aber angesichts des immer stärker werdenden Interesses für Esoterik und Mythologie – vor allem in der rechten Szene – dringend erforderlich erscheint.

## 2. „Germanischer Frühling": Neuheidnischer Aufbruch um die Jahrhundertwende

Erst im Jahr 1998 erschien die deutsche Übersetzung eines schmalen Bändchens des französischen Schriftstellers und Kulturphilosophen Denis de Rougement mit dem Titel „Journal aus Deutschland 1935–1936".
Der Autor, der in den 30er Jahren als Lektor an der Universität Heidelberg gearbeitet hatte, deutet darin das „Dritte Reich" als den Ausbruch eines „irrationalen und romantischen Heidentums", als „Neo-Paganismus", den sich ein orientierungslos gewordenes Deutschland herbeigesehnt habe, um seinen religiösen Hunger in irgendeiner Form zu befriedigen.[9]
Rougement fallen zunächst Kleinigkeiten im Alltag dieser Zeit auf: die häufige Verwendung von Worten wie „Opfer" und „Kampf" sowie ihre positive Aufladung, die Präsenz von Trommeln und Fackeln auf den Straßen und SA-Männer, die leidenschaftlich eine „heldische Vorstellung vom Leben" verteidigen. Ein junger Nationalsozialist schreibt ihm: „Armut und Elend sind nur äußere Beweggründe. Der tiefere Grund einer Bewegung wie der unseren ist mit Vernunft allein nicht zu erklären. Wir wollten an etwas glauben, wir wollten für etwas leben ... Das Christentum befriedigte – wahrscheinlich durch die Schuld seiner Geistlichen – schon lange nicht mehr das Bedürfnis der Mehrheit des Volkes nach Glauben. Wir wollen an die Mission des deutschen Volkes glauben. Wir wollen an die Unsterblichkeit des Volkes glauben ... und vielleicht gelingt es uns, daran zu glauben."[10]
Am 11. März 1936 nimmt Rougement an einer Massenversammlung in der Frankfurter Festhalle teil, vor der schon seit dem frühen Morgen Scharen von Menschen kampieren, um einen guten Platz zu ergattern. In zehn Minuten sind 35 000 Plätze besetzt, und ein unaufhörlicher Strom drängt in die ge-

schmückte Arena nach, wo schon Trommelwirbel und Scheinwerfer eine suggestive Stimmung erzeugen. Als endlich der „Führer" kommt, beginnt eine minutenlange Huldigung, und der erstaunte Gast ist plötzlich nur noch von heiseren Schreien und ekstatischen Gesichtern umgeben.
„Ich hatte gedacht", so resümiert er später, „an einer Massenveranstaltung teilzunehmen, an einer politischen Kundgebung. Aber sie zelebrieren ihren Kult! Und dabei wird eine Liturgie abgehalten, die große sakrale Zeremonie einer Religion, der ich nicht angehöre und die mich überrollt und mich mit sehr viel mehr Kraft, sogar physischer Kraft zurückdrängt als diese schrecklich strammen Körper... Ich werde diesen ‚Schrei', dieses unmittelbare Gebrüll von 40 000 Menschen, die sich in einer einzigen Bewegung aufrichten, nicht mehr vergessen... Nein, es handelt sich nicht um Haß, es handelt sich um Liebe. Ich habe das Ächzen der Liebe aus der Seele der Massen vernommen, das dumpfe und machtvolle Ächzen einer Nation, die besessen ist von dem Mann mit dem ekstatischen Lächeln – von ihm, dem Reinen und Einfachen, dem Freund und unsichtbaren Befreier..."[11]

Rougement erkennt in Deutschland das Losbrechen eines archaischen Stammeskultes um scheinbar vergangene Dinge wie Führer, Blut, Rasse und Ahnen, in dem er nicht nur einen politischen Aufbruch sieht, sondern ebenso die Befriedigung von ungestillten metaphysischen Bedürfnissen, die in ihrer Verwirrung allerdings bizarre Formen annehmen: Die modernen Massen, die der geistigen und geistlichen Kultur beraubt seien, stünden der Religion unwissender und „barbarischer" gegenüber als die polynesischen Völker mit ihren Riten und Hexen. „Wenn der religiöse Hunger... erwacht, so geben sie sich womöglich mit dem Gröbsten zufrieden."[12]

Ähnliches beobachtet zur selben Zeit der Schweizer Tiefenpsychologe C. G. Jung, wenn er 1939 von „gewissen paganistischen Tendenzen im heutigen Deutschland" spricht.[13] Für Jung, der als Psychiater die Doppelbödigkeit der menschlichen Seele kennt, äußert sich in dem archaisch-mythologischen Boom dieser Jahre eine verdrängte Seite des „germanischen Barbaren", den die Christianisierung nur sehr oberflächlich verwandelt habe.

Im Unbewußten sei alles noch vorhanden, was das Bewußtsein verworfen habe, und je christlicher sich das Bewußtsein gebe, desto heidnischer gebäre sich das Unbewußte, wenn nämlich im verworfenen Heidentum noch lebenswichtige Werte steckten, d. h. wenn das Kind „mit dem Bade ausgeschüttet" worden sei.[14] Die dunkle und dämonische Seite des Menschen, „das Tier in uns" – so Jung – sei von der christlichen Nächstenliebe nicht „in Liebe" aufgenommen worden.[15] Während archaische Völker in Kult und Ritual noch einen Umgang mit ihren Dämonen pflegten, hätte die Kirche solche Schattenaspekte verdrängt und wundere sich nun, daß sie plötzlich mit Gewalt wieder losbrächen. Jung ist vorgehalten worden, das Geschehen des „Dritten Reiches" auf bestimmte Psychologismen reduziert zu haben, indem er zeitlose „Archetypen" wie eine Flutwelle über das Individuum hinwegrollen sieht und damit Fragen nach persönlicher Verantwortung vernachlässigt.[16] Aber diese Kritik übersieht, daß der emphatische Charakter der nationalsozialistischen Diktatur nicht nur mit politisch-ökonomischen Erklärungen zu bewältigen ist und natürlich die berechtigte Frage aufwirft, inwieweit am Anfang dieses Jahrhunderts eine christliche gegenüber einer heidnisch-mythologischen Glaubenswelt ins Hintertreffen geriet.

So schrieb der jüdisch-marxistische Philosoph Ernst Bloch bereits 1932: „Es geht nicht an, dicke Bücher über den Nationalsozialismus zu schreiben, und nach der Lektüre ist die Frage, was das sei, das so auf viele Millionen Menschen wirke, noch dunkler als zuvor. Das Problem wird desto größer, je einfacher dem wasserhellen Autor die wasserklare Lösung gelungen ist ..."[17]

Bloch kritisiert damit auch die vulgärmarxistische Linke seiner Zeit, die mythologische Aspekte der damaligen Ideologie – ganz im Sinne ihres Urvaters Engels – lediglich als „Blödsinn"[18] apostrophierte und aus ihren Analysen gänzlich ausschied. Damit begingen sie – so der Philosoph in seinem hellsichtigen Buch „Erbschaft dieser Zeit" – den fatalen Fehler, wirkungsmächtige Bereiche von Bild, Symbol, Kult und Phantasie von der falschen Seite besetzen zu lassen: „Man hat die Hölle wie den Himmel, die Berserker wie die Theologie kampflos der Reaktion überlassen."[19]

Bloch sieht bereits 1932 das Aufbrechen eines „geheimen Deutschlandes", das Emporsteigen eines „eingesunkenen Mutterhauses", wie er sprachgewaltig neuheidnische und völkisch-okkulte Tendenzen beschreibt, einen „riesigen, einen kochenden Behälter von Vergangenheit", der sich vom Land gegen die Stadt ergießt.[20] Marxisten, Linke und sonstige Kräfte der Aufklärung hätten dieses Material ernstnehmen und „dialektisch verwandeln" müssen, etwa mit dem Hinweis auf das ursprünglich utopische Potential von Begriffen wie „Führer" oder „Drittes Reich".[21] Wie unscharf Blochs konkrete Vorschläge dazu auch bleiben, so gebührt ihm zumindest das Verdienst, Ideologiekritik aus dem engen Rahmen positivistischen Denkens herausgeführt und auf „uralte Bilder" und „sehr alte Triebweisen" im Menschen aufmerksam gemacht zu haben, die durch Verdrängung allein nicht aus der Welt zu schaffen sind.[22] Ungewöhnlich auch, wie er als Marxist sogar soweit geht, mystische Bedürfnisse der Seele ernst zu nehmen und die Frage zu stellen, wie sie mit utopisch „zielsetzendem Licht"[23] statt mit reaktionärem Nebel zu verbinden seien, denn es bestünde immerhin ein großer Unterschied „zwischen dem Mystiker Eckart und dem ‚Mystiker' Hanussen..."[24]

Bloch macht nicht den Fehler, das mythologische Element des „Dritten Reiches" zu bagatellisieren oder als propagandistisch beabsichtigte Täuschung zu definieren und damit zu übersehen, daß sich dahinter ernstzunehmende kollektive Ängste und Sehnsüchte verbargen, die sich – wie verzerrt auch immer – einen Kanal für ihre Verwirklichung suchten. Die Ursachen für solche Massenfaszinationen lagen auch in grundlegenden Defiziten des Zeitgeistes verborgen, und die Anhänger solcher Strömungen drückten – wie bizarr auch immer – allgemeine unterschwellige Bedürfnisse aus, mit denen man sich auseinandersetzen muß, wenn man sie verstehen und sich dagegen wappnen will.

Einen guten Einblick in dieses bewegte emotionale und spirituelle Vorfeld des „Dritten Reiches" geben die zahlreichen völkischen, okkulten und neogermanischen Gruppen, die bereits um die Jahrhundertwende entstehen und ein wesentliches Resonanzfeld für die spätere Nazi-Ideologie bilden. Im Juni 1924 beschäftigt ein Artikel in der völkischen Zeitschrift „Die Sonne" sich mit der Frage, warum man ausgerechnet diesen Titel gewählt habe:

„Wir alle, die wir uns um unser Blatt scharen", heißt es dort, „stellen uns demütig unter den Glanz der Sonne, wir sehnen uns nach ihrem Aufgang. Sie ist uns die Bringerin alles Lebens, Herz und Auge Gottes, das Sichtbare an dem verborgenen Gott. Unsere Ahnen im Norden waren Sonnenmenschen. Sie sehnten sich in den langen Winternächten nach der Sonne, und wenn sie aufging und neues Leben schuf, dann wachte auch ihr Herz auf in Jubel und Kraft."[25]

Das Bild von Sonnenaufgang und Frühlingsanbruch wird genutzt, um das Unbehagen an der gegenwärtigen Zeit und die Hoffnung auf eine grundlegende Wende auszudrücken. In der deutschen Welt sei etwas am Zerfallen, am Abblühen, und es dränge ein Neues zu Tage. Die bisher angebeteten Götter seien entthront, Kapitalismus und Sozialismus erklärten ihren moralischen Bankrott. Die „blöde Genußsucht" habe die Menschen kalt gelassen, und in sämtlichen Schichten und Kreisen sei man von der Sehnsucht getrieben, aus allem Verstandesmäßigen herauszukommen und in eine „Unmittelbarkeit" hineingestellt zu werden. Die Menschen empfänden die Zivilisation als Kälte und Finsternis.[26]

Selten ist in einem Text so klar und anschaulich das Gefühl eines Zeitgeistes beschrieben worden, wie er bereits 10 Jahre vor Hitlers Machtergreifung in Deutschland verbreitet ist. Es ist die Rede von Müdigkeit, Kälte, Dekadenz und Dunkelheit, vom Überdruß an einer rationalistischen Welt, in der auch die traditionelle Religion keine Kraft mehr zu neuen spirituellen Impulsen hat. Das Unbehagen an den größer werdenden Städten, die Anonymisierung des Einzelnen in der Masse, die Entfremdung von der Natur sowie der Triumphzug einer neuen technisch-wissenschaftlichen Rationalität treibt viele in nostalgische Sehnsüchte nach vermeintlich uralten Traditionen, die man wiederzubeleben versucht.

## „Ariosophie"

Ein anschauliches Beispiel dafür liefert etwa der österreichische Schriftsteller Guido von List, dessen Bücher später einigen Einfluß auf völkisch-germanische Gruppen sowie auf Himmler und Hitler haben werden. Bereits um 1870 durchstreift er die Wälder seiner Heimat, um sich fernab der Städte in den Zauber von Burgruinen, geheimnisvollen Plätzen und Kultstätten zu versenken, von wo er sich neue Kraft und Inspiration erhofft.

„Jeder Tag, den mir meine Berufspflichten freigegeben hatten", so schreibt er, „wurde zu irgendeinem Ausflug benützt, wobei das Wetter ganz und gar Nebensache blieb; ob Sonnenschein, Sturm, Regen, Schnee oder Hagel, das war mir gleich, denn immer zeigte mir die Natur ein anderes Bild ihrer Schönheit, immer sprach die Gottheit in ihr in anderer Sprache zu mir. Zu Fuß, zu Wagen, zu Roß oder im Ruderboot, sei es im Vierriemer oder Kanot, machte ich meine Partien, und zwar meist allein. War ich auch der Gesellschaft anderer nicht abhold ..., so fühlte ich doch, daß ich in Gesellschaft mein eigenes Ich verleugnen mußte und nicht fand, was ich suchte und was ich nur dann voll und ganz genoß, wenn ich allein mit mir war, möglichst ferne vom rauschenden tobenden Alltag und den Allerweltsmenschen ..."[27]

List zitiert zustimmend den Römer Tacitus, nach dem die alten Germanen das Göttliche im unsichtbaren Weben der Natur sahen, das man nicht in Tempelwände einschließen oder menschenähnlich darstellen dürfe. In Ermangelung solch direkter Spuren altgermanischer Religion versucht List, mittels Intuition und Namensdeutungen Plätze im Umfeld Wiens ausfindig zu machen, die vielleicht einmal eine kultische Bedeutung gehabt haben könnten. Dazu zählen unterirdische Höhlen und Gangsysteme, „heilige Berge", alte Brunnen, Hünengräber und Steinsetzungen, bei denen er zuweilen ganze Nächte verbringt, um nach einigen Flaschen Rotwein im Rauschen der Bäume die Stimme von Göttern zu hören.[28]

Etymologische Deutungen helfen seiner Phantasie auf die Sprünge: Heißt ein Steinkreis im Volksmund „Riesentanz", so sieht er schnell hünenhafte Urgermanen vor sich, die mittels magischer Fähigkeiten solche Blöcke in ihre schwebende Position brachten und als Opferstätten nutzten.[29] Im „Höllthal" meint er den Wohnsitz der altgermanischen Unterweltsgöttin „Hel" zu erspüren und in „Mariabrunn" ein altes heidnisches Quellheiligtum, das von der Kirche bei der Christianisierung umfunktioniert worden sei.[30]

Einiges davon mag tatsächlich der Wahrheit entsprechen, aber List kümmert sich nicht um Genauigkeit, sondern ist rauschhaft besessen von der Rekonstruktion einer ehemaligen „Wotansreligion", in der er das älteste und erhabenste Glaubenssystem der gesamten Menschheit zu sehen glaubt. Die einsamen Exkursionen dehnen sich zu rituellen Feiern aus, bei der auch Freunde und Interessierte anwesend sein dürfen. An den Ruinen von Carnuntum zelebrieren sie eine Sonnenwendfeier zu Ehren der germanischen Stämme, die hier 400 nach Christus römische Verbände vernichtend geschlagen haben sollen. Zu den gedanklichen Schwärmereien gesellen sich symbolische Zeremonien. List weiht den Platz zu einem mythischen Kraftort des Widerstandes gegen die jahrtausendelange Überfremdung Germaniens durch römische Legionäre und christliche Missionare. Er gruppiert acht Weinflaschen zu einem Hakenkreuz, das unter der Asche vergraben wird. Es soll den „Feuerquirl" des germanischen Gottes Mundelföri symbolisieren, mit dem dieser einst die Schöpfung aus dem feurigen Urchaos herausgeschlagen hatte – ein Zeichen für Neubeginn, Kreativität und ordnungsschaffende Kraft, von dem man auch geistige Orientierung für die Gegenwart erhofft. In freier Interpretation ordnet List dem uralten und mehrdeutigen Symbol willkürlich das zu, was er gerade für sein Weltbild benötigt. Nachdem die Freunde eingeschlafen sind, setzt er sich auf die Ruinen, um in halluzinatorischer Entrückung Zwiesprache mit dem Geist des Ortes zu halten. In seiner Phantasie erlebt er die ganze Schlacht noch einmal, sieht brennende Häuser, wogendes Kampfgetümmel, Hügel mit blutgetränkter Erde und genießt ekstatisch den Sieg seiner Ahnen gegen die fremden Kolonialherren.

Emphatisch beschwört er sie, dereinst wieder aus Walhall zurückzukehren, wenn neue Kämpfe gegen das verhaßte Rom erforderlich werden sollten.[31]

Romantisches Spekulieren über vermeintliche spirituelle Traditionen der Vorfahren verbindet sich zunehmend mit Feindbildern und dualistischem Denken. Nordische Mystik wird gegen lateinische Rationalität ins Feld geführt, römischer Imperialismus im Namen der blauäugigen und vermeintlich unschuldigen Germanen angeklagt. Auch die Wendung zum Antisemitismus, wie er sich später bei fast allen germanischen Gruppen findet, ist schon bei List vorgezeichnet. Er spricht von den Juden als „Schmarotzervölkern" und duldet sie schon bald nicht mehr als Gäste in seinen Vorträgen und Versammlungen.[32]

In den ersten Jahren dieses Jahrhunderts gibt er zahlreiche Bücher über Runen, Kultplätze sowie eigenwillige Deutungen der nordischen Sagen heraus, in denen wir ein klassisches Beispiel dafür finden, wie aus Mythologie durch haltlose Spekulation suggestives Material für rassistische Propaganda gewonnen wird. Für List ist die germanische „Edda" ein Dokument, das angeblich auf die älteste und edelste – nämlich nordische – Rasse der Menschheit zurückweist. Wir wissen heute, daß diese Lieder und Sagen um 1200 n. Chr. in Island aufgezeichnet wurden und bestenfalls ein Echo altheidnischer Glaubensvorstellungen darstellen. Die „Riesen" und Kältekatastrophen („Fimbularwinter"), von denen darin die Rede ist, werden von List als realistische Schilderungen nordischer Hochkulturen verstanden, die bei Anbruch der Eiszeit zum Auswandern in südliche Gebiete gezwungen worden seien. Der Name „Edda", so ein Höhepunkt seiner Fabulierkunst, sei abgeleitet von „war schon eh da", worin er einen Beweis für das astronomische Alter der Texte sieht.[33] In ihnen sei ein esoterisches Geheimwissen der alten Germanen gespeichert, das aber nur durch besonders Befähigte aus seinem verschlüsselten Zustand befreit werden könne. „Edda"-Stellen, in der sich Odin selber martert, werden als schamanistische Rituale gedeutet, in denen dieser im Schmerz die Erkenntnis der kosmischen Gesetze gewinnt, die in der Bedeutung der Runen versteckt seien.[34] List macht seine durch reine Spekulation gewonnenen Einsichten zur Grundlage eines Geheimordens, in dem er Mitglieder versammelt, die ihm beim spirituellen Wiederaufbau Deutschlands helfen sollen.

Er nennt sich und seine Mitstreiter „Armanen" und sieht darin eine Parallele zu den keltischen Druiden, die aber ihr Wissen erst von den Germanen bezogen hätten.[35] Die „Armanen" hätten nicht nur bedeutende kosmologische, astronomische und medizinische Kenntnisse besessen, sondern in Mysterienspielen auch Szenen aus der Mythologie nachgespielt, etwa die dort beschriebene Hochzeit von Göttern und Menschenfrauen, die nichts anderes sei als eine Aufforderung zur „planmäßig vorbereiteten Zucht einer Edelrasse".[36]

1908 gründet List eine Gesellschaft, der zahlreiche vermögende und prominente Mitglieder beitreten, darunter der antisemitische Wiener Bürgermeister Karl Lueger, der Wagner-Biograph Conrad Glasenapp sowie Industrielle, Offiziere, Universitätsdozenten und Autoren, die das Gedankengut ihres Meisters auch in Deutschland zu verbreiten beginnen.

Feldpostbriefe aus den Schützengräben des Ersten Weltkriegs bezeugen, daß Lists völkisch-mythologische Schriften auch den Soldaten Hoffnung und Kraft gaben. So schreibt ihm ein Leutnant: „Es will mir scheinen, als ob sich in meinem Leben immer mehr Ruhe einfindet. Es ist, als wenn der Krieg mich gar nicht wesentlich berührte, obgleich ich inmitten der Kampfstellung mich befinde ... Es ist so, und es kann gar nicht anders sein, wie Sie sagen: Eins mit Gott sein – es ist mir immer mehr zur Selbstverständlichkeit geworden ... Es ist, als wenn mir auf meinem Lebensweg eine unsichtbare Hand alle Steine aus dem Wege räumte und dafür Blumen streute."[37]

Lists symbolische Runendeutungen werden auch für die Herstellung von Broschen, Ringen und Anstecknadeln verwendet, die gerne in völkischen Kreisen getragen werden. Auf ihnen findet man oft mythologische Motive, die sich gut für Krieg und Siegesgewißheit instrumentalisieren lassen. Etwa das Hakenkreuz als „Symbol des Lichts", das von der Midgardschlange umwunden wird, die in der germanischen Sage für Chaos und Gefahr steht, oder von Schwertern durchbohrte Drachenköpfe, die auf die heroische Figur des Siegfried im Nibelungenlied anspielen.[38]

Aus mystischen Schwärmereien werden innerhalb von wenigen Jahren scharfe Polarisierungen und harsche Kampfansagen an Rassenvermischung und vermeintliche Feinde uralten deutschen Erbes: „Ja, noch einmal sollen die Funken aus den ariogermanisch-deutschen-österreichischen Schlachtschiffen stieben", schreibt List 1911, „noch einmal sollen Donars Schlachtenblitze aus den Kolossalkanonen unserer Dreadnoughts zischelnd züngeln, noch einmal sollen unsere Völkerheere ... nach Süden und Westen wettern ... damit Ordnung geschaffen werde."[39] Kurz vor seinem Tod findet sich in einem von Lists Aufsätzen die erschreckende Prophezeiung, daß noch vor 1932 der „Starke von Oben" zu erwarten sei, „eine göttlichgeistige Kraftquelle, die nach all den Greueln, die wir in der Gegenwart erleben ... wie ein Frühlingssturm einsetzen wird, um das düstere Dämonengewölk des Winters zu verjagen."[40]

Befreundet mit List und ebenfalls glühend an einer Wiedergeburt des „Ario-Germanischen" interessiert ist der österreichische Mystiker Adolf Lanz, der unter dem erfundenen Namen Jörg Lanz von Liebenfels veröffentlicht und neben den nordischen Sagen auch den Mythos des heiligen Grals für seine okkult-rassistischen Ideen mißbraucht.[41] Nach einer kurzen Zeit als Mönch in einem Kloster bei Wien beginnt er eine Karriere als freier Mythenforscher und gibt seit 1908 eine eigene Zeitschrift heraus, die nachweislich auch der junge Hitler gelesen hat. Lanz benennt sie nach der angeblich heidnischen Frühlingsgöttin „Ostara" und gibt damit ebenfalls seiner Sehnsucht nach einem geistigen Neuanbruch Ausdruck.

Eines Tages findet er in seinem Kloster die Darstellung eines Ritters, der mit dem Fuß auf ein Fabelwesen tritt, und beschreibt dieses Bild als Impuls zur Erkenntnis über die Grundursache alles Bösen in der Welt. Der Ritter verkörpere einen heldischen Krieger, der verzweifelt versuche, die Bedrohung durch mindere Rassen abzuwehren.[42] Bibelstellen von „gefallenen Engeln" gelten Lanz als Beweise für einen in Urzeiten erfolgten Sündenfall[43], an dessen Folgen die Welt heute noch leide: Reinblütige Herrenmenschen von halbgöttlicher Abstammung hätten sich mit tierähnlichen, niederen Rassen gepaart und dadurch ihre herausragenden Fähigkeiten immer mehr eingebüßt.

Ähnlich wie List neigt er dazu, mythische Vieldeutigkeit auf einen eindimensionalen Wahrheitsgehalt hin zu reduzieren und sieht in halb mensch-, halb tiergestaltigen Kreaturen auf assyrischen Tempelreliefs offenkundige Beweise für seine Theorie.[44] Nach monatelangen Studien, in denen er sich in die Apokryphen, Mythen und Sagen vertieft, veröffentlicht er 1905 ein Werk mit dem kuriosen Titel „Theozoologie oder die Kunde von den Sodomsäfflingen und dem Götter-Elektron",[45] dessen Hauptforderung darin besteht, den einstigen Sündenfall durch radikale Rassenentmischung wieder rückgängig zu machen, um die ehemalige Gottesähnlichkeit der „Ario-Germanen" wieder herzustellen.

1907 kauft Lanz eine Burg an der Donau, auf der er eine Fahne mit roter Swastika auf goldenem Grund hißt, und gründet den „Orden des Neuen Tempels" (ONT), der sich in Ritualen, Vorträgen und Veröffentlichungen für seine mystische Rassenlehre einsetzen soll. Gemeinsam mit Gleichgesinnten zelebriert Lanz in einem eigenen „Gralsraum" selbstgeschaffene Liturgien, die Gott beschwören, minderwertige Völker auszulöschen. Sogar der schwedische Schriftsteller August Strindberg nimmt an solchen Veranstaltungen teil und erhofft sich davon seelische Gesundung nach einer schweren persönlichen Lebenskrise.[46]

1913 erscheint eine Ausgabe der „Ostara", in der Lanz den Kampf zwischen „Frömmigkeit" und „strafbarer Lust" zum Hauptthema aller Gralssagen erklärt. In den um den heiligen Kelch versammelten Rittern erblickt er die „Bewahrer der alten ario-germanischen Urreligion", eine Einsicht, die er angeblich Guido von List verdankt, der auch Mitglied im neuen Templerorden wird.[47] Die zahlreichen Tier- und Fratzengestalten an romanischen Kirchen seien Symbole für die „tierischen Urmenschen", deren schwarze, mongoloide und mediterrane Vertreter gerade heute wieder zu einer massiven Bedrohung für die weiße Rasse würden: „Aber es soll nicht mehr lange dauern", schreibt Lanz emphatisch, „da wird im Lande des ... heiligen Grals ein neues Priestergeschlecht entstehen, das neue Lieder auf neuen Harfen spielen wird ... Große Fürsten, starke Krieger, gottbegeisterte Priester mit flammenden Opferherzen, Bürger mit beredeten Feuerzungen, Weltweise mit hellen, fernsichtigen Seheraugen werden aus Germaniens urheiliger Göttererde erstehen, den Sodomsäfflingen wieder die Ketten anlegen, die Kirche des heiligen Geistes, des heiligen Grales von neuem aufrichten und die Erde zu einer ‚Insel der Glückseligen' machen."[48] Lanz' Schriften enthalten bereits erschreckende Anweisungen für reale Praktiken, um „Minderrassige" unschädlich zu machen: Vorschläge zur Deportation, Kastration, Sterilisation, Verbrennung sowie Ideen für „Zuchtmütterklöster", in denen blonde Frauen mit besonders ausgewählten männlichen Exemplaren zusammengeführt werden sollen.[49] Die Burg Werfenstein wird zum Vorbild für andere Tempel erklärt, und einige von Lanz' Jüngern schwärmen aus, um auch in Deutschland solche „Zuchtstätten der Menschenauslese"[50] zu errichten. Man stärkt sich zu diesen geistigen Kreuzzügen in Versammlungen, ähnlich denen des Ku-Klux-Klans, in denen zum Klang des von Lanz gespielten Harmoniums eigene Gedichte und Beschwörungsformeln rezitiert werden, die den Orden atmosphärisch zusammenschweißen. Diese „Gralsgemeinschaft" mag eine besonders bizarre und exklusive Sekte germanischen Neuaufbruchs gewesen sein, aber einige ihrer Mitglieder tragen deren Ideen später auch in die SS, die etliches davon in die Tat umsetzen wird.

## „Adler und Falken"

Neben den Orden von List und Lanz sprießen in Österreich und Deutschland Dutzende von anderen völkisch-esoterischen Gruppen aus dem Boden, die das geistige und religiöse Vakuum zu Beginn des Jahrhunderts mit einer Art heimlichen Untergrundbewegung aufzufüllen beginnen. Neben den Neo-Germanen entstehen auch freireligiöse Bewegungen, Vegetarier-, Nacktkultur- und Heimatverbände sowie theosophische und anthroposophische Gruppen.[51] Auch die Wandervögel, die einen großen Zustrom vor allem von Jugendlichen erfahren, gehören zu diesem breiten Strom sinnsuchender Menschen. Bei ihnen findet eine allmähliche Entwicklung von romantisch-naturmystischen Anfängen zu immer stärkeren ideologischen Polarisierungen statt, bis am Ende viele ihrer Mitglieder fast reibungslos in den Jugendorganisationen des NS-Regimes aufgehen.

Der Anfang ist noch idyllisch und teilweise von echtem utopisch-emanzipatorischem Geist getragen. Man profitiert von der allgemeinen Krise, in die Familie, Schule und Kirche geraten sind. Der Familienverband ist längst keine geschlossene Einheit mehr, die einer suchenden Jugend Ziele und Werte vermitteln könnte. Der Nachwuchs sehnt sich nach Enthusiasmus, mutigen Prüfungen und überwältigenden Erfahrungen, die weder Pfarrer noch Lehrer bieten können. In diesem Niemandsland entstehen Schülervereine und lockere Verbindungen, in denen sich die rastlose und erlebnishungrige Jugend wohnlich einrichtet. 1904 wird in Berlin der sogenannte „Wandervogel" gegründet, der zum Hauptsammelbecken dieser Erwartungen und Sehnsüchte wird und schnell immer mehr Mitglieder gewinnt. „Wandern sollte zum Sehen und Schauen erziehen", heißt einer seiner Programmpunkte.[52] Das intensive gemeinschaftliche Erleben von heimatlicher Landschaft, Kultur, Brauchtum und Tradition steht im Mittelpunkt der Exkursionen. Man errichtet Zeltlager und Lagerfeuer, kocht zusammen und übernachtet draußen unter dem Sternenhimmel. Altgermanische Feste werden wieder zum Leben erweckt:

„Sonnenwendfeuer! ... Da sammelten sie sich schweigend um den Holzstoß. Die Teerfackel hinein! ‚Flamme empor!' Schweigen ringsum, als des Liedes letzte Töne verklungen sind. Einer tritt heraus aus dem Kreise und redet, zum Feuer gewendet, von der rechten Befreiung, von der läuternden Glut neuer Lebensideale ... Wer's nicht weiß, daß die Jugend das tiefste Ergriffensein unter tobender Freude verbirgt, der versteht nicht, wie nach der Feuerrede und dem Lied am Sonnenwendfeuer ein toller Kreis um das Feuer rast ... Ist aber der Holzstoß in sich zusammengesunken, dann springen sie über die Glut, als wollten sie trutzig zeigen, daß sie sich vor keiner züngelnden Glut fürchten ... Wer hat's sie nur geheißen, diese heilige Feier an die Stelle der umnebelnden Kneipabende zu setzen? Keiner! Wie alles im Wandervogel, hat die Jugend diese Stunden am Feuer sich selbst geschaffen, weil sie nach reinerer, wahrer Freude verlangte."[53]

Man durchwandert die deutsche Landschaft, besichtigt Burgen und Relikte vorzeitlicher Kulturen und versucht die Sinne der Jugend für die Schönheiten der Heimat zu öffnen.

Dabei wird gemalt, fotografiert, und am Abend vertieft man das Gesehene in privater Lektüre, beim Vorlesen oder in Lichtbildervorträgen. Von großer Bedeutung ist die Musik. Man nimmt Geigen und Gitarren auf die Fahrten mit und spielt Tänze und Volkslieder aus der Sammlung „Zupfgeigenhansel", die 1933 eine Auflage von fast einer Million erreichen wird. Manchmal ergeben sich beim Musizieren poetische, fast entrückte Stimmungen: „Da lagen wir einmal auf den alten blumenbeschatteten Terrassen der Meersburger Bischofsschlösser. Es war ein wundervoller, schwüler Sommerabend. Vor uns ruhte dunkel und tief der Bodensee. Weit am jenseitigen Ufer blinkten schon einige Lichter. So still war der Abend. Ab und zu platschte ein Fisch über das warme Wasser. Da war viel Poesie in der weiten Landschaft, und es sang wie von selbst aus der Ferne ... Und wir stimmten die Lauten und summten das leise: ‚Et wassen twe Künnigeskinner, de hadden enanner so leef; de konnen tonanner nich kummen, dat Water was vil to bred' ... Nachtumhüllt lag das alte Schloß mit seinen Erinnerungen an die Droste, da war der schwarze Wassergrund, die Sommernacht und die winkenden Lichtlein am anderen Ufer – alles auf den Grundton dieses einen Liedes gestimmt ... Das eine Lied hatte uns für diesen Abend viel gegeben, ein Mehr hätte alles zerstört, es war der Inbegriff, der vollendete Ausdruck dieser stimmungsvollen Wanderstunde."[54]

Wie in den germanischen Glaubensgemeinschaften wird auch bei den Wandervögeln eine starke Naturmystik gepflegt. Gott wohnt für sie nicht im Dämmerlicht der Kirchen, sondern im Rauschen der Bäume und Quellen, im klaren Funkeln des nächtlichen Sternenhimmels: „Das wogende Kornfeld und der im Sturm schwer ächzende Wald – ja glaubt denn einer, daß offene Jungensherzen je solche selbsteroberten Erlebnisse wieder verlieren? Oder daß solcher Seeleninhalt sich nicht auswirke in der Lebensführung? Die Unnatur der Städte mit Kneipen und Kino gewinnt keine Gewalt über die Seelen, die auf diesen Fahrten der Natur ins Gesicht geschaut haben."[55]

Dazu gehören auch Nachtwanderungen, bei denen man alle „Schauer des Dunkels und den Zauber der Mitternacht" auskostet, indem man durch schlafende Dörfer wandert, am Rande schweigender Wälder rastet und am Morgen nach langem Marsch beglückt die Sonne aufgehen sieht.

Diese Unternehmungen werden als Ereignisse „von tief einschneidender Bedeutung" erlebt. Es gehe um die Erfahrung, daß es kein undurchdringliches Dunkel gebe, eine Erfahrung, die man „in tapfere Tat" umsetzen könne. Glücklich sei die Jugend, die „solche Erfahrung sich erobern" könne. [56]

Die intensiven Naturerlebnisse werden immer wieder in den Dienst weitreichender Ziele gestellt, anstatt das Glück solcher Erfahrungen still auf sich beruhen zu lassen. Die Gewalt des Feuers, die Finsternis der Nacht, die Innigkeit des Volksliedes, das Wunder eines Sonnenaufgangs: all dies wird immer auch mit patriotischer Gesinnung verknüpft, mit der unterschwelligen Beschwörung von Gefahren und der Aufforderung, sich gegen diese zu wappnen. Die Erziehung im Wandervogel, so kann man schon 1907 lesen, diene auch dazu, „daß deutsche Jünglinge und Männer herangebildet werden, die bereit sind, für ihr Vaterland zu leben und, wenn es not tut, zu sterben."[57]

Dutzende von ähnlichen Organisationen werden gegründet, deren Namen zuweilen schon andeuten, wohin der Weg geht: „Midgardbund", „Junggermanen", „Die Goten", „Jungdeutscher Orden", „Nordungen", „Treubund für aufsteigendes Leben", „Lichtfreunde", „Wiking", „Adler und Falken", „Sturmvogel".[58]

## Die „Artamanen"

Hierzu gehört auch der 1924 gegründete „Artamanenbund", in dem zahlreiche spätere Nazi-Führer und SS-Offiziere ihre ersten Erfahrungen sammeln. Der Name „Artam" soll ein angeblich altgermanisches Wort für „Erneuerung aus den Urkräften des Volkstums" sein, und neben romantischem Mystizismus werden in dieser sektenartigen Vereinigung auch bald Rassismus, Antisemitismus und Blut- und Bodenideologie propagiert.[59] Im Mittelpunkt steht nicht das Wandern, sondern die Arbeit auf dem Felde, denn es geht darum, „daß die Seele der Jugend sich selbst das Landleben, die Freude an gesunder Arbeit der Glieder,

Mut und Entschlußkraft zur Aufgabe jenseits von Berufskarriere, die Klärung der Sinne durch Acker- und Wiesenduft wiedergewinnt."[60]

Auch Mädchen sind dabei, gemeinsam wohnt man in einfachsten Unterkünften, und bei einfachster Verpflegung und zieht mit Gesängen hinaus auf die Felder, um den Boden zu bearbeiten oder das Heu zu wenden. Strenge Verhaltensvorschriften erinnern an die Askese klösterlicher Orden: absolute Abstinenz in bezug auf Alkohol und Nikotin, ein „reines Verhältnis zum anderen Geschlecht", freiwillige Armut und Einfachheit „inmitten einer überfeinerten, materialistisch gewordenen Welt".[61] Man trägt germanische Trachten und führt unter alten Bäumen Tänze und Weihespiele auf. Auch hier sind die Sonnenwendfeiern die wichtigsten Feste, die die Jugend mit der Ahnenseele verbinden sollen: „Sonnenwend kam, und alte Sitten und Gebräuche mußten wieder lebendig werden. Die Dorfjugend rüstet sich zur Feier. Ein heiliger Brand wie aus ergrauten Urvätertagen, wo sie der Lichtwende weihten, loderte empor in leuchtenden Flammen. Tiefe Weihe und Andacht schlich sich in die Herzen, als würden Götterstimmen lebendig und befreit aus jahrhundertjähriger Knechtschaft, die ihnen das Licht des Ostens aufzwang. So standen wir und lauschten am Flammenaltar."[62]

In dieser Formulierung finden wir einen wichtigen Topos des Neuheidentums wieder, der von der Befreiung germanischen Geistes durch die Fremdherrschaft orientalischer Religion spricht und immer auch ein Bindeglied zu antisemitischer Propaganda darstellt. Denn die Monotheismen der Wüste werden als „artfremde" Spiritualität empfunden, die vor 1000 Jahren den nordischen Völkern mit Gewalt aufgezwungen worden sei. Bis heute wirkt diese undifferenzierte Entgegenstellung in völkisch-okkulten und rechtsradikalen Kreisen weiter und wird mit großer Emphase gepflegt. Man vergißt dabei die grausamen Aspekte der Naturreligionen (Blutrache, Tier- und Menschenopfer) genauso wie den humanen Fortschrittsgedanken der Bibel, die erstmals für alle Menschen die gleiche Würde vor Gott und ein allgemeines Tötungsverbot forderte. Indem das Christentum, dessen jüdische Wurzeln man im Alten Testament angesiedelt sah, zum Sündenfall der abendländischen Geschichte hochstilisiert wird, bereitet man freie Bahn für alle Arten von antichristlichen und antisemitischen Ressentiments.

So stellt auch der „Artamanenbund" das Hakenkreuz gegen das christliche Kreuz und verklärt es zu einem „germanischen Heilszeichen deutscher Gottinnigkeit, Reinheit des Blutes und des Geistes zu schöpferischer Urkraft, Überwindung des Leids durch Entschlossenheit und Charakter."[63]

Während die Gruppierung anfangs noch ein Sammelbecken für verschiedene Denkrichtungen ist, gerät sie ab 1925 immer stärker unter den Einfluß des Nationalsozialismus. Artamanen-Mitglieder gründen erste NSDAP-Ortsgruppen und nehmen auch an Schlägereien und Überfällen bei sozialdemokratischen Versammlungen teil. Zahlreiche spätere NS-Prominente beginnen hier ihre Karrieren, so etwa der Bauernführer und SS-Offizier Walter Darré, der Geschäftsführer der SS-Stiftung „Ahnenerbe" Wolfram Sievers, der Auschwitz-Kommandant Rudolf Höß sowie Heinrich Himmler, der sich bei der völkischen Sekte viele Anregungen für seine Schutzstaffel holt: schwarze Uniformen, Runenzeichen, Feuerrituale, rassistische Weltanschauung, biologische Auswahlkriterien für die Mitglieder, ritterliche Ideale sowie die Elitegesinnung einer eingeschworenen Ordensgemeinschaft.[64]

## Die „Thule-Gesellschaft"

Auch andere NS-Führer beginnen ihre Laufbahn in völkisch-germanischen Glaubensgemeinschaften: Alfred Rosenberg, Rudolf Heß und Hans Frank stehen der sogenannten „Thule-Gesellschaft" nahe, die 1918 in München von dem Abenteurer, Okkultisten und Astrologen Rudolf von Sebottendorff gegründet wird und viele Ideen Guido von Lists weiterführt. Diese Gruppierung ist das drastischste Beispiel dafür, wie aus neogermanischen Aufbruchsstimmungen eine militante Ideologie entsteht, die schließlich 1918 unmittelbar in die Straßenkämpfe der Münchner Revolution mündet.

Der Gründer, der eigentlich Adam Glauer heißt und sich den aristokratisch klingenden Namen „Rudolf von Sebottendorff"

*Sucht nicht nur antisch, sondern auch aristokratisch*

gibt, ist viel in der Welt herumgekommen und hat sich bereits in Ägypten und der Türkei mit okkulten und mythologischen Dingen beschäftigt.

Er studiert die Mystik der Sufis und befaßt sich mit den Baktashi-Derwischen, einer militärisch-religiösen Bruderschaft, die ihre Herkunft auf Nachfahren Mohammeds zurückführt und im Mittelalter eine elitäre Kriegerkaste der türkischen Sultane bildete.[65]

Als Sebottendorff 1913 nach Deutschland zurückkehrt, findet er ein materialistisches und orientierungsloses Land vor, das kurz vor dem geistigen Zusammenbruch zu stehen scheint. In einer autobiographischen Erzählung hat er später diese ernüchternden Erfahrungen plastisch beschrieben. Das Verschwinden „früherer einfacher Sitten", ein Sich-Trösten im Konsum, leere Kirchen, aus denen niemand mehr Glaubensstärkung bezieht, vergiftender Neid und stiller Haß, „der nur auf die Gelegenheit wartet, sich austoben zu können", ein Boom von falschen Propheten und spiritistischen Zirkeln, in denen „hysterische Frauenzimmer" und „bleichsüchtige Männer" verzweifelt Hilfe suchen, aber doch nur Betrügern zum Opfer fallen. „Nichts war zu dumm, was nicht Glauben fand."[66] In theosophischen Vorträgen hört er nur leeres Wortgeklingel, „Abfall aus dem Kehricht falsch verstandener östlicher Untersuchungen", Esoterik scheint nur noch schnellen Erfolgsstrategien zu dienen, das „wunderbar logische System der Astrologie" war zu Horoskopie und reiner Geschäftemacherei verkommen.[67] Er macht Beobachtungen, die zuweilen gespenstisch an unsere Gegenwart erinnern. Auch heute verzeichnen wir einen Boom von spirituellen Angeboten, in dem Unsinn, Profitgier und Erleuchtung oft undurchschaubar miteinander vermischt sind.

„Es war Herbst geworden", resümiert Sebottendorff seine Erfahrungen. „Der Hauch der Verwesung lag in der Luft, noch schmückte sich mit rotem Weinlaub, mit Astern und Georginen die Erde, wie sich die welkende Dirne mit roten Korallen behängt und die Lippen und Wangen mit Rot überzieht."[68]

In dieser Stimmung trifft er 1916 auf den sogenannten „Germanenorden", eine Organisation mit mehreren tausend Mitgliedern und über hundert Logen in Deutschland, die die Lehren des

Guido von List weiterführt. Vor allem der Vermischung des Deutschen mit zu viel jüdischem Blut, so erfährt er dort, sei es zu verdanken, daß dieser die alte Geheimsprache seiner Runen nicht mehr entziffern könne und daher von jahrtausendealten spirituellen Traditionen abgeschnitten sei, die er gerade jetzt wieder zu seiner Regeneration benötige. Sebottendorff vermutet, daß es auch im Westen ein verschüttetes esoterisches Erbe gibt und tritt dem Orden begeistert bei. Schnell übernimmt er führende Positionen und formt 1918 die Münchner Loge des „Germanenordens" zur sogenannten „Thule-Gesellschaft" um, die im vornehmen Hotel „Vier Jahreszeiten" tagt und bald einflußreiche Mitglieder der besseren Gesellschaft zu ihrem Kreis zählt.[69] Man gibt sich zunächst als Studienkreis für die nordischen Sagen der „Edda" aus und veranstaltet Vorträge, Weihefeste und Exkursionen, um den vermeintlich verschollenen germanischen Geist wieder ans Tageslicht zu holen. Das Vereinszeichen besteht aus einem runden Hakenkreuz, das als „Sonnenrad" bezeichnet wird, und einem Dolch, der dem Emblem einen martialisch-drohenden Gestus verleiht. Die Mitglieder erhalten die Zeitschrift „Runen", eine Quelle, der wir heute noch einiges über das dort gepflegte Gedankengut entnehmen können.

Man findet dort Forschungsberichte über vermeintliche germanische Kultplätze, „arische Astrologie", Runenkunde und unter der Rubrik „Hebräische Geistesbekenntnisse" Zitate aus der Bibel oder von bekannten Persönlichkeiten (Heine, Marx, D'Israeli etc.), die eine antisemitische Stimmung erzeugen sollen.[70]

Als 1918 der jüdische Journalist Kurt Eisner in einem unblutigen Putsch die Wittelsbacher stürzt, König Ludwig III. ins Exil flüchtet und sogenannte Arbeiter- und Soldatenräte die Herrschaft übernehmen, ist für Sebottendorff die Stunde gekommen, in der der germanische Studienkreis eingreifen muß: „Wir erlebten gestern den Zusammenbruch alles dessen, was uns vertraut, was uns lieb und wert war. An Stelle unserer blutsverwandten Fürsten herrscht unser Todfeind: Juda. Was sich aus dem Chaos entwickeln wird, wissen wir noch nicht. Wir können es ahnen. Eine Zeit wird kommen des Kampfes, der bittersten Not, eine Zeit der Gefahr! ... Solange ich hier den eisernen Hammer halte, bin ich gewillt, die Thule in diesem Kampf einzusetzen! ... Unser Orden ist ein ‚Germanenorden', germanisch ist die Treue. Unser Gott ist Walvater, seine Rune ist die Aarrune ... die Aarrune bedeutet Arier, Urfeuer, Sonne, Adler. Und der Adler ist das Symbol der Arier. Um die Fähigkeit der Selbstverbrennung des Adlers zu bezeichnen, wurde er rot ausgeführt ... von heut ab ist der Adler unser Symbol, er soll uns mahnen, daß wir durch den Tod gehen müssen, um leben zu können."[71]

Durch willkürliche Interpretation mythologischer Zeichen – Sebottendorff übernimmt Runendeutungen von Guido von List – wird die Sprache mit emphatischen Bildern aufgeladen, die in der Aufforderung zum heroischen Selbstopfer gipfeln, wie wir es später bei Wehrmacht, SS und HJ („Unsere Fahne ist mehr als der Tod!") wiederfinden werden. Ein „Thule-Kampfbund" wird gegründet, der wie heutige rechte Wehrsportgruppen in den Wäldern trainiert und durch Terrorakte das verhaßte Regime zu stürzen versucht. Auch Hitlers späterer Stellvertreter Rudolf Heß kämpft hier begeistert mit. Nach einem Mordanschlag auf Eisner werden zahlreiche Thule-Mitglieder verhaftet und von den Rotgardisten erschossen, was den Haß noch mehr schürt.

Sebottendorff erwähnt neben Rudolf Heß, Hans Frank und Alfred Rosenberg auch Adolf Hitler als Gast der „Thule-Gesellschaft"[72]. Dieser wird aber erst 1920 aktiv, als ein Seitenzweig des Vereins, die „Deutsche Arbeiterpartei" (DAP) einen wirksamen Redner sucht und Hitler die erste Keimzelle der NSDAP daraus entwickelt. Nur einmal erwähnt er in seinen späteren Reden die „Thule-Gesellschaft" und nennt ihr Ziel „das Ideal einer neuen und gereinigten besseren Volksgemeinschaft".[73] Ebenso wie die Schriften des Lanz von Liebenfels oder Guido von List, die er höchstwahrscheinlich in seinen Wiener Jahren gelesen hat, prägen ihn die Ansichten des Thule-Gastes und völkischen Schriftstellers Dietrich Eckart, der sein geistiger Mentor in dieser Zeit wird und dem er seine Schrift „Mein Kampf" widmet. Eckart sieht vor allem im Juden einen flachen, materialistisch orientierten Typ ohne „metaphysische Tendenz"[74]. Alle „arische" Kunst und Religion – von den indischen Veden bis zu Goethe – strebe demgegenüber nach dem Transzendenten, einer ewigen geistigen Welt hinter der Oberfläche vergänglichen Scheins, und der metaphysisch orientierte und daher fragile Germane müsse aufpassen, nicht vom zähen und pragmatischen Juden überrannt zu werden.[75]

Hitlers Reden in dieser Zeit sowie Stellen aus „Mein Kampf" belegen, wie stark solche mystisch-dualistischen Ideen auf sein Weltbild gewirkt haben: „Das Judentum war immer ein Volk mit bestimmten rassischen Eigenschaften und niemals eine Religion. Denn auch hier ist alles entlehnt, besser gestohlen – aus dem ursprünglichen eigenen Wesen kann der Jude eine religiöse Einrichtung schon deshalb nicht besitzen, da ihm der Idealismus in jeder Form fehlt und damit auch der Glaube an ein Jenseits vollkommen fremd ist. Man kann sich aber eine Religion nach arischer Auffassung nicht vorstellen, der die Überzeugung des Fortlebens nach dem Tode in irgendeiner Form mangelt. Tatsächlich ist auch der Talmud kein Buch der Vorbereitung für das Jenseits, sondern nur für ein praktisches und erträgliches Leben im Diesseits."[76]

Wenn Hitler auch zuweilen spöttisch über völkische Okkultisten und Germanenschwärmer sprach,[77] so drückt sich in diesen Sätzen doch eine klare Stellungnahme für die höhere metaphysische Würde des „arisch-nordischen" Menschen vor allem gegenüber den Juden aus.

Hitler hat – im Gegensatz zu Himmler, Heß, Rosenberg u. a. – niemals von einer Zugehörigkeit zu einer der bisher erwähnten germanischen Gruppen gesprochen und sich mit Spekulationen über spirituelle Glaubensannahmen in der Öffentlichkeit zurückgehalten. Als kluger Taktiker wußte er genau, daß er die große Masse nicht mit dubiosen Theorien gewinnen konnte, sondern nur mit praktischen und für jedermann nachvollziehbaren Zielen. Aber wir werden später aufgrund genauerer Analysen von Hitlers „Arier"-Begriff sehen, daß auch sein Weltbild stark von mythologischen Prämissen bestimmt war, wobei er sich jedoch moderner Mittel von Technologie, Wissenschaft und Massenmedien bediente, um es in der breiten Öffentlichkeit und – wie er hoffte – am Ende in aller Welt durchzusetzen.

# 3. „Licht vom Norden": Mythen zur Herkunft und Überlegenheit der „Arier"

## Der „göttliche Funke" des „Ariers"

Wenn heute in Büchern oder Fernsehsendungen über das „Dritte Reich" der Begriff „Arier" erwähnt wird, meinen viele, es handele sich um die bizarre Wortschöpfung von ein paar verrückten Nazis, die sich damit über Nacht zu einem überlegenen Herrenvolk hochstilisieren wollten. Man vergißt, daß im suggestiven Bann dieses Wortes immerhin Millionen von Menschen an einen „Führer" und das von ihm verheißene „Tausendjährige Reich" glaubten und viele im Bewußtsein eines höheren Rassewertes in den Krieg zogen bzw. sich an barbarischen Exekutionen sogenannter „Untermenschen" beteiligten.

Das Wort „Arier" war damals weit verbreitet und fand sich auf Parkbänken, die nur für diese Gattung Mensch reserviert waren sowie in Schulbüchern, Zeitungen und allseits präsenter Literatur. Jüdisches Eigentum wurde „arisiert", und man hatte für Stellungen im öffentlichen Dienst einen sogenannten „Arier-Nachweis" zu erbringen. Wenn Hitler in „Mein Kampf" vom „göttlichen Funken" des „Ariers" schwärmt[78] und ihm die absolute Berechtigung zur Weltherrschaft zuspricht, so taucht dieser emphatische Begriff dort nicht das erste Mal auf. Seine allmähliche ideologische Aufladung, die über hundert Jahre früher beginnt, zählt zu den seltsamsten Kapiteln europäischer Geistesgeschichte, und wir werden sehen, daß auch hierbei mythologische und esoterische Komponenten eine große Rolle gespielt haben.

Am Ende des 18. Jahrhunderts machen Sprachwissenschaftler eine unerwartete Entdeckung. Man findet starke Gemeinsamkeiten in weit auseinanderliegenden Sprachen wie dem Keltischen, Germanischen, Griechischen, Persischen und Indischen und prägt dafür den Begriff einer „indogermanischen Ursprache". Aus dieser – so vermutet man – seien die anderen weitverzweigten Ableger einst entstanden. Logischerweise sucht man in der Folgezeit auch nach dem dazugehörigen Urvolk, und jahrzehntelange Spekulationen über Ursprungsländer und Völkerwanderungen der „Indogermanen" beginnen. Waren die Germanen zuerst da und hatten ihre Kultur den fernen Indern gebracht, oder war es umgekehrt?

Friedrich Schlegel, einer der vielen deutschen Gelehrten, die sich für den Orient interessieren, entdeckt im Sanskrit bildhafte Formulierungen, die von einer großen Verehrung der Inder für den hohen Norden sprechen. So ist zum Beispiel die Rede vom heiligen Berg Meru, der am wundervollen und fernen Nordpol liege, und Schlegel konstatiert in der indischen Mythologie „irgendeinen wunderbaren Begriff von der hohen Würde und Herrlichkeit des Nordens."[79] Wie waren sie darauf gekommen? War die Himmelsrichtung nur als Metapher für etwas anderes zu verstehen, oder bezeichnete sie alte Wanderwege und Berührungspunkte mit nördlichen Kulturen? Im Jahre 1819 prägt Schlegel als gemeinsamen Begriff für Inder und Germanen das von Herodot übernommene Wort „Arier" und verschränkt seine Wurzel „Ari" mit dem etymologisch ähnlichen deutschen Wort „Ehre".[80] Dadurch entsteht die Assoziation einer aristokratischen Herrenrasse, wobei sich Schlegel jedoch aller weiteren Wertungen enthält und den Ursprung der Indogermanen eher in Indien als im spätentwickelten Nordeuropa vermutet. Erst sein Schüler Christian Lassen bringt 1845 verhängnisvolle Wertungen hinein, als er der „vollständigen Begabung" der „Arier" die „Semiten" gegenüberstellt, denen das „Gleichmaß aller harmonischen Seelenkräfte" fehle und deren Religion „selbstsüchtig und ausschließend" sei.[81] Rasch beginnt sich dieser dualistische Mythos auch in Frankreich auszubreiten. Jules Michelet etwa spricht 1827 vom „langen Kampf zwischen der semitischen Welt und der indogermanischen Welt"[82], und Ernest Renan stellt fest, daß das jüdische Volk nach der Erfüllung seiner Weltaufgabe (der Schaffung des Monotheismus) degeneriert sei und das Schicksal der Menschheit in die Hände der Arier gegeben habe.[83]

Eine unselige Verknüpfung von Linguistik und Rassenanthropologie beginnt.[84] Was am Anfang mit der erstaunten Feststellung rein sprachlicher Differenzen begann, steigert sich zu immer radikaler werdenden Theorien über die grundsätzlich verschiedenen Wertigkeiten von Völkern und Kulturen. 1853/55 erscheint der Essay „Über die Ungleichheit der Menschenrassen" des französischen Grafen Gobineau, der den ideologischen Graben noch weiter vertieft. Für ihn steht an erster Stelle die „weiße Rasse", die allein das „Monopol auf Schönheit, Intelligenz und Kraft" besitze und deren einzigartige kulturschöpferische Kraft er durch zunehmende Rassenvermischung bedroht sieht.[85] Gobineaus Schriften finden zwar in Frankreich keine große Resonanz, werden aber in Deutschland – u. a. von Richard Wagner – mit großem Interesse rezipiert und weiterentwickelt.

Für eine starke antisemitische Aufladung des „Arier"-Begriffs sorgt das 1899 erschienene Buch des Engländers Houston Stewart Chamberlain über „Die Grundlagen des 19. Jahrhunderts". Es unterstellt der jüdischen Religion und Kultur einen absoluten Mangel an metaphysischer Regung und sieht darin einen Hauptunterschied zum arisch-indogermanischen Geist. Den Juden fehle jeder Glaube an das Ideale und Göttliche, statt dessen zeichneten sie sich durch eine materialistische Weltanschauung und einen „abnorm entwickelten Willen" aus, vor dem die Germanen sich in acht nehmen müßten.

Die Armut und Kargheit einer langen Wüstenexistenz hätten diesem Volk Egoismus, Überlebenswillen und Zähigkeit anerzogen und ihm – etwa im Gegensatz zu indischer Mystik oder deutschem Tiefsinn – eine rein pragmatische Religion mit Tausenden von Diesseitsregeln gegeben. Von Jahwe auserwählt – so Chamberlain – fühlten sich die Juden seit 4000 Jahren zur Herrschaft der Welt berufen und würden nun die indoeuropäischen Völker mit ihrem Materialismus infizieren. Der „Arier" mit seinen Charaktereigenschaften von Frömmigkeit, Schöpferkraft, Tapferkeit, Treue und Freiheitsliebe sei – besonders in seiner edelsten Form, dem Germanen – nun berufen, seine hohen Qualitäten nicht verkümmern zu lassen, sondern ihnen wieder zu allgemeiner Durchsetzung zu verhelfen.[86] Hitler und Himmler haben nachweislich Chamberlains Schriften gelesen, und der

„Führer" hat später in Bayreuth dem hochverehrten, todkranken Schriftsteller sogar einen Besuch abgestattet.[87]

Auch esoterische Autoren mischen sich in die Diskussion um Unterschiede von Rassen und Kulturen ein. Um die Jahrhundertwende erscheint im deutschsprachigen Raum das seltsame Hauptwerk der russischen Okkultistin Helena Blavatsky „Die Geheimlehre", das den „Arier"-Begriff mit mythologischen Spekulationen auflädt. Diese besondere Rasse, so schreibt sie, sei Nachfolgerin längst versunkener und riesenhafter Urvölker, die einst auf Kontinenten wie „Atlantis" oder dem nordpolaren „Hyperborea" gelebt und hohes magisches Wissen besessen haben.[88] Die zyklopischen Bauten von Stonehenge oder den Osterinseln seien Relikte dieser halbgöttlichen Vorfahren, die die Schwerkraft beeinflussen konnten und schon mit Luftschiffen den Himmel durchquert hätten.[89] Durch Vermischungen mit niederen, tierähnlichen Rassen und den Mißbrauch ihrer außerordentlichen Fähigkeiten seien sie degeneriert und mit großen Naturkatastrophen bestraft worden, von denen die vielen Sintflutsagen oder Platons Atlantis-Erzählung berichteten. Einige Überlebende hätten jedoch in andere Weltteile auswandern können und dort die „arische Rasse" begründet, die noch letzte Reste des einstigen Geheimwissens besitze. Ihr heiliges Zeichen sei das Hakenkreuz, in dem Helena Blavatsky auch ein Symbol für den Hammer des germanischen Donnergottes Thor sieht.[90]

Zur gleichen Zeit entstehen die Schriften von Karl Penka, Ludwig Wilser und Georg Biedenkapp, die den Ursprung der „Arier" ebenfalls in den hohen Norden verlegen[91]: Indien als „Wiege der Menschheit" hat nun endgültig ausgespielt, und Skandinavien bzw. sogar der Nordpol werden zur neuen „Völkerheimat" erklärt. Solche Untersuchungen, gemeinsam mit den okkulten Phantasien der Blavatsky, begründen den Mythos des nordischen „Ario-Germanen", der vor allem von Guido von List und Lanz von Liebenfels ausgebaut wird, die einen erheblichen Einfluß auf die Ideenwelten von Himmler und Hitler bekommen werden.

So schreibt List 1908: „Das wirkliche Ursprungsland des Inhaltes der Edda liegt hoch im Norden, im ‚Lieblingslande Apollos, in dem die Sonne nicht unterging', wie Herodot die Polarländer der Hyperboreer nennt. Wahrscheinlich infolge geänderter Erdachse waren die Nordpolländer derart der Sonne zugekehrt, daß dort ewiger Tag herrschte, und zudem ist es ja geologisch erwiesen, daß in den Nordpolländern tropische Flora und Fauna bestand. Als sich aber durch die Veränderung der Erdachsenlage die Polarländer vereisten, als der ‚Fimbularwinter' der Edda anbrach und nach dessen Vergehen die Flutzeit ... folgte, waren in jener Bildungsperiode der neuen Kontinente auch die Verschiebung der Völkermassen inbegriffen. Die von den nördlichen Polarländern verdrängten Arier zogen in meridionaler Richtung südwärts und retteten so aus ihrem Urlande ... das Armanenweistum ... nach ihren neuen Wohnstätten."[92]

List interpretiert bestimmte mythologische Begriffe so frei, daß sie in sein Konzept eines „arischen" Urparadieses am Nordpol hineinpassen. Bereits die Griechen sprachen in dunklen Andeutungen von den sagenhaften „Hyperboreern", einem Volk, das angeblich „jenseits des Nordwindes" (hyper-boreas) lebte, von den „Titanen" abstamme und unsterblich sei. Der Sonnengott Apollo käme dorther und kehre jedes Jahr in seine alte Heimat zurück, um sich dort geistig zu regenerieren. Ein Beweis dafür sei sein Wagen, der von Schwänen gezogen werde, die im Süden kaum vorkämen.[93] Viele Dichter und Schriftsteller versuchten, dieses „Hyperborea" geographisch zu lokalisieren, etwa in der Balkangegend oder im nördlichen Skandinavien, ohne auf die Idee zu kommen, daß es sich auch um ein geistig-imaginäres Reich handeln könne.

Ebenso buchstäblich wird der „Fimbularwinter" der „Edda" gedeutet, den List als Beweis für gewaltige historische Naturkatastrophen ansieht, die mit dem Sinken prähistorischer Kontinente zusammenhingen. Wahrscheinlicher ist jedoch, daß der „Riesenwinter" das Anbrechen der „Götterdämmerung" bezeichnet, ein Szenario von gewaltigen Kriegen und Katastrophen am Ende aller Zeiten, bei dessen Niederschrift der „Edda"-Dichter vielleicht sogar von der christlichen Apokalypse beeinflußt war. Den völkischen Esoterikern der Jahrhundertwende war jedoch nicht nach sensibler Mythen-Interpretation zumute, sondern sie wollten aus ihren Bildern zwingende Beweise für die uralte Herkunft und spirituelle Überlegenheit des „Ariers" herauspressen.

Auch die Zeitschrift „Ostara" des Lanz von Liebenfels beteiligt sich an solchen Spekulationen und gibt 1911 ein ganzes Heft über „Die Urheimat und Urgeschichte der Blonden heroischer Rasse" heraus, in der die Schriften von Helena Blavatsky, Penka, Wilser und List zitiert werden. Lanz deutet die megalithischen Steinkreise in aller Welt als „Reisestationen" einer blonden Herrenrasse, die aus Nordeuropa einst über die ganze Welt gezogen sei und überall Spuren ihrer Sonnenreligion hinterlassen habe.[94] Schilderungen der „Edda", wonach im Osten „Urweltsungeheuer" und im Süden die „dunklen Söhne Surturs" (Surtur = mythologischer Riese) wohnen, werden als Belege für „mindere Rassen" genommen, die der Nordmensch auf seinen siegreichen Völkerwanderungen bekämpft und verdrängt habe.[95]

Eine vermeintliche Bestätigung finden solche Spekulationen in dem rätselhaften Buch eines Inders, das 1903 in Poona erscheint und wenig später auch in deutschen Publikationen zitiert wird: „The Arctic Home in the Vedas" des Sanskritkenners Bal Gangadhar Tilak, der aus indischen und persischen Mythen Hinweise für einen nordpolaren Ursprung der „Arier" herausliest. So interpretiert er den in diesen Texten häufig auftauchenden Gedanken, daß die Tage und Nächte der Götter je sechs Monate dauern, als Zeiteinteilung, die nur aus polaren Breitengraden stammen könne, und sieht in bestimmten Metaphern („Glanz des Berges") Beschreibungen des „Nordlichtes".

Stellen, die von „Weltachse" und „Drehung des Himmelsgewölbes" sprechen, werden als Beweise für eine Wahrnehmung genommen, die nur Nordvölker haben können, über denen sich die Sterne kreisförmig um einen Mittelpunkt drehen. Was Tilak zu dieser Deutung motivierte, ist bis heute unklar. Vielleicht war es das Bestreben des patriotisch eingestellten Hindus, seinen „arischen" Vorfahren einen noch geheimnisvolleren und älteren Hintergrund zu geben, um daraus mehr Selbstbewußtsein im Kampf gegen die britischen Kolonialherren zu gewinnen. Gerade die Dunkelheit seiner Deutungen und die Tatsache, daß ausgerechnet ein Inder vom hohen Norden schwärmte, beflügelte natürlich die Spekulationen der völkisch-okkulten Kreise in Deutschland, die das Buch zu einem Beweis ihrer Theorien hochstilisierten.[96] Auch renommierte Wissenschaftler des „Dritten Reiches" wie Gustav Neckel oder H. F. K. Günther werden es in ihren Büchern über Germanenforschung und Rassenkunde immer wieder zitieren.[97]

## Die Legende von „Thule"

Bald wird der Arier-Mythos zusätzlich durch einen neuen emphatischen Begriff gestützt. Beginnend 1913 erscheint in Jena eine 24bändige Ausgabe der nordischen Mythen und Heldensagen unter dem geheimnisvollen Namen „Thule", der bis heute ein Schlüsselwort der rechten Mythologie geblieben ist. Ein Raunen geht dem dunklen Wort voraus: „Thule ist nicht Vergangenheit, Thule ist die ewige germanische Seele", heißt es im Werbeprospekt des Diederichs-Verlags, der die monumentale Edition herausgibt.[98]

Im Jahr 1918 wird die „Thule-Gesellschaft" des Rudolf von Sebottendorff gegründet und bezieht sich auf alte griechische und römische Texte, um dem klangvollen Wort historische Relevanz zu geben.[99] In den Überlieferungen heißt es, daß im Jahre 330 v. Chr. der griechische Seefahrer und Geograph Pytheas von Marseille sechs Tagesreisen nördlich von Schottland tatsächlich eine Kultur mit dem Namen „Thule" entdeckt haben soll.

Der römische Geschichtsschreiber Prokop berichtet z. B. von ihrer Religion, die Erd-, Luft- und Wassergötter gekannt haben soll sowie Tier- und Menschenopfer, bei denen Kriegsgefangene zu Ehren des höchsten Gottes „Ares" getötet wurden. Das Hauptfest dieser Kultur habe im Winter stattgefunden und der Rückkehr der Sonne nach einer 35tägigen Polarnacht gegolten.[100]

Diese spärlichen Informationen über eine vermeintlich erste germanische Kultur werden von Sebottendorff mit weiteren Hypothesen verknüpft und zu einem imposanten „Thule"-Mythos ausgebaut. Wie Lanz hält auch er die riesigen Bauten der Megalithzeit für Zeugnisse einer nordischen Urkultur und nimmt astrologische Untersuchungen an Steinkreisen vor, um dies

„wissenschaftlich" zu erhärten. Markante Punkte ihrer Architektur – so das Fazit seiner Untersuchungen – deuteten auf Himmelskonstellationen hin, die während des Sternbildes Widder geherrscht hätten, das etliche Jahrtausende vor dem bisher angenommenen Alter dieser Kultstätten am europäischen Himmel gestanden habe.[101] Solche „Beweise" genügen ihm, um „Thule" zur ältesten Kultur der Erde zu erklären, die bereits ein schier unglaubliches technisches und astronomisches Wissen besessen habe: „Vor sechstausend Jahren, als noch tiefe Nacht Indien, Ägypten, das Zweistromland deckte, maßen unsere Vorfahren die Sterne an Steinkreisen zu Stonehenge und Udry, bestimmten das Jahr und die Feste. Schnitten Runen, die für die Buchstaben die Basis wurden. Wir finden arische Kultur in Ur in Chaldäa, deutsche Stämme in Palästina, ehe die Juden dort einwanderten, die trojanische, die mykenische Kultur ist germanisch, die griechische ist Blut von unserem Blut! Indien und Persien tragen den Stempel deutscher Kultur, und was wir später vom Orient zurückerhielten, hat der Osten von uns empfangen."[102]

Bibelstellen, in denen von einem „ersten Volk" die Rede ist, das „ferne von der Welt Ende" kommt, groß wie „Riesen" und ungestüm auf Rossen daherbrausend, werden als weitere Indizien für eine nordische Herrenrasse verstanden, vor der bereits Moses das Volk Israel gewarnt habe.[103] Sebottendorff ist aufgrund dieser Zusammenhänge sicher, „daß die Wiege unserer göttlichen Vorfahren auf einer großen Insel gestanden hat im hohen Norden, dort, wohin heute noch die Zugvögel und Meeresfische ihre Fahrt hinlenken, um zu brüten bzw. zu laichen."[104]

Der „Thule-Mythos" behält seine Wirkung bis tief ins „Dritte Reich" hinein: 1933 eröffnet Herman Wirth – Mitbegründer der SS-Stiftung „Ahnenerbe" – in Berlin und Bremen eine stark besuchte religionsgeschichtliche Ausstellung mit dem Titel „Der Heilbringer. Von Thule bis Galiläa und von Galiläa bis Thule". Auch er nennt die „Thule-Kultur" eine „Geistesurquelle" für die Menschheit und will anhand von Zeichnungen, Fotos, Symbolen und Modellen beweisen, daß kontinuierliche Traditionslinien von der Megalithzeit bis ins jüngere Volksbrauchtum verlaufen. Auf Felszeichnungen und an der astronomischen Orientierung von Steinkreisen glaubt er eine „Kultsymbolik" zu erkennen, deren Hauptthema Geburt, Tod und Wiederauferstehung des „Sonnengottes" gewesen sei. Die Erkenntnis vom Auf- und Abstieg der Sonne, die bei nahezu allen Naturvölkern eine religiöse Dimension besitzt, wird von Wirth rigoros zum alleinigen Kulturgut der atlantisch-nordischen Rasse erklärt, da den Südvölkern ein derartiger Kontrast zwischen Frühling und Winter unbekannt sei. Dies sei ein weiteres Indiz für eine uralte „Lichtreligion" der „Thule"-Kultur, die die seetüchtigen Megalithvölker in den Orient gebracht hätten, wo sich später die christliche Lehre von Tod und Auferstehung daraus entwickelt habe. Auch die Sprache der Runen sowie heidnische Bräuche der Oster- und Weihnachtszeit – so Wirth – erinnerten noch im 20. Jahrhundert an diese fast schon vergessene Religion unserer Vorfahren, die wieder zum Leben erweckt werden müsse.

Er fordert, den Inhalt dieser Ausstellung in die Lehrpläne der Schulen aufzunehmen und eine permanente Dauerschau einzurichten, um Deutschland seinen Minderwertigkeitskomplex in puncto Urgeschichte zu nehmen: „Möge die Wiedererstehung unserer geistigen Vergangenheit ... unserem Volke die Selbsterkenntnis und Selbstbestimmung wiedergeben und jene gottgewollten und gottgegebenen Kräfte wieder in uns wachsen lassen zur Erfüllung unserer Aufgabe in Gegenwart und Zukunft. Dazu helfe uns der Geist des Ahnenerbes, daß wir ein freies, einiges und großes Volk der Deutschen werden aus dieser Zeit der ‚heiligen Wende'".[105]

Auch in Zeitschriften des „Dritten Reiches" taucht „Thule" immer wieder beschwörend als „Seelenheimat der nordischen Rasse" auf, in der noch klare Sicherheiten und Orientierungen den Lebenskampf bestimmt hätten.[106]

Man sucht alle erreichbaren Sagen und Kunstwerke nach Hinweisen auf die vermeintliche Urheimat ab und glaubt ihre Spuren auch in der griechischen Mythologie („Gefilde der Seligen") oder in Böcklins Gemälde „Die Toteninsel" zu finden, von dem bereits der junge Hitler begeistert Kopien anfertigte.[107]

„Thule ist in der Erinnerung das Paradies, wo unser Volk seine Kindertage verlebt hat, und auch das verlorene Paradies, wie Dante es schilderte, denn es kommt nie wieder", heißt es in der Zeitschrift „Nordland". „Heute liegt Thule auf dem Grunde des atlantischen Ozeans, und nur ab und an tönen aus dem träumenden Vineta Glockenklänge dumpf und schwer, wie es im Liede heißt. Wir aber wissen, daß es wieder auferstanden ist. Deutschland heißt heute das Land, wo die Enkel der arischen Ahnen leben und ihre Art bewahren."[108]

Im Juni 1936 bricht eine Gruppe von 20 SS-Führern zu einer Studienfahrt nach Island auf, um nach eventuellen Relikten des vergangenen „Thule" zu suchen. Einer von ihnen ist der Schriftsteller Otto Rahn, der darüber in seinem Buch „Luzifers Hofgesind" berichtet hat.[109] Er sieht sich in der Nachfolge des alten griechischen Seefahrers Pytheas von Marseille, der einst vor über 2000 Jahren dieses magische Wort prägte, das viele Generationen nach ihm nicht mehr losließ. Rahn glaubt, daß Pytheas auf seiner Nordlandfahrt die Urheimat Apollos suchte und den Sagen von den Hyperboreern nachgehen wollte.[110] Jetzt sucht der SS-Mann den Ursprung der „arischen Kraft" zusammen mit seinen Kollegen an Bord eines isländischen Frachters, der von Delphinen umspielt wird und an dessen Mast ein blaues Hakenkreuz auf weißem Grund weht.[111] Rahn fiebert dieser Fahrt jahrelang entgegen und ist am Ende doch enttäuscht. Die kahle Insel wirkt abweisend und ohne mystischen Zauber, man sucht vergebens nach Kultstätten oder Hinweisen auf uralte Besiedlungen. Geschminkte Frauen, Jazzmusik, Sportkleidung und Tanzschlager desillusionieren seine Erwartungen auf ein heiliges Land, das die Sprache der grauen Vorzeit spricht.[112]

Der SS-Mann sieht seine „Wallfahrt" gescheitert, „grausamste Wirklichkeit" umgebe ihn in Island. Da seien kein Baum, kein Wald, keine Blumen, kein Feld, nur schmucklose Häuser, Modegeschäfte, Zeitungsredaktionen, Kinos. Alles wirke ungewachsen, unbodenständig, „gemußt und nicht gewollt."[113]

Rahn gerät in Zweifel, ob „Thule" wirklich Island sein kann und dehnt seine Spekulationen auf den nördlichen skandinavischen Raum aus. Er bleibt jedoch nüchterner als sein SS-Kollege Edmund Kiß, der 1939 einen „Thule"-Roman schreibt, in dem er diese Kultur ganz in mythische Zeiten zurückversetzt.

Für Kiß ist „Thule" ein Außenposten des versunkenen Atlantis in der Nähe des heutigen Grönlands, wo aufgrund einstiger milder Klimaverhältnisse über Jahrtausende ein ewiges Paradies geherrscht haben soll: „Die Winter in den Thuleländern waren damals, ehe das Reich verging, mild und fast ohne Schnee gewesen und der Sommer wie ein ewiger Frühling. Wenn es am nördlichen Erdpol Land gegeben hätte, wäre dort der Roggen reif geworden. Das Land aber war selten in den thuleschen Meeren, nur Inseln gab es, große und kleine, und die größte unter ihnen war Grönland, das in den Heimatlauten des Nordens Grönland genannt wurde, weil dort fast bis in polare Gegenden hinauf ein einziger grüner Garten reichte ..."[114]

Nach Kiß besaß die Thule-Kultur ein großes Wissen um Sternenlauf und kosmische Maße, und ihre Gelehrten rechneten mit einer Maßeinheit, die dem 40 Millionsten Teil des Erdumfangs entspreche und in vielen Kultbauten dieser Erde eine Rolle spiele.[115] Ihr Gott war – angeblich anders als der der Juden – ein den Menschen wohlgesonnener Gefährte, der „uralte Freund im All", der vor allem die nordische Rasse mit besonderer Liebe bedacht hatte.

„Die Kleinkinder tranken an den Brüsten der Mutter, und die Schönheit Gottes leuchtete von der weißen Haut der Frauen und der trinkenden Kinder. Es war kein Hochmut und keine Überheblichkeit, daß wir unser stolzes und schönes Geschlecht für den Liebling des Uralten hielten. Vom zartesten Blond bis zum hellen goldenen Braun leuchteten die Flechten unserer Frauen in der Sonne."[116]

Die Kinder waren „boshaft, lieb, frech und zärtlich", und die Erziehung erinnerte immer wieder daran, daß man die Vermischung mit fremdem Blut vermeiden sollte, um eine über Jahrtausende gewachsene Reinheit nicht zu trüben.[117] „Thule" war eine Seefahrer-Kultur. Auf den Schiffen wehte die Reichsflagge von Atlantis, „das blaue Banner mit dem silbernen gehakten Kreuz", und wenn die Singschwäne an der Reling vorbei übers Meer zogen, klang es, „als würden tausend Harfen gerührt".[118]

Die Idylle wendet sich bei Kiß zunehmend ins Kriegerisch-Imperialistische. Nach Anbruch der Eiszeit – heißt es – sei das Thule-Paradies in einer Kältekatastrophe untergegangen, und die Nordmänner hätten auf Schiffen ihre geliebte Heimat verlassen müssen. Dabei seien sie in anderen Weltgegenden „Mischvölkern" begegnet, die aber als Arbeitskräfte bei der Errichtung neuer Weltreiche akzeptiert worden seien.[119] So entstanden unter der Regie der blonden Einwanderer das alte Ägypten sowie Hellas und Rom: „Die Erde habe den Nordleuten einmal gehört ... die Lanze ihrer Seele zielte immer noch nach den Gipfeln und Höhen. In der tiefsten Not seien sie entschlossen, der ... Erde erneut den Runddruck ihrer Seele aufzuprägen."[120]

Man mag all dies als völkischen Kitsch belächeln und wegen seiner rassistischen Nebentöne kritisieren. Aufschlußreich ist jedoch darüber hinaus eine eigentümliche Sehnsucht nach Sonne, Heimat, Harmonie, Schönheit und ungestörter Ordnung, die diese Bilder reflektieren und die mehr vom quasireligiösen Untergrund des „arischen" Mythos erzählen als manche Fakten der Historiker. Die Romane von Kiß wurden im „Dritten Reich" viel gelesen und schufen einen bildhaft-atmosphärischen Hintergrund für die herrschende Ideologie, die die Welt in edle Herrenvölker und minderwertige Rassen einzuteilen begann. Besonders die anschauliche Sprache war geeignet, Sehnsüchte nach Verlorenem zu aktivieren und Ängste gegenüber Fremdem zu schüren, von dem man die eigene Tradition und „Reinheit" bedroht sah.

## Atlantis-Forschung in der SS

Ein weiterer Mythos, der das hohe Alter und die geistige Überlegenheit der „Arier" beweisen sollte, war der Atlantis-Bericht von Platon, über den am Anfang dieses Jahrhunderts erstaunlich viele Publikationen erschienen, und den auch Alfred Rosenberg und Heinrich Himmler als Zeugnis für eine „arische Urheimat" ernst nahmen. In seinem Buch „Der Mythus des 20. Jahrhunderts" spricht Rosenberg ausdrücklich von einem vorgeschichtlichen „nordischen Kulturzentrum" an Stellen, wo heute „die Wellen des Atlantischen Ozeans rauschen und riesige Eisgebirge herziehen". Dort habe eine schöpferische Rasse eine große, weitausgreifende Kultur erzeugt und ihre Kinder als Seefahrer und Krieger hinaus in die Welt gesandt.[121]

Heinrich Himmler ließ die Atlantis-Sage sogar in einem inneren Kreis der SS erforschen. Himmler, dessen Bücherliste uns noch heute zeigt, wie groß sein Interesse für Mythologie und Okkultismus war[122], hatte 1935 zusammen mit Herman Wirth die SS-Stiftung „Ahnenerbe" gegründet, in der sich eine bunte Schar von Wissenschaftlern und Phantasten tummelte, die in Mythen, Märchen, Kultstätten, Runen und Brauchtum „Beweise" für nordisch-germanische Urtraditionen suchten. In Briefen – etwa an den Dekan der Münchner Universität Walther Wüst – spekulierte der Reichsführer SS darüber, ob nicht vielleicht auch China und Japan einst von einer „atlantinischen Herrenschicht" gegründet worden seien, die nach dem Untergang ihres Weltreichs überall Kolonialvölker gegründet hätte.[123]

Himmler war in diesen Dingen vor allem von der sogenannten „Welteislehre" beeinflußt, die seit 1913 eine große Wirkung zu entfalten begann und auch viele prominente NS-Politiker in ihren Bann zog.[124] Das Werk bestand aus einer über 800 Seiten langen und äußerst komplexen Theorie über die Entstehung der Schöpfung, eine Theorie, die von dem Wiener Ingenieur Hanns Hörbiger nach einem angeblichen Erleuchtungserlebnis verfaßt worden war. Sein Mitstreiter Philip Fauth verklärte Hörbiger zu einem Genie mit medialen Fähigkeiten.

Schon als 13jähriger habe er sein Bett in sternklaren Sommernächten heimlich auf die Gartenwiese getragen, „wo die Tiefe des funkelnden Himmels, die Milchstraße und die geisterhaft vorbeihuschenden Sternschnuppen einen tiefen und nachwirkenden Eindruck auf den jugendlichen Grübler machten."[125]

Wie am Anfang der „Edda" die Schöpfung aus dem Zusammenprall von Feuer und Eis geschildert wird, so glaubte Hörbiger, daß vor Urzeiten ein „Eisgigant" in eine „Riesen-Sternmutter" gerast sei. Das habe eine kosmische Explosion von ungeahnten Ausmaßen verursacht, ein Szenario, das in seiner Dramatik wohl so recht nach dem Geschmack mancher NS-Führer war. Aus dem umherwirbelnden glühenden Eisstaub hätten sich allmählich rotierende Wolken und Spiralen gebildet, aus denen nach Abkühlung die Planeten, Sonnen und Monde entstanden seien. Der Mensch habe sich nicht aus dem Affen entwickelt, sondern sei als lebensfähiges Protoplasma in Eisstücken auf die Erde heruntergekommen, als „göttliches Sperma", welches der „Allvater Kosmos" in den Schoß von „Allmutter Erde" gesenkt habe, um daraus den „Homo europaeus" als „Haupt- und Endzweck der Schöpfung" entstehen zu lassen.[126] Aus diesem Grund glaubte Hörbiger auch an die reale Existenz prähistorischer Hochkulturen, die zwar in Naturkatastrophen verschlungen worden seien, aber von denen noch vereinzelte Spuren existierten. Auch er deutete mythologische Untergangsbilder der biblischen Apokalypse („Feuerregen", „Gläsernes Meer", „Fall der Sterne") und der „Edda" als Hinweise auf die Katastrophe, die das von Platon erwähnte „Atlantis" zerstört habe.[127] Moses, der im alten Ägypten erzogen worden sei, habe von diesen urgeschichtlichen Vorgängen noch gewußt, sie aber verschwiegen, um den alttestamentarischen Schöpfungsmythos an ihre Stelle zu setzen.[128] Vor allem die Hochebenen dieser Erde, wie die bolivianischen Anden, bewahrten noch Reste des atlantischen Weltreichs auf, etwa die Ruinen der Tempelstadt Tiahuanaco, in der bereits lange vor dem alten Ägypten eine mystische Sonnenreligion zelebriert worden sei.[129]

1937 erschien in den „Kampfschriften der obersten SA-Führung" ein ganzes Sonderheft über die „Welteislehre", in dem Hörbiger als eine überragende Jahrhundertfigur gewürdigt wurde, der die großen Urzeitbilder der „Edda" endlich in eine zeitgemäße Form gebracht habe. In diesem Heft war auch ein Abschnitt über die Untersuchungen des späteren SS-Führers Edmund Kiß enthalten, der Hörbigers Andeutungen gefolgt war und in Tiahuanaco tatsächlich nach Spuren von Atlantis geforscht hatte.[130] Kiß, der zum persönlichen Stab Himmlers gehörte, war bereits 1928 in der geheimnisvollen Tempelstadt gewesen und hatte Aufsätze und ein Buch über seine dortigen Forschungen geschrieben.[131] Im Gegensatz zu heutigen Einschätzungen, die die Hochblüte Tiahuanacos um 800 n. Chr. ansetzen,[132] kam Kiß aufgrund von vermeintlich astronomischen Vermessungen zu einem Alter von 14 000 Jahren und sah in diesen Tempeln eine Art Außenbezirk des legendären Atlantis-Weltreichs. Als Architekt glaubte er in der kühlen und monumentalen Form der Anlage „nordische Baukunst"[133] zu entdecken. Die Größe und Feinheit der Ausarbeitung erinnere eher an die dorische Architektur Griechenlands als an indianischen Stil, der gewöhnlich der „inneren Zucht" entbehre.[134] Auch das Vorhandensein von Spuren eines Sonnen- und Totenkultes führte er auf „arischen" Einfluß zurück und meinte sogar in der Physiognomie eines Steinkopfes „rein nordische Gesichtszüge" zu erkennen.[135]

Für das Jahr 1940 war eine große SS-Expedition zur weiteren Erforschung dieser Tempelstadt geplant, die von Himmler und Göring ausdrücklich befürwortet wurde. Die Mannschaft unter der Führung von Kiß sollte aus je einem Archäologen, Eiszeitforscher, Zoologen, Botaniker, Astronomen sowie einem Filmteam bestehen. Für die Durchforschung des Titicacasees nach versunkenen Ruinen hatte man bereits einen speziellen Apparat für Tiefsee-Photographie in Auftrag gegeben, und Zeiss steuerte ein modernes Luftbild-Aufnahmegerät bei, um verborgenen prähistorischen Strukturen auf die Spur zu kommen. Hohe SS-Ränge und renommierte Wissenschaftler beteiligten sich an den minutiösen Vorbereitungen dieser Expedition, von der man glaubte, daß sie „für die Menschheitsgeschichte von umwälzender Bedeutung" sein würde, die aber dann wegen der Kriegswirren abgesagt wurde.[136]

Ein anderes Hochplateau, auf dem Himmler Spuren von Atlantis vermutete, war Tibet, das er diesbezüglich ebenfalls erforschen lassen wollte. Bereits 1924 hatte er mit großem Interesse das Buch „Tiere, Menschen und Götter" gelesen[137], in dem der Ingenieur Ferdinand Ossendowski seine abenteuerliche Flucht vor den Bolschewisten durch Zentralasien beschreibt. Dabei hatte dieser mehrmals von Lamas etwas über das „Mysterium von Agarthi" gehört, das ein angebliches Reich unter der Erde beschrieb, in das sich vor 60 000 Jahren Flüchtlinge großer versunkener Kontinente zurückgezogen hätten, wo ihre Kultur in ruhiger Entwicklung höchstes Wissen erlangt habe.[138] Der König dieses Reichs, der „Herr der Welt", stünde in geistigem Kontakt mit allen Männern, die das Los der Erde mitbestimmten, und fördere ihre Gedanken zur Bekämpfung des Bösen. Für Himmler war das vermutlich ein esoterischer Hinweis auf verborgene Zufluchtsorte einstiger „Ur-Arier", die ihr übersinnliches Wissen bewahrt hatten und jetzt im Kampf gegen „mindere Rassen" noch einmal zur Verfügung stellen könnten.

Auch in Hörbigers „Welteislehre" gab es Anspielungen auf Verbindungen zwischen Atlantis und dem „Dach der Welt"[139], und so rief Himmler 1937 ein Mitglied einer geplanten Tibetexpedition zu sich, um ihn in diese Zusammenhänge einzuweihen. In seinen unveröffentlichten Memoiren erinnert der Mann sich an Himmlers absonderliches Weltbild:

„Ob ich in Tibet Menschen mit blonden Haaren und blauen Augen begegnet sei, wollte er wissen. Als ich dieses verneinte, fragte er mich, wie denn nach meiner Meinung der Mensch entstanden sei. Ich gab die exakten Ergebnisse anthropologischer Forschung wieder, sprach vom Pitecanthropus erectus, vom Heidelberg-Menschen, dem Neandertaler und den aufsehenerregenden Funden des französischen Jesuitenpaters Teilhard de Chardin in den Höhlen bei Peking. Himmler hörte ruhig zu. Dann schüttelte er den Kopf: ‚Akademische Lehrmeinungen, Schulweisheit, Arroganz der Universitätsprofessoren, die wie Päpste auf ihren Lehrstühlen sitzen ... aber von den wirklichen Kräften, die die Welt bewegen, haben Sie nicht die leiseste Ahnung ... Nun ja, für die minderen Rassen mag das allenfalls zutreffen, aber der nordische Mensch ist beim letzten tertiären Mondeinbruch direkt vom Himmel gekommen'.

Himmler hatte leise gesprochen, er sprach wie ein Priester. Die Kamarilla schwieg, und auch ich war sprachlos. Ich glaubte mich in ein heidnisches Kloster versetzt ... ‚Sie müssen noch viel lernen', fuhr Himmler schulmeisterlich fort, ‚vor allem die Runenschrift und die Grundlagen der indoarischen Sprachwissenschaften. Und natürlich müssen Sie die Werke Hörbigers studieren ...

Der Führer befaßt sich seit langem mit der Welteislehre. Es gibt noch zahlreiche Reste der tertiären Mondmenschen, letzte Zeugen der verschollenen, ehemals weltumspannenden Atlantiskultur. In Peru zum Beispiel, auf der Osterinsel und, wie ich vermute, in Tibet.'".[140]

Himmler empfiehlt dem skeptischen Wissenschaftler die Lektüre des Buches „Stielauge, der Urkrebs. Eine Chronik aus Urzeiten unserer Erde" von Batti Dohm, das die Schöpfungsgeschichte im Sinne der Welteislehre wiedergibt und ebenfalls von der Wahrheit des Atlantismythos' überzeugt ist. In diesem Buch wird der Fund eines versteinerten „Urkrebses" 1843 bei Gerolstein in der Eifel zum Beweis für die in vielen Mythen erwähnte „Sintflut" erklärt, die dieses Tier einst aus ganz anderen Gegenden dorthin gespült habe. Dohm versucht das Fossil zum Sprechen zu bringen und versetzt sich mit ihm in Urzeiten zurück, die er jedoch anders deutet als die Bibel. Das einstige „Paradies" sei in Wahrheit „Atlantis" gewesen, „die heilige Insel", die wie ein „Garten der Wonne" in den Fluten des blauen atlantischen Ozeans gelegen habe, bevor der Mond in bedrohliche Nähe zur Erde gerückt sei.[141] Infolge seiner Schwerkrafteinwirkung habe es gewaltige Überschwemmungen gegeben, bei denen sich nur ein einzelnes atlantisches Paar auf Bergrücken oder in Höhlen retten konnte. Diesen mutigen Menschen gegenüber hätte der „Urewige" eine besondere Zärtlichkeit empfunden und sie daher zu den „Herren der Erde" erklärt. Der Mann habe in Dankbarkeit die Arme in den Himmel erhoben, woraus die erste Rune – die „Man"-Rune – entstanden sei, „die Rune des Gebetes, des Dankes gegen den Urewigen, die Rune des Mannes und der Menschheit, der Mehrung, des Geistes und des Denkens."[142]

Seine Nachfahren seien u. a. die Gallier gewesen, „junge, starke, blonde Männer und große, blauäugige, priesterliche Frauen", die zu den ersten Kulturgründern der Erde wurden.[143] Infolge ihrer Wanderungen entstanden auch neue Stämme und Sprachen, die aber nie ihre Urheimat – „die atlantische Erde" – verleugnet hätten. Als Erinnerungen an diese Ereignisse habe der „Urewige" Fossilien wie den „Urkrebs" im Stein verschlossen, in der Hoffnung, daß spätere Menschen ihn mit Hilfe der alten Sagen wieder zum Sprechen brächten.[144]

Der Tibetforscher beschreibt in seinen Memoiren, wie er über den skurrilen Titel dieses Buches lachen mußte, was Himmler jedoch in keiner Weise beeindruckte. Statt dessen zog dieser bei einem weiteren Gespräch auch noch Edmund Kiß hinzu, der – wie je ein Runenforscher, Urgeschichtler und Religonswissenschaftler – zusätzlich in die Tibet-Mannschaft aufgenommen werden sollte, um die Richtigkeit der „Welteislehre" zu belegen. Als der Tibetologe auf dem wissenschaftlichen Charakter der geplanten Expedition beharrt, unternimmt Himmler einen letzten Überzeugungsversuch und schickt ihn zu seinem esoterischen

Berater, dem pensionierten ehemaligen Oberst Karl Maria Wiligut, der als Standartenführer „Weisthor" in einer großen Villa am Stadtrand von Berlin residiert:

„In Dahlem hielten wir vor einer mauerumfriedeten, altertümlichen Villa", heißt es in den Memoiren. „SS-Posten bewachten den Eingang und salutierten ... Es war plötzlich still um mich, sollte ich entfliehen, den ganzen unheimlichen Wust abwerfen? ... Die nächste U-Bahn war nicht weit. Nein, jetzt wollte ich wissen, woran ich war! Eine junge Dame führte mich in einen muffig riechenden, von tropischen Gewächsen überwucherten Wintergarten. Obgleich doch ein heller, strahlender Sommertag war, empfand ich Beklemmung. Eine unheimliche Atmosphäre und dieser seltsame Geruch, penetrant, süßlich ... plötzlich wußte ich, woher ich ihn kannte, das war China, Opium! Nach einer mir wie eine Ewigkeit vorkommenden Zeit öffnete ich die Tür, und ein Greis humpelte auf mich zu, umarmte mich und küßte mich auf beide Wangen. Er trug einen Schlafrock und sah mich aus wäßrigen Augen an. Totenstille, man hätte das Rieseln einer Sanduhr hören können. Wir saßen uns lange schweigend gegenüber, bis plötzlich die Greisenhände zu zittern begannen, die Augen groß wurden und sich verschleierten. Der Lamablick ..., er war in Trance gefallen ... wie ich es wiederholt bei tibetischen Lamas erlebt hatte. Dann begann er zu sprechen, mit seltsam gutturaler Stimme:

‚Heute Nacht habe ich mit meinen Freunden telefoniert ... in Abessinien und Amerika, in Japan und Tibet ... mit allen, die aus der anderen Welt kommen, um das neue Reich zu errichten. Der abendländische Geist ist von grundauf verdorben, wir haben eine große Aufgabe zu erfüllen. Eine neue Ära wird kommen, denn die Schöpfung unterliegt nur einem großen Gesetz. Einer der Schlüssel liegt beim Dalai Lama und in den tibetischen Klöstern.' Dann fielen Namen von Klöstern und ihren Äbten, von Ortschaften in Ost-Tibet, die doch nur ich allein kannte ... nahm er sie aus meinem Gehirn? Telepathie? Ich weiß es bis heute nicht, weiß nur, daß ich diesen unheimlichen Ort fluchtartig verließ."[145]

Trotz all dieser Überredungskünste Himmlers versucht der spätere Leiter der Tibet-Expedition – Ernst Schäfer – wissenschaftlich unabhängig zu bleiben und das Forschungsvorhaben aus anderen Geldquellen zu finanzieren, aber der Reichsführer SS läßt es sich nicht nehmen, als Schirmherr aufzutreten und wenigstens die Rückreise zu finanzieren. Einer der Expeditionsteilnehmer wird dann doch indirekt Himmlers Atlantis-Phantasien nachgehen, indem er in Tibet rassenkundliche Untersuchungen an Menschen vornimmt, die beweisen sollen, daß dort schon vor Urzeiten nordische Einwanderer gesiedelt hätten. Bereits im November 1937 hatte der dafür zuständige Anthropologe Bruno Beger ein „Forschungsprogramm für Ost-Tibet" entwickelt, in dem u. a. von der „Suche nach Skelettresten nordischer Einwanderer" die Rede ist. Bei späteren Auswertungen des Expeditionsmaterials wird Beger auch noch bestimmte Züge „im tibetischen Adel" (hoher Wuchs, schmales Gesicht, schlichtes Haar, herrisch bewußtes Auftreten) sowie die Verwendung des „arischen Hakenkreuzes" als Beweis für „nordrassischen Einschlag" anführen.[146]

Neben der „Welteislehre" Hörbigers und dem Reisebericht Ossendowskis scheint vor allem Karl Maria Wiligut Himmlers Phantasien über die „arische Urheimat" Atlantis genährt zu haben. Wir haben es hier mit einer der rätselhaftesten Figuren nicht nur in der SS, sondern im gesamten Bereich der NS-Mythologie zu tun, die trotz ihrer Skurrilitäten wesentlichen Einfluß auf das Weltbild Himmlers ausübte und ihm sechs Jahre lang als Berater zur dauernden Verfügung stand.

Hans-Jürgen Lange hat in einer sorgfältig recherchierten Studie Wiliguts Leben rekonstruiert[147]. 1866 in Wien geboren, beginnt er mit 14 Jahren eine militärische Ausbildung, die zu einer erfolgreichen Karriere in der Armee der damals noch glanzvollen k.u.k. Monarchie führt. Um 1903 erscheint sein erstes Buch „Seyfrieds Runen", das starkes Interesse für mythologische Themen zeigt und auf Kenntnisse der Werke Guido von Lists schließen läßt. Ein rätselhaftes Manuskript von 1908 spricht von „sieben Menschheitsepochen" und deutet eine esoterische Sicht der Evolution an, die Parallelen zu den Ideen von Helena Blavatsky und Rudolf Steiner aufweist.[148] Wie diese – und auch Hörbiger und Lanz von Liebenfels – glaubt Wiligut nicht an die

Abstammung des Menschen vom Affen. Vielmehr führt er ihn auf ätherische Geistwesen zurück, die sich erst nach und nach zu festen Leibern verdichteten und einst auf Urkontinenten im hohen Norden lebten. Mondeinstürze und daraus folgende Sintfluten hätten diese ersten Urrassen aus ihrem paradiesischen Zustand vertrieben und über die ganze Welt verstreut, wo sie mit ihrem überlegenen Wissen beim Aufbau der großen antiken Kulturen mitgewirkt hätten.[149]

Wiligut will solche Ideen von seinen Vorfahren in mündlicher Überlieferung erhalten und in Meditationen mit mantraähnlichen Reimsprüchen vertieft haben. In Wien schließt er sich 1908 völkisch-esoterischen Kreisen an und gerät auch in Kontakt zu Mitgliedern des Lanzschen Neutemplerordens, dessen Ideen er begeistert akzeptiert. Nach verunglückten Geldgeschäften und wegen zunehmender Exzentrik wird er 1924 von seiner Ehefrau entmündigt und in die Salzburger Nervenheilanstalt eingeliefert, wo er weitere kuriose „prähistorische Forschungen" unternimmt. So verfaßt er lange Gutachten über vermeintliche Fundstellen auf dem Klinikareal, wo er kunstvoll bearbeitete Steine entdeckt haben will, die 14 000 Jahre alt seien und die Theorien Hörbigers über „Sintflut" und „Atlantis" stützen könnten.[150] Hier beginnt Wiliguts seltsame Passion für sogenannte „Großsteinskulpturen", die sich bis in seine SS-Zeit fortsetzen wird und in denen er letzte Relikte einer einstmals weltumspannenden „ario-germanischen Urreligion" zu sehen glaubt.

Wahrscheinlich 1933 lernt Himmler ihn bei einer Tagung der „Nordischen Gesellschaft" kennen und ist so begeistert von ihm, daß er ihn sofort als Berater in die SS aufnimmt und ihm den hohen Rang eines Standartenführers zuweist. Die Berliner Villa des jetzt über 60jährigen Wiligut wird zum Treffpunkt esoterisch interessierter SS-Mitglieder wie Herman Wirth, Otto Rahn, Richard Anders, Friedrich Schiller u. a. Er unternimmt Rechercheisen, auf denen er etwa im Schwarzwald nach vermeintlichen Kultstätten eines einstigen atlantischen Weltreiches forscht, und empfiehlt der SS diesbezügliche Untersuchungen, da an diesen Stellen bedeutende Aufschlüsse über die ganze „arische Vor- und Frühgeschichte" zu gewinnen seien.[151] Da er manchmal in Momenten seltsamer Hellsichtigkeit prähistorische Fundorte lokalisiert, an denen Ausgrabungen tatsächlich etwas zutage fördern, wächst seine Autorität bei Himmler, der in ihm einen glaubhaften Nachfolger alter germanischer Sippen sowie einen medial begabten Vorgeschichtsforscher erblickt.[152] Es wäre zu einfach, all dies als okkulten Unsinn oder reine Privatbeschäftigung des Reichsführers SS abzutun. Diese Dinge gehörten nicht nur zu seiner Persönlichkeit, sondern auch zu seiner Ideologie und verbanden sich auf verblüffende Art und Weise auch mit realistischen und pragmatischen Fähigkeiten. Eine Beobachtung von Albert Speer zeigt den zweitmächtigsten Mann des „Dritten Reiches" in einem anderen, ungewohnten Licht: Himmler sei in Wahrheit kein unbedeutender kleiner Pedant gewesen, sondern habe bemerkenswerte Fähigkeiten gehabt, etwa zuhören zu können, lange nachzudenken, bevor er Entscheidungen traf, das Geschick, Leute für seinen Stab auszuwählen, die sich insgesamt als sehr effizient herausstellten.

„Er hatte natürlich auch diese andere Seite, die ihn in den Augen geistig anspruchsvollerer Leute ... grotesk erscheinen ließ. Aber gerade weil ein romantischer Mystizismus den deutschen Volkscharakter so fasziniert, war diese Seite ungeheuer wirkungsvoll und sehr attraktiv, besonders für einfachere Geister und die bereits einseitig ausgerichtete Jugend: die Entschiedenheit, mit der er den Wert der Rasse, der deutschen Abstammung betonte; die Ausgrabungen, die er in ganz Europa durchführen ließ, um Beweise für alte deutsche Kulturen zu finden; die anthropologischen Forschungsprojekte, die er in Japan und Tibet finanzierte, um den germanischen Ursprung dieser bewundernswerten asiatischen Völker zu entdecken oder zu bestätigen ... Himmler wird am Ende immer ein Rätsel bleiben ... Ich glaube, sein Geheimnis war, daß er die vielleicht einzigartige Verbindung darstellte zwischen einem klarblickenden Realisten, der genau wußte, was er wollte und wie er es bekommen konnte, und einem außergewöhnlichen ‚Träumer' – mit Träumen, die, wie sich später auf entsetzliche Weise herausstellen sollte, eine große Anziehung für die Deutschen hatten."[153]

Gerade Himmler ist ein gutes Beispiel dafür, daß es nicht genügt, den „arischen" Weltherrschaftswahn der Nazis nur auf rational verständliche Wurzeln hin abzusuchen bzw. das Irrationale dahinter als nicht erklärbaren „Wahnsinn" zu bagatellisieren. Daß dieser durchaus „Methode" hatte und sich bei ihm – wie bei etlichen anderen NS-Führern – auch mit kühler Vernunft überzeugend verband, wird heute oft übersehen.

## „Die Sage von den Riesen": Hitlers „Arier"-Glaube

Im Gegensatz zu Himmler hielt Hitler sich in der Öffentlichkeit mit esoterischen und mythologischen Spekulationen zurück, was aber eher etwas über sein taktisches Geschick als über die eigentlichen Hintergründe seiner Weltanschauung aussagt, die alles andere als rational war. Man spricht heute über seinen Judenhaß und seinen Größenwahn, aber kümmert sich nur selten um die tieferen Motive seiner Weltherrschaftsphantasien, die mit dem Pathos einer religiösen Mission vorgetragen wurden und tatsächlich auch auf mystisch-mythologischen Grundannahmen basierten. Die Tatsache, daß wir in seinen Reden keine Begriffe wie „Thule" oder „Atlantis" finden, genügt nicht, ihn als nüchternen Pragmatiker darzustellen, der für solche Themen keine Zeit gehabt hätte. Auch seine gelegentlichen Spöttereien über Himmlers Germanenkult oder völkisch-okkulte Vereine machen lediglich deutlich, daß er wohl das Weltfremde solcher Gruppierungen verurteilte, nicht aber viele der dahinterstehenden Ideen. Zudem war Hitler äußerst verschwiegen, was persönliche Glaubensannahmen anging, und er wußte seine Rhetorik immer genau an die jeweils entsprechende Zuhörerschaft anzupassen. Wer jedoch tiefer bei ihm gräbt, erkennt hinter seinem Weltbild einen Untergrund von Mythologie, ohne den seine überschwengliche „Arier"-Mission auch gar nicht verständlich wäre. Hierbei spielten neben christlich-apokalyptischen Elementen, die sich zuweilen in seiner Sprache finden[154], auch Legenden, Sagen und Symbole des nordischen Mythenkreises eine beträchtliche Rolle.

Bereits in seinen Linzer Schuljahren, wurde Hitler durch fesselnde Darstellungen seines Geschichtslehrers Prof. Poetsch tief in die Welt der Nibelungen hineingezogen. Welchen Einfluß Poetsch auf ihn hatte, zeigt sich u. a. daran, daß dieser auch in

„Mein Kampf" erwähnt wird und nach seinem Tod ein Staatsbegräbnis erhielt.[155] Übereinstimmend damit berichtet August Kubizek in seinen Erinnerungen davon, wie der junge Hitler Gustav Schwabs „Heldensagen" verschlang, die zu einer wichtigen mythologischen Kulisse seiner geschichtlich-politischen Reflexionen wurden – ein imaginäres Reich von weitreichenden Taten, heroischer Lebensführung und siegreichem Einzug ins Kriegerparadies Walhall, das in erregendem Gegensatz zur verlogenen und frömmelnden Welt der katholischen Provinz stand. Als Kubizek mit Hitler einmal an der Donau spazierengeht, rekapituliert dieser in fesselndem Stil ganze Passagen aus Schwabs Werk: „Ich erinnere mich", schreibt der Jugendfreund, „wie er mir einmal von dieser Stelle aus Kriemhildens Zug ins Hunnenland so anschaulich schilderte, daß ich glaubte, die mächtigen Schiffe der Burgunderkönige stromabwärts treiben zu sehen."[156]

Hitler entwirft sogar eine Oper nach der Sage „Wieland, der Schmied" und skizziert Bühnenbilder für ein germanisches Drama, das die archaische Bilderwelt des alten Heidentums heraufbeschwört: Zwei hünenhafte Gestalten führen einen schwarzen Stier zu einem Opferstein unter riesigen Eichen, wo ein Priester mit erhobenem Schlachtschwert auf ihn wartet.[157]

Früh ist Hitler auch vom Begriff des „Reiches" fasziniert, dessen Aura für ihn weit über politische Kategorien oder geographische Umgrenzungen hinausgeht und die Utopie einer geistigspirituellen Einheit beschwört, die mehr als nur materielle Bedürfnisse ansprechen soll.[158] Die frühe Wagner-Begeisterung bringt ihn in Kontakt mit der keltisch-germanischen Mythenwelt von Lohengrin, Siegfried, Tristan, den Nibelungen und dem „Heiligen Gral". Bereits als Zwölfjähriger folgt er das erste Mal dem Schwanenritter, der aus ätherischen Höhen auf die Erde hinabsteigt, um den Menschen Reinheit und Erlösung zu bringen. „Wagner zu hören", so Kubizek, „war für ihn nicht das, was man einen Theaterbesuch nannte, sondern eine Möglichkeit, sich in jenen außergewöhnlichen Zustand zu versetzen, ... in jenes Sichselbstvergessen, jenes in ein mystisches Traumland Entschweben, dessen er bedurfte, um die ungeheuren Spannungen seines eruptiven Wesens zu ertragen."[159]

Kubizek bezeugt auch, daß Hitler die Schriften des Bayreuther Meisters kannte[160], in denen – unverhohlener als in den Opern – von Dingen die Rede ist, die Hitler später selber verwirklichen wird. Neben heftigsten antisemitischen Ausfällen spricht Wagner dort auch von der geschichtsprägenden Mission der „weißen Rasse", die noch ein Wissen um ihre „göttliche Abkunft" besitze und durch Rassenvermischung ihre einstige „Reinheit" zu verlieren drohe.[161]

Die „Ostara"-Hefte des „Neuen Templerordens", die Hitler 1907–13 in Wien laut Aussage des Lanz von Liebenfels gelesen haben soll, sprechen eine ähnliche Sprache und vertiefen das bei Wagner Aufgenommene.[162]

Auch die Gedanken Guido von Lists über die Urreligion der „Ario-Germanen" scheint Hitler gekannt zu haben. Ab 1908 werden sie in den Wiener Zeitschriften ausführlich besprochen, so daß man über Lists Weltbild auch ohne den Kauf seiner Bücher gut informiert war. Laut Kubizek trug Hitler wochenlang ein Buch mit Abbildungen von Hakenkreuzen und archäologischen Fundstücken mit sich herum, das den kulturell hohen Stand der Germanen beweisen sollte. Möglicherweise handelte es sich um eine von Lists Publikationen. Hitlers spätere Münchner Buchhändlerin, die Ahnenforscherin Elsa Schmidt-Falk, erinnerte sich daran, daß der „Führer" die „Deutsch-Mythologischen Landschaftsbilder" von List besessen und die meisten anderen Schriften gekannt habe.[163]

Offensichtliche Hinweise auf Hitlers Kenntnisse der Schriften von List, Lanz und Sebottendorff enthält eine Rede, die er am 13. August 1920 im Münchner Hofbräuhaus hielt. Dort spricht er davon, wie sich einst der „Arier" in grauer Vorzeit in den „Eiswüsten" des hohen Nordens durch „Rassenreinzucht" höherentwickelt habe. Infolge von Not und Entbehrung sei dort ein „Geschlecht von Riesen an Kraft und Gesundheit" entstanden, das ein besonders tiefes Seelenleben entwickelt habe, da sein Blick aufgrund fehlender äußerlicher Attraktionen ins Innere gegangen sei. Durch solche geistige Kraft und physische Stabilität seien die „Arier" imstande gewesen, auf langen Wanderungen durch die Welt zu ziehen und in Indien, Ägypten, Persien und Griechenland die großen antiken Hochkulturen zu begründen.[164]

Das auch in diesen Ländern vorkommende Hakenkreuz sei nur ein Echo der einstigen nordischen Einwanderer, die ihre uralten Lichtkulte und Sonnensymbole mitgebracht hätten. Hitler nennt in diesem Zusammenhang das Hakenkreuz „Quirl" oder „Werkzeug der Feuererzeugung" und übernimmt damit Ausdrücke, wie sie auch bei Guido von List vorkommen.[165] Vermutlich erst in seiner Münchner Zeit trifft der zukünftige „Führer" auf die „Welteislehre" des Hanns Hörbiger, die seine schon durch List und Lanz stimulierten Phantasien über prähistorische Kulturen, Atlantis und die Sintflut weiter anregt. „Ich neige der Welteislehre von Hörbiger zu", sagte Hitler selbst einmal 1942 in einem seiner „Tischgespräche": „Vielleicht hat um das Jahr 10000 vor unserer Zeitrechnung ein Einbruch des Mondes stattgefunden ... Denkbar ist auch, daß die Erde aufgebrochen ist und daß der Einsturz von Wasser in die Krater zu ungeheuren Explosionen geführt hat und Regengüsse brachte, vor denen sich nur ein ‚Menschenpaar' hat retten können, da es in einer höhergelegenen Höhle Unterschlupf gefunden hatte. Ich glaube, diese Fragen werden sich nur lösen, wenn eines Tages ein Mensch intuitiv die Zusammenhänge schaut und der exakten Wissenschaft damit den Weg weist. Wir werden sonst nie hinter den Schleier schauen, den die Katastrophe zwischen uns und die Vorwelt hat fallen lassen."[166]

Wie Hörbiger, für dessen Weltanschauung die Nazis ein riesiges Ausstellungsgelände bei Linz bauen wollten[167], glaubt auch Hitler nicht an die Entwicklung des Menschen aus dem Affen, wie er im gleichen Gespräch mitteilt, da ein solcher Sprung auch sonst in der Natur nirgends zu finden sei. Er schlägt vor, alte Mythen auf die „Entstehung der Menschenrassen" hin zu befragen, denn schließlich käme ja das Wort „Sage" von „sagen". In der nordischen Überlieferung etwa sei viel von Kämpfen zwischen Göttern und Riesen die Rede, was auf eine Naturkatastrophe hindeute, die eine Menschheit ausgelöscht hat, die einst im Besitz einer Hochkultur war. Die Substanz solcher Bilder könne nicht aus dem Nichts gegriffen sein: „Wir tun gut daran anzunehmen, daß das, was die Mythologie von Gestalten zu berichten weiß, die Erinnerung ist an eine einstige Wirklichkeit."[168]

Die Tatsache, daß so wenig Spuren einstiger nordischer Urkulturen erhalten seien, habe damit zu tun, daß ihre Relikte möglicherweise auf dem Grund des Ozeans lägen. Die Erde, so Hitlers überraschende Schlußfolgerung, sei zu drei Vierteln mit Wasser bedeckt. Nur ein Achtel der Erdoberfläche sei unserer Forschung zugänglich: „Wer weiß, zu was für Entdeckungen wir kämen, wenn wir den Boden, der jetzt vom Wasser überspült wird, durchforschen könnten."[169]

In aller Öffentlichkeit hätte er so etwas nie sagen können, etwa auf Parteitagen oder in Rundfunkansprachen, inmitten von harten Machtkämpfen oder als letzte Anfeuerung zum „Endsieg". In intimen Runden war er jedoch in der Lage, ausführlich und mit erstaunlichen Details über solche Dinge zu reden, wie aus den Erinnerungen des ehemaligen SA-Stabschefs Otto Wagener hervorgeht, der in den Jahren 1929–33 zu seiner engsten Umgebung gehörte. Bei einem Gang durch eine Ausstellung über germanische Völkerwanderungen kommt Hitler wieder auf die „Sage von den Riesen" zurück und vertieft die Gedanken, die er bereits in seiner Münchner Rede von 1920 ansprach. Es sei nicht zufällig, so teilt er Wagener mit, daß die „Riesen" in nahezu allen Mythen der Welt zu finden seien, und er sieht in ihnen nordische Urvölker von hünenhaftem Wuchs und gewalttätigem Eroberungsdrang, die möglicherweise bereits 30 000 Jahre vor dem alten Ägypten eine eigene hohe Kultur besessen hätten. Forschungen würden zeigen, daß im nördlichen Rußland und in Sibirien noch Ruinen gewaltiger Kulturepochen unter Wäldern und Schutt begraben lägen, und die „blonden Typen mit blauen Augen" in Weißrußland und der Ukraine seien ein Beweis dafür, daß nordische Menschen einst bis an das Schwarze Meer heruntergezogen seien.

„Und diese nordischen Menschen, denen die Erinnerung an ihre Vorzeit längst entschwunden war, trugen in sich nur noch eins: ihre Göttervorstellungen, ihre Sehnsucht, und ihre ethische Lebenseinstellung. In Sagen und Gesängen wurden sie weitergepflanzt, in Zeichen und bildlichen Darstellungen wurden sie überliefert. Die Idee, daß die Sonne als eine Gottheit dargestellt wird, die mit feurigen Rossen auf einem Wagen um die Erde herumfährt, kann nur aus dem Norden stammen. Nur dort rollt die Sonne am Kreis des Horizonts entlang... Und dasselbe betrifft auch das Hakenkreuz. Es ist das Sonnenrad, das von Osten nach Westen um die menschlich bewohnte Erdfläche herumrollt."[170]

Als weiteren „Beweis" führt Hitler auch einen nach Unendlichkeit strebenden Baustil an, wie er sich im Turmbau zu Babel, den ägyptischen Pyramiden und gotischen Domen ausdrücke und bei vorderasiatischen Völkern nicht vorkomme.[171] Es sei völlig logisch, daß die „nordischen Unruhestifter" beim Zusammentreffen mit den „semitischen Völkerfamilien" im Vorderen Orient nicht gerade beliebt gewesen seien und man sich so den Mythos von den „schrecklichen Riesen" zu erklären habe. Heute, da der Jude so viel Macht angesammelt habe, räche er sich nun mit „fanatischem Haß" und „sadistischen Handlungen" für das damals Erlittene. Die edlen Gesichtszüge eines Cäsar, Augustus oder Cicero würden jedoch im Vergleich etwa mit Sokrates zeigen, wie auch in die griechisch-römische Welt fremde Kulturströme des Nordens eingeflossen seien: „So sehe ich den Ablauf der Geschichte – wenn er auch ungeschichtlich sein mag. Und aus dieser Erkenntnis heraus erwachsen auch meine heutigen Aufgaben und Ziele."[172]

Hitler teilte – wenn auch auf verschwiegenere Art – dieselbe mythologisch inspirierte Sicht auf „arische" Urgeschichte wie Himmler, Wiligut, Hörbiger, Sebottendorff, List und Lanz, auch wenn er kaum über deren Theorien sprach. Auch für ihn war der Neandertaler nicht der Vorläufer des nordischen Menschen, sondern höchstens der affenartige Urahn einer „minderwertigen Rasse". Der „Arier" dagegen habe bereits „vor der Katastrophe" eine Hochkultur besessen und sei wahrscheinlich schon höherentwickelt gewesen als Teile der späteren Germanen. Zur mythischen Verehrung dieser vermeintlichen Herrenrasse ließ Hitler denn auch von seinen Bildhauern die gewaltigen Riesenskulpturen schaffen, die noch weiter ins Uralte und mystisch Verklärte hinausgreifen sollten als die Plastiken der Griechen.

Bereits in einem frühen Redemanuskript von 1919 spricht er von „2 Menschenarten – Schaffende und Drohnen – Erbauer und Zerstörer – Gotteskinder und Menschen"[173] und vertieft dies später in „Mein Kampf", wo er den „Arier" zum „Lichtbringer" verklärt, in dessen Stirn von Anfang an ein „göttlicher Funke" gewohnt habe[174]: „Siegt der Jude mit Hilfe seines marxistischen Glaubensbekenntnisses über die Völker dieser Welt, dann wird seine Krone der Totentanz der Menschheit sein, dann wird dieser Planet wieder wie einst vor Jahrmillionen menschenleer durch den Äther ziehen ... Menschliche Kultur und Zivilisation sind auf diesem Erdteil unzertrennlich gebunden an das Vorhandensein des Ariers. Sein Aussterben oder Untergehen wird auf diesen Erdball wieder die dunklen Schleier einer kulturlosen Zeit senken."[175]

Aus einer solchen mystischen Geschichtskonzeption heraus begriff er den bevorstehenden Krieg auch nicht als herkömmliche politische Auseinandersetzung, sondern als eine Art Endkampf zwischen Göttern und Dämonen. Auf der einen Seite das „arische Licht", auf der anderen die „jüdisch-bolschewistische Finsternis", die in seinen Augen Materialismus, Entseelung und Dekadenz über die Welt zu bringen drohte. Für Hitler ging es dabei ums Ganze, um die Behebung eines in Urzeiten zurückreichenden Konflikts, der jetzt besonders sichtbar zum Ausdruck gekommen war.

## „Nordmänner herrschen im Süden": Der „Arier"-Mythos in der NS-Erziehung

Viele der bisher geschilderten Gedanken fanden sich auch in den Schulbüchern des „Dritten Reiches" wieder und wanderten so u. a. in die Köpfe junger Menschen, die später aus dem „Arier"-Mythos blutige Wirklichkeit machen sollten.

Heute kommen die immer noch mit einem Nazi-Tabu belegten Germanen in Geschichtsbüchern nur am Rande vor. Damals jedoch waren sie die Haupthelden der gesamten Weltgeschichte, und alles Gute und Schöpferische ging nur von ihnen aus. Ihren Ursprung siedelte man zwar nicht in „Thule" oder „Atlantis" an, das wurde in entsprechenden Romanen getan[176], aber man brachte sie etwa mit der frühen Megalithkultur in Verbindung und begann die Schulbücher oft mit Abbildungen von eindrucksvollen Hünengräbern, die angeblich bis ins fünfte Jahrtausend v. Chr. zurückreichten. Unbekümmert um historische

Wahrheit wurden deren Erbauer als „indogermanisches Urvolk"
und „Helden des Nordens" bezeichnet, die angeblich später die
Hochkulturen von Ägypten, Indien, Persien und Griechenland
mitbegründeten.[177] Man versuchte, sich esoterischer Spekulationen zu enthalten, und tat so, als würde man in rein wissenschaftlicher Manier Fundstücke und archäologische Reste der
Vorzeit zum Sprechen bringen. Skelettfunde in Gräbern sollten
einen großen, schlanken Menschentyp mit schmalem Gesicht,
hoher Stirn, blondem Haar und heller Haut dokumentieren, der
sich im harten Klima der ausgehenden Eiszeit besondere
Willensstärke, Phantasiereichtum und Körperkraft erworben
habe.[178] Der fein gearbeitete Schmuck der Bronzezeit galt als Beweis für den hohen künstlerischen Stand der Germanen, ohne
z. B. zwischen deutschen und skandinavischen Funden zu diffe-
renzieren oder Epochen auseinanderzuhalten, die durch Jahrhunderte voneinander getrennt waren. Über allem stand – ver-
wischend und gleichzeitig verklärend – der emphatische Begriff
des „Nordischen", mit dem man alle kulturellen Leistungen
von der europäischen Steinzeit bis zu Adolf Hitler in einen germanischen Traditionszusammenhang zu zwingen versuchte.

Durch solche Verfälschungen gelang es, den Ursprung der
Deutschen so weit zurückzudatieren, daß die bisher angenommenen Hochkulturen nur Nachfolgeprodukte dieser gloriosen
„nordischen Urzeit" sein konnten. Als ob es gelte, einen gigantischen historischen Irrtum endlich zu korrigieren, untersuchte
man jedes nur erdenkliche Detail auf Beweisspuren einer bisher
übersehenen Überlegenheit und forderte sogar mit kleinen Gedichten die Jugend auf, sich endlich über einen tiefsitzenden
Minderwertigkeitskomplex hinwegzusetzen:

„In Rom, Athen und bei den Lappen,
da spähen wir jeden Winkel aus;
dieweil wir wie die Blinden tappen
daheim im eignen Vaterhaus."[179]

Das Ignorieren und Unter-Wert-Verkaufen der eigenen Vergangenheit wurde als typisch deutsche Schwäche beschrieben, die
mit dem Anbruch der neuen nationalsozialistischen Ära endlich
zu korrigieren sei. Dabei genügten nicht Beethoven, Bach,

Goethe, Kant, Hölderlin oder die Leistungen der deutschen Wissenschaft, sondern man grub sich in dunkle Urzeiten hinein, als ob nur aus ihnen heraus die wahre Geistesgröße des deutschen Volkes zu verstehen sei. Die archaische Gewalt der großen Hünengräber wurde in Abbildungen und Texten so verklärt, als sei in ihnen – wie in einem verborgenen Kräftereservoir – die eigentliche Identität der Deutschen gespeichert und warte nur darauf, daß ihre vermeintlich unverfälschte Energie wieder befreit würde.

Die Sprache der Schulbücher arbeitete oft mehr mit Magie als mit rational überprüfbarem Wissen. Allein die häufige Verwendung der Vorsilbe „Ur" in Worten wie „Urväter", „Urzeit", „Urrasse" oder „urnordisch" schuf einen suggestiven Klangraum, in den man Erwünschtes leicht hineinprojizieren konnte und der einen in scheinbar unendliche Tiefen des eigenen Wesens lockte, aus denen wieder Kraft für die Gegenwart zu holen sei.

„Aus den Gräbern steigt unserer Vorfahren Leib und Leben zu unserem Wissen herauf", begann etwa das Geschichtsbuch „Altgermanisches Geisteserbe" von 1936, „als ein von Zeitlüge unverfälschtes Bild des Beginns unserer Volkheit. In uns lebt mehr Vorzeiterbe, als manche denken ...

Auch die Zukunft wird nicht unabhängig sein können von Gewesenem. So muß all unser ‚Erkenne-dich-selbst' seinen Ausgang nehmen von der Kenntnis der Geschehnisse, die Jahrtausende, Jahrhunderttausende hinter uns liegen ... Wir müssen viel mehr als bisher unsere Vorzeit und das Werden unserer Volkheit erkennen, um Wissen von unserem Wesen zu erwerben. Zu den tiefsten Werde- und Formungskräften gehört der Glaube: nicht der an Lehrsätze (‚Dogmen'), sondern an sich und seine Bestimmung."[180]

Zu einem mythologisch inspirierten Weltbild gehört neben solcher Ursprungsverklärung auch der Gestus der Beschwörung. In vielen Geschichtsbüchern und Jugendromanen der damaligen Zeit trifft man auf einen Ton geheimnisvollen Raunens und magischen Umkreisens, der auf Jugendliche eine große Wirkung gehabt haben muß. Konnte sich ein Halbwüchsiger der damaligen Zeit solchen Tönen gegenüber „kritisch" verhalten? Mußte er sie nicht als allgemeine Wahrheiten annehmen? Gefiel es ihm vielleicht sogar, von suggestiven Bildern begeistert statt von trockenen Zahlen gelangweilt zu werden? In der Pädagogik des „Dritten Reiches" war ja etwa vom Hakenkreuz nicht als Schreckenssymbol die Rede, unter dem später die Öfen von Auschwitz brannten, sondern es wurde als „Symbol alles Heilbringenden" beschrieben, das wie eine Fackel der Erleuchtung vom Norden in alle anderen Länder getragen worden sei.[181]

Eine besondere Rolle bei der Vermittlung solcher Inhalte spielten auch die sogenannten Schulwandbilder, meist 100 mal 75 Zentimeter große farbige Tafeln, die im Unterricht für die anschauliche Vertiefung des Stoffes sorgten. Wie sie zu interpretieren waren, entnahm der Lehrer detaillierten Anleitungen, die in der Zeitschrift „Schulwart: Berichte über neue Lehrmittel" veröffentlicht wurden und immer stark ideologisch eingefärbt waren. So bestand etwa die Tafel „Das Hakenkreuz in fünf Jahrtausenden" fast nur aus Abbildungen von nord- und mitteleuropäischen Fundstücken und suggerierte, daß dieses „Symbol der deutschen Erneuerung" ein „urgermanisches" sei, „das in der vaterländischen Bewegung des Nationalsozialismus seine schönste Auferstehung gefunden hat." Die Kinder und Jugendlichen lernten also nicht nur politische, sondern auch mythologisch-religiöse Hintergründe des Hakenkreuzes. Es wurde ausdrücklich darauf hingewiesen, daß diese Tafel in keiner Schule fehlen dürfe, „gehört sie doch gleichsam zu dem eisernen Bestand der Lehrmittel, die eine Vertiefung der Grundlagen des großen Geschehens unserer Zeit vermitteln helfen."[182]

Andere Wandbilder veranschaulichten religiöse Bräuche der Germanen, die geschickt mit ideologischen Inhalten angereichert wurden. Bilder wie das „Hünengrab in der Heide" arbeiteten zunächst nur mit starken Stimmungseffekten, in denen das Rauhe und Mystische des Nordens herausgearbeitet werden sollte, etwa in der Darstellung einsamer Heidelandschaften, mächtiger Findlinge und sturmgepeitschter Bäume. Die Tafel „Germanische Sonnenwendfeier" dagegen stellt Krieger in vollen Waffen dar, die erwartungsvoll dem Sonnenaufgang entgegensehen, und das Bild des Donnergottes „Thor" schließlich eine „hohe, breitbrüstige Heldengestalt", die mit ihren Hammerschlägen hilft, „die feindlichen Gewalten der Riesen unschädlich zu machen".[183] Andere Bilder zur deutschen Götter- und Sagenwelt trugen Titel wie „Odin auf dem Weltthron", „Walküren auf dem Schlachtfelde" oder „Walhalls Wonnen" und suggerierten Herrschaftsanspruch und Opferverklärung als wesentliche Elemente der nordischen Mythologie. Eine Tafel wie „Bekehrung der Germanen durch das Christentum" sollte den Einbruch der christlichen Sendboten in die heiligen Bräuche unserer Vorfahren darstellen:

„Unter einer vom Wetter zerrissenen Eiche walten Priester und Priesterinnen ihres hohen Amtes, von zahlreichen andächtig lauschenden Volksgenossen umgeben. Da treten die Boten des neuen Glaubens mit erhobenem Kreuz heran und stören die heilige Handlung, um den Anwesenden den neuen Glauben aufzuzwingen. Wie sehr unseren Vorfahren die neue Lehre und die Unterbrechung ihrer Götterverehrung zuwider war, davon zeugen ihre feindseligen Blicke und die drohend erhobenen Fäuste."[184]

Mithilfe solcher „Lehrmittel" brachte man der Jugend ein Bild der Vorväter als edle Bauern und Krieger, die – wie es in einem Schulbuch hieß – „ihre Gottheit auf Bergen und in Wäldern verehrten und sie nicht halb tierisch darstellten, wie es in derselben Zeit in Ägypten und Babylonien geschah."[185] Mit Fotos von meisterhaft geschmiedeten Waffen fesselte man die Herzen der Jungen und mit Hinweisen auf die germanische Verehrung des Weiblichen Mädchen und junge Frauen. Nachbildungen tatsächlich ausgegrabener skandinavischer Metallinstrumente – sogenannter „Luren" – wurden dazu benutzt, den Vorfahren bereits eine eigene überlegene Musikkultur zu unterstellen: „Ihr Klang war rein und klar und dabei so wundersam weich und mild, daß es selbst in unserer Zeit kein Instrument gibt, das reicher und schöner klingt."[186] Die Funde und Mythen dienten u. a. dazu, die Germanen etwa im Gegensatz zu den Römern als ein Volk tiefer Gefühle zu beschreiben, das nicht in oberflächlichen Reizen aufging, sondern in Kult und Kunst das Geheimnis hinter aller Schöpfung zu ergründen suchte. Der „Schulwart" rechnet es dem Nationalsozialismus als besonders hohes Verdienst an, daß er die Kenntnis über die Vorfahren untersucht und die Ergebnisse in „weiteste Volkskreise" getragen habe. Die

Germanen seien weder Wilde noch Halbwilde gewesen, sondern ein „kulturell hochentwickeltes Volk".[187]
Auch die Runen, die als Schriftzeichen erst um 100 n. Chr. nachweisbar sind, wurden mythisch überhöht und zu Abkömmlingen einer „heiligen Urschrift" erklärt, die fast 14 000 Jahre zurückreiche und sinnbildlich den Sonnenjahreslauf darstelle. In ihrer Abstraktheit und Strenge, so hieß es, repräsentierten sie ein höheres geistiges Niveau als die spätere „Naturformen nachzeichnende ägyptische Bilderschrift ..., die schon einen Verfall darstellt".[188]

Bei so viel Kulturhöhe und Schaffenskraft der „Nordmänner" war die entscheidende Schlußfolgerung dann fast zwingend und baute auch in der Schule die Brücke vom „Arier"-Mythos zur Verklärung kriegerischer Welteroberung: „Wenn es ihnen daheim zu eng wird, brechen sie in geordneten Scharen auf. Ihr Mut, ihre Kühnheit und ihre guten Waffen bahnen ihnen den Weg. Man trifft sie bald im heutigen Schweden, bald in Ägypten und Mesopotamien wie in fast allen Ländern Europas und Westasiens. Hier unterwerfen sie zierliche, langköpfige Menschen westischer Rasse mit braunen Augen und schwarzem Haar, dort stoßen sie auf die großen Dinarier, die aber dunkel und kurzköpfig sind ... Die nordischen Herren sind sich ihres besonderen Wertes bewußt und halten sich von den Unterworfenen fern ... die Helden aus dem Norden gestalten die Welt."[189]

Die Tatsache, daß es in den indogermanischen Sprachen so viele Ähnlichkeiten gibt, wird auf diese Wanderungszüge zurückgeführt, bei denen die „nordische Rasse" ihre überlegene Geistigkeit bis nach Indien getragen habe. Heute lokalisiert man das Ursprungsgebiet der Indogermanen eher nördlich des Schwarzen Meeres, wobei jedoch offen bleibt, ob damit das heutige Rußland oder auch Teile Deutschlands gemeint sind. Für die Nazis war die Sache einfacher. In zwei gewaltigen Völkerwanderungen hatte der „nordische Geist" nach und nach die ganze Welt erobert und daher auch im „Dritten Reich" wieder das Recht, sich weiteren Raum für sein expandierendes Volk zu schaffen. Abenteuerliche „Beweise" wurden den Schülern dargeboten: Bildwerke der alten Sumerer, die sich darin angeblich als „weiße Menschen" darstellten,[190] blauäugige und langschädelige Ägypter, die einen Einfluß nordischen Blutes verraten sollten,[191] der Grundriß griechischer Tempel, der auf die Urform des germanischen Hauses zurückgeführt wurde[192], und das Hakenkreuz, das den nordischen Lichtkult bis in den Orient getragen habe, der aufgrund des Klimas kein solch emphatisches Sonnensymbol kennen könne.[193] Ausgenommen von dieser „Befruchtung" durch den „Arier" waren die Juden, die auch im Geschichtsunterricht als eine Rasse mit vorwiegend negativen Eigenschaften geschildert wurden: herrschsüchtig und grausam, unehrlich und geldgierig, kein echtes Kulturvolk, das sich aber von einem eifernden Gott auserwählt sah, die ganze Erde zu dominieren:[194]

„Zu einer verhängnisvollen Bedeutung für die Welt gelangte das jüdische Volk erst von dem Augenblick ab, als es sein altes Nomadentum in neuer Form wieder aufnahm, im Gefolge der Römer drangen die Juden als Händler und Wucherer in alle Kulturländer ein. Die Zerstörung Jerusalems durch die Römer zerstreute die Juden noch mehr. Von nun an zersetzen und unterwühlen sie die Völker, um sie zu gefügigen Werkzeugen ihres Schmarotzerlebens und ihres Weltherrschaftswillens zu machen. In Deutschland hat Adolf Hitler die jüdische Gefahr erkannt und alles getan, um das deutsche Volk von ihr zu befreien. Die Judenfrage ist die Schicksalsfrage für alle Kulturvölker der Erde."[195] Diese Ideologie war im Lehrstoff der Schulen verankert.

# 4. Entwürfe und Praktiken einer neuen Kultreligion

"Steinerne Heiligtümer": Kultstätten und Sakralbauten

Das "Dritte Reich" entwickelte nicht nur einen Führerkult, der Adolf Hitler zu einer messianischen Erlöserfigur erhob, sondern auch eine eigene pseudoreligiöse Praxis mit Kultbauten, Ritualen und Symbolen, die die Erhabenheit des "Arisch-Germanischen" immer wieder tief ins Bewußtsein der Bevölkerung einprägen sollte. Zur Wirkung solcher Tempel und Weihestätten gehörte die Aura des monumentalen Steins, der Stabilität, Größe und Unvergänglichkeit verkörperte: "Urgestein war, als das Leben noch im Schoß der Erde ruhte", heißt es in einem Magazin 1935, und Urgestein werde noch sein, wenn alles Leben längst verloschen sei: ein Symbol menschlichen Wirkens, das über den Tod hinaus in die Ewigkeit weise.[196]

Von der Verklärung steinzeitlicher Hünengräber über die Pflege "germanischer Kultstätten" bis zu Albert Speers riesigen Bauten für die Reichshauptstadt "Germania" bot sich der tief in die Erde ragende Stein als ideales Sinnbild für die Vision eines "Tausendjährigen Reiches" an, die ihre Kraft aus vermeintlich uralten und unzerstörbaren Ahnentraditionen bezog. Das fing bereits bei Findlingen und Dolmen an: "Du wanderst durch die Weite deutscher Heide", heißt es in der Zeitschrift "Nordland", "dort, wo die Einsamkeit am tiefsten ist, stehst du gebannt vor Resten mächtiger Gräber deiner Ahnen. Es bricht ein Raunen auf und spricht in stillem Ernst von deinen Vätern, Deutscher! Es klingt dir nah, und du verstehst sie wohl: die stumme Sprache längst vergangenen ewig-neuen Lebens ... Namen und Bilder steigen auf aus der Geschichte und aus dem Reiche der Legende: du erschaust von Neuem ihren ganzen Sinn!

Solche Gedanken fanden sich häufig in Büchern und Zeitschriften des „Dritten Reiches" und versuchten, allmählich christliches Gebet und Kirchgang durch neue Glaubensformen und „germanische Gotteshäuser"[197] zu ersetzen. Vor allem in der SS wurden die Megalithgräber als „steinerne Heiligtümer" und „Wohnstätten für die Ewigkeit" gefeiert. In der SS-Zeitschrift „Schwarzes Korps" erschienen viele bebilderte Artikel, in denen man über sie berichtete und wo sogar behauptet wurde, daß dort das einfache Volk immer noch mit Blumenspenden und Lichteranzünden seiner Vorfahren gedenke.[198] Die Menschen vor 6000 Jahren, so schrieb man, hätten die tonnenschweren Blöcke aufeinander getürmt, „um späten Enkeln Kunde zu geben von grauer Vorzeit und von großen Ahnen. Die ewige Kette, die von Jahrtausend zu Jahrtausend das immer gleiche Blut der nordischen Führerschicht von Vätern und Söhnen weitergibt, fand in diesen urzeitlichen Familiengrüften – denn nichts anderes sind die großen Megalithbauten des Nordens – ihren sinnbildlich stärksten Ausdruck: Aus der Landschaft geboren, mit dem von der Natur dargebotenen Material mit riesigem Aufwand von Menschenkraft geschaffen, sind diese Ewigkeitsmale bestimmt, ungezählte Jahrtausende zu überdauern und Kunde zu geben vom Morgendämmern der Geschichte, da zuerst Führer Geschlechter zu formen und zu leiten unternahmen."[199]

Die Hitlerjugend wurde beauftragt, den „Ehrenschutz" für diese Steinmonumente zu übernehmen und ermahnt, sich in ihrer Nähe dementsprechend zu verhalten. Ehrfurcht sei geboten, hieß es, und wie kleine Heiligtümer sollten die Megalithbauten sauber gehalten und geehrt werden, denn es handle sich nicht um Ausflugsziele, neben denen man Butterbrote auspacke oder Fotos mache.[200]

Wir wissen heute wenig Genaues über die sogenannte Megalithkultur, deren Dolmen, Steinkreise und Grabhügel seit etwa 4000 v. Chr. über ganz Europa verbreitet sind und eine Religion bezeugen, die bereits vor den ägyptischen Pyramiden über ein beträchtliches technisch-astronomisches Wissen verfügt haben muß. Dazu gehören das englische Stonehenge, das irische Newgrange, aber auch entsprechende Steinanlagen in Portugal, Spanien oder auf der Insel Malta. Ob sie jedoch im Nordwesten entstanden sind und sich von dort nach Osten ausgebreitet haben oder umgekehrt, darüber streiten sich bis heute die Gelehrten, da auch moderne Datierungsmethoden immer nur bis auf einige hundert Jahre genau sind.[201] Mit germanischer oder deutscher Frühgeschichte haben diese steinernen Relikte nur wenig zu tun. Bestenfalls handelt es sich um Reste einer alteuropäischen Religion, die weder „primitiv" noch nur „barbarisch" war, aber sich vermutlich über sehr verschiedene Gebiete erstreckte. Für die Nazis war all dies unterschiedslos „deutsches Kulturgut", und man verehrte beinahe schon in jedem Granitbrocken ein Dokument kraftvollen und „urgermanischen" Wesens.

Vor allem Heinrich Himmler hatte ein besonderes Faible für die alten Steine und ließ sie in seiner Stiftung „Ahnenerbe" erforschen. Es gibt skurrile Dokumente über seine Absichten, einzelne Megalithe sogar käuflich zu erwerben, und einige SS-Esoteriker deuteten jede ihrer Unebenheiten als Spuren alter Initiationskulte oder eingemeißelter Tier- und Menschenköpfe.[202] Wie schon bei Guido von List wurden dabei gern etymologische Umdeutungen benutzt, um hinter normalen Worten angeblich „geheime" Tiefenschichten freizulegen. So untersuchte der SS-Führer Richard Anders, der auch Mitglied im Neutemplerorden des Lanz von Liebenfels war, den sogenannten „Teufelsstein" bei Bad Dürckheim und behauptete, sein Name ginge auf das Wort „Täufelsstein" zurück, in dem sich Erinnerungen an alte heidnische Taufrituale spiegelten. Eine Vertiefung in der Spitze des Felsblocks und dorthin führende Stufen wurden als Taufbecken und Initiationstreppe gedeutet, angeblich Teile eines Rituals, bei dem der „Täufling" zum „Träger des Sonnengesetzes unserer hohen Ahnen" bestimmt worden sei.[203]

„Die Kultstätten erfordern, wenn sie sich uns erschließen sollen", so Anders' Resümee seiner Untersuchungen, „ein besinnliches Verweilen, ein von Vorurteilen freies, ein gründliches, jedoch nicht dogmenbehaftetes Forschen. Es erschließt sich auch hier nichts von selbst. Das Wissen um die hohe Kultur der Vorzeitahnen will erarbeitet sein. Die Dinge liegen ureinfach, und alles Einfache ist groß ... So vermögen wir erst nach und nach wieder zu belegen, was wir unter der Führung des dritten Reiches schon seit einigen Jahren praktisch gestalten und ortend ordnen ... Die Alten wandelten den Urkult zur Kult-ur. Das

Wissen um die geistigen Belange galt ihnen als selbstverständliche Voraussetzung und als natürliche Grundlage der Allgemeinbildung. Damit ist gesagt, daß sie mehr wußten als wir."[204] Die Lektüre solcher Texte ist nicht nur bestürzend wegen ihrer Rechtfertigung eines menschenverachtenden Regimes, sondern auch, weil man ahnt, welchen Schatten ihre Sprache über die Erforschung dieser Dinge im heutigen Deutschland geworfen hat. Nüchtern betrachtet enthält die Passage auch Begriffe, die nicht von vornherein ideologiebeladen sind: „besinnliches Verweilen", „nicht dogmenbehaftetes Forschen", „Kultur der Vorzeitahnen", „Wissen um geistige Belange" etc. In England, Irland, Skandinavien oder der Bretagne wäre es völlig normal, in diesem Ton über die Religion der Vorfahren zu spekulieren. Durch ihren übersteigerten Ton und die Verknüpfung mit rassistischer Ideologie haben die Nazis dieses Terrain jedoch für die deutsche Öffentlichkeit erst einmal unter einem Tabu begraben, und nur Fachgelehrte und dubiose Sektierer beschäftigen sich in mehr oder minder geschlossenen Zirkeln damit. Ein Indiz dafür ist, daß die auch bei uns vorkommenden und z. T. eindrucksvollen Megalithstätten von Reiseführern fast schamhaft verschwiegen werden und viele nur mit detektivischem Spürsinn aufzufinden sind.[205]

Ähnliche übersteigerte und willkürliche Deutungen wie beim „Teufelsstein" nahmen die NS-Mythologen auch an den Externsteinen im Teutoburger Wald vor, die für Himmler zu einem nationalen Heiligtum wurden. Hier hatte bereits in den 20er Jahren der ehemalige Pfarrer und Vorgeschichtsforscher Wilhelm Teudt waghalsige Interpretationen veröffentlicht, die aus den monumentalen Sandsteinfelsen ein „germanisches Stonehenge" machen sollten.[206]

Die Externsteine enthalten in der Tat einige von Menschenhand geformte Besonderheiten, die mystische Spekulationen geradezu herausfordern: Felsenhöhlen mit merkwürdigen Zeichen und kesselartigen Vertiefungen, Steintreppen, die zu einer Altarkammer auf der Spitze führen, grabähnliche Aushöhlungen, in die sich ein Mensch hineinlegen kann, sowie ein mittelalterliches Kreuzabnahmerelief mit z. T. schwer identifizierbaren Bildsymbolen.

Teudt und spätere SS-Forscher sahen darin Stationen von altgermanischen Einweihungsritualen, bei denen die Adepten meditativ den Lauf der Sonne nachvollzogen hätten, um aus dem Wechsel von Nacht und Tag, Winter und Frühling etwas über die ewigen Regenerationskräfte der Natur zu lernen.[207] Auch hier wieder „Kult" und „Mythologie" im Dienste einer Stärkung von patriotischen Interessen, die sich das Sinnbild des Sonnenlaufes für die „Wiedergeburt Deutschlands" nutzbar machten, um aus ihm Kraft für eine glorreiche Zukunft zu schöpfen.

„Haltet Ruhe am Heiligtum der Ahnen", stand auf einer großen Holztafel am Eingang der Externsteine und mahnte die Besucher zu stillem Gedenken an die eigene geheimnisumwobene Frühgeschichte.[208] Dabei förderte eine großangelegte Ausgrabung im Jahre 1934 keinerlei Beweise für germanischen Kultbetrieb zutage. Man fand lediglich Scherben aus mittelalterlicher Zeit und veröffentlichte – wohl aus Scham über die Dürftigkeit der Ergebnisse – niemals einen richtigen Ausgrabungsbericht.[209] Teudt hatte denn auch bereits 1931 zugegeben, daß seine Erkenntnisse nicht auf wissenschaftlichen Untersuchungen beruhten, sondern daß er „aus der angeborenen geistigen Erbmasse seines germanischen Blutes ... in unterbewußtem Erinnern diese ganze geistige Schau gewonnen habe."[210]

Auch Himmler ignorierte die archäologischen Ergebnisse und beharrte weiter auf der Interpretation Teudts. 1934/35 gründete er sogar eine Stiftung für die Externsteine, deren Geschäftsführung der SS-General Oswald Pohl übernahm sowie im benachbarten Detmold eine dazugehörige „Pflegstätte für Germanenkunde".

Auch die vielen anderen Hinweise, die die Existenz eines germanischen Kultortes unwahrscheinlich machten, wurden einfach nicht zur Kenntnis genommen: die Tatsache, daß Anspielungen darauf weder in Tacitus' „Germania" noch in den lokalen Geschichtsdokumenten zu finden waren, das Nichterwähnen des Ortes in den Verordnungen Karls des Großen, der ja tatsächlich germanische Kultpraktiken verbieten ließ, die mittelalterlichen Chroniken, die die Ausarbeitungen in den Felsen als Nachbildung des Heiligen Grabes Christi in Jerusalem plausibel erklärten. Laut dieser Dokumente war im Jahre 1033 der

Abt Wino von Helmarshausen ins Heilige Land gereist, um diesbezügliche Recherchen vorzunehmen, da man eine Wallfahrtsstätte im eigenen Land errichten wollte. 1093 wurden die Externsteine vom nahen Kloster Abdinghof für 14 Pfund Silber gekauft, und man begann mit den Ausarbeitungen. In den Chroniken über das 14. Jahrhundert ist von den Felsen ausdrücklich als Rückzugsort für christliche Eremiten die Rede, und es fallen sogar Namen von Einsiedlern, die sich vermutlich dort aufhielten, um in der Einsamkeit Zwiesprache mit Gott zu halten.[211] Ähnliche Eremitagen finden sich auch in England und in ihrer radikalsten Form auf der irischen Insel Skellig Michael, auf die sich ebenfalls Mönche zurückzogen, um in selbst ausgehöhlten Steingräbern Tod und Auferstehung meditativ nachzuvollziehen.

Für Himmlers antichristliche Einstellung waren diese Deutungen natürlich ein Greuel, und er unterdrückte alle kritischen Meinungen, die auch im „Dritten Reich" bereits existierten. Da die Ausgrabungen keinen Befund erbracht hatten, versuchte man, mit sagen- und sprachgeschichtlichen „Beweisen" den Mythos einer germanischen Kultstätte aufrechtzuerhalten und nahm in die offiziellen Führer und Schulbücher nur das auf, was in diese Deutung hineinpaßte.[212]

Welche Aufmerksamkeit Himmler den Externsteinen noch im Krieg schenkte, verdeutlicht ein Briefwechsel zwischen ihm und dem SS-General Oswald Pohl vom April 1940, in dem über verschiedene Verbesserungen diskutiert wird. Himmler gefällt „die formlose Art" nicht, dem Besucher des „Heiligtums" eine Eintrittskarte in die Hand zu drücken. Er schlägt statt dessen eine Broschüre und den Besuch einer kleinen Ausstellung vor, damit der Besucher geistig und seelisch vorbereitet sei, wenn er das Gelände betrat.

Ferner möchte er ein „sehr schönes Haus" in der Nähe der Felsen für den „Pfleger der Externsteine" errichten lassen: z.B. für einen SS-Mann, der dort vor dem Aufrücken in einen höheren Rang ein Jahr des Ausspannens haben soll. Ausgebildetes Personal sei wichtig, um „wirklich gute Führungen" abzuhalten, und er plant sogar ein Tageszentrum sowie eine Jugendherberge.[213] Diese Äußerungen zeigen, wie überzeugt Himmler und hohe SS-Offiziere von der Bedeutung solcher Stätten waren und wie sie an der Etablierung eines neuheidnischen Weltbildes arbeiteten, das in weite Kreise der Bevölkerung getragen werden sollte.

Zu diesem Zweck stellte man auch sogenannte „Kulturfilme" her, die in Schulen und Kinos gezeigt wurden. Ein besonders kurioses Beispiel ist der 1939 entstandene Streifen „Germanen gegen Pharaonen", der versucht, auch das englische Stonehenge in die Reihe „urnordischer Heiligtümer" einzugliedern. Der Film beginnt in der Wüste, wo Touristen staunend die erhabenen Bauwerke der pharaonischen Zeit bewundern, bis ein Mann hinzutritt und geheimnisvoll andeutet, daß auch der Norden dergleichen zu bieten habe. Zu einführenden Worten beginnt eine Kamerafahrt, die sich von oben einem rekonstruierten Modell von Stonehenge nähert, das in einer düsteren und weiten Landschaft steht. Es zeigt die Anlage so, wie sie vermutlich einmal ausgesehen hat: als mächtiges rundes Gebilde, dessen Steine oben mit einer kreisförmigen Abdeckplatte abgeschlossen sind, die dem Ganzen einen gewissen Tempelcharakter verleiht. Während die Kamera durch die wuchtigen Säulen fährt, werden durch Trick-Effekte die Lichtverhältnisse der Sonnenwendtage markiert, und zu einer pastoralen Musik weiht uns eine raunende Stimme in die Bedeutung des Ortes ein:

„Sinn und Zweck dieses Bauwerks sind nun aber für die Kultur des urnordischen Menschen von einer ganz besonderen Beweiskraft. Über seine Bestimmung als Grabmal eines nordischen Königs hinaus ist es nämlich Kultstätte, Kalender und astronomisches Observatorium zugleich. Wenn nach den langen Winternächten des Nordens die Sonne – der Ursprung allen irdischen Lebens – hinter dem Markstein weit hinter dem Südosten aufging, dann verkündete der gelehrte Priesterastronom des nordischen Volkes die Wiedergeburt des Lichtes, verkündete, daß die Sonne nun wieder aufsteigen und bald über den rauhen Winter siegen würde: die Zeit der Wintersonnenwende."[214]

Als den ägyptischen Pyramiden überlegen wird Stonehenge u. a. deshalb bezeichnet, weil die „Gelehrten des Nordens" trotz ihres dauernd bewölkten Himmels so genaue Vorausberechnungen von Sonnenaufgängen und Mondfinsternissen erstellt hätten. Um zu diesem Wissen kommen zu können, hätten sie sich bereits Jahrtausende vor Erbauung des Steinkreises mit den Vorgängen am Himmel beschäftigt haben müssen. Daher sei das besonders hohe Alter der nordischen Kultur erwiesen. Die Berliner Zensurstelle bezeichnete den Film als „volksbildend" und empfahl ihn vor allem als Lehrmaterial im Unterricht. Er sei jedoch auch zur Vorführung am „Karfreitag, am Bußtag und am Heldengedenktag geeignet".[215]

„Germanen gegen Pharaonen" ist ein gutes Beispiel für die Fähigkeit der NS-Propaganda, mit künstlerisch wirkungsvollen Mitteln mythologische Komponenten ihrer Weltanschauung in die breite Masse zu tragen. Die wissenschaftliche Erforschung der Megalithkulturen steckte damals noch in den Kinderschuhen, und man wußte wenig über genaue Datierung und Zweckbestimmung dieser Bauten. Um so leichter fiel es den Nazis, durch Begriffe wie „urnordisch" einen unbekannten Zeitraum der Vergangenheit zur deutschen Vorgeschichte zu erklären und die eigenen Vorfahren in eine tatsächliche Konkurrenz zu den alten Ägyptern zu rücken. Mit Worten wie „nordischer König", „Priesterastronom", „Wiedergeburt des Lichtes" etc. versuchte man eine Atmosphäre des rätselhaft Erhabenen zu schaffen. Man gab nicht zu, wie wenig man eigentlich über diese Steinkreise wußte, sondern entrückte sie in eine düster-magische Ferne, die sie den im gleißenden Sonnenlicht dastehenden Pyramiden eigentlich noch überlegen machte.

Da die Ruinen von Stonehenge aber zu weit entfernt und die Externsteine wissenschaftlich umstritten waren, ließ Himmler sich einen weiteren Andachtsort aus „heiligen Steinen" einfach selber bauen: den sogenannten „Sachsenhain" bei Verden an der Aller. Dort wurden 4500 Findlinge aus ganz Niedersachsen zusammengetragen, um der gleichen Anzahl von germanischen Fürsten zu gedenken, die Karl der Große hier im Jahr 782 hatte hinrichten lassen.

Die tatsächlich bezeugte Bluttat wurde aber nicht in ihrer politischen Bedeutung gesehen, sondern zum Gewaltakt christlicher Missionierung hochstilisiert, der den Deutschen ihren heidnischen Glauben und damit tiefste Identitätskräfte geraubt habe.[216] Mit würdevollen Reden und Zeremonien weihte man den „Sachsenhain" ein und erklärte ihn zur Kultstätte nationalen Gedenkens. „Damals fielen 4500 Köpfe, die sich nicht beugen wollten", erklärte Himmler bei der Einweihungsfeier vor 25 000 Menschen, „heute recken sich Köpfe, die sich niemals beugen werden. In knapp acht Monaten wurde dieser Thingplatz geschaffen. Heute endlich, nach über einem Jahrtausend, feiern wir hier Sonnenwende, Symbol für den ewigen Wechsel von Untergang und Aufstieg."

Die Zuschauer schwiegen, so der „Völkische Beobachter", in ehrfürchtigem Gedenken. Musik erklang, es wurde gemeinsam das Lied „Flamme empor" gesungen, und die SS stimmte ihr „Treuelied" an.[217]

Himmler nennt den Sachsenhain auch „Thingplatz", eine alte Bezeichnung für Kult- und Versammlungsorte der Germanen. Im „Dritten Reich" gab es sogar eine ganze „Thing-Bewegung", die an besonders ausgewählten Stellen der Natur solche Plätze in Form von Amphitheatern wiedererrichtete, um darin vor vielen tausend Zuschauern „Weihespiele" aufzuführen. Man versuchte dafür Lokalitäten zu finden, die bereits in prähistorischen Zeiten von „religiöser" Bedeutung gewesen waren, etwa auf dem Heiligen Berg bei Heidelberg.

„An einem Ort, da Götterehrung und menschliche Siedlungskultur über Jahrtausende hin nachgewiesen sind bis zurück in die jüngere Steinzeit, umschlossen vom Ringwall der keltisch-germanischen Volksburg ... erhebt sich aus der Sattelsenke des Heiligen Berges das gewaltige Stufenrund der Feierstätte."[218]

Meist waren dies Behauptungen, die genauerer Prüfung kaum standhielten, aber man versuchte mit entsprechender Ausstattung (Haine, Findlinge etc.) den Charakter eines germanischen Kultplatzes herzustellen. Genauso wichtig wie die äußere Gestaltung der Feierstätte waren die Stoffe der „Weihespiele", die dort vor allem abends und bei Fackelschein gegeben wurden. Dies sollten keine naturalistischen oder dramatischen Geschichten sein, sondern mythologische, um dem „Überhandnehmen des Intellekts" und der „Erstickung des ureigensten Seelenlebens" entgegenzuwirken.[219]

Joseph Goebbels weihte den Heidelberger Thingplatz im Juni 1935 persönlich mit einer großen Sonnenwendfeier ein und nannte ihn „steingewordenen Nationalsozialismus."[220] Ein Jahr später fühlte er sich allerdings bemüßigt, den dort üblichen Gebrauch von Sprechchören drastisch einzuschränken, da bei vielen „Weihespielen" peinliches Pathos und dilettantischer Unfug die beabsichtigte Wirkung einzuebnen drohten.[221] Damit wurde die „Thing-Bewegung" zwar nicht beendet, aber in ihrer anfänglichen Emphase reduziert und gezwungen, an einer qualitativen Verbesserung ihres Konzeptes zu arbeiten.

Hitler selbst äußerte sich kaum über Megalithgräber, Thingplätze oder die Externsteine, aber er übersetzte ihre Aura von Strenge, Kraft und Ahnengedenken in den monumentalen Stil vieler seiner Bauprojekte. Ihm ging es weniger darum, den Kult der alten Germanen wieder auszugraben, als ihn durch kreative Anstrengung und Modernisierung zu „erneuern".[222] Anders als Himmler hatte er wenig für altgermanische Riten und Heiligtümer übrig, aber er hielt – laut Bezeugungen von Albert Speer – die von ihm bewunderte griechische Architektur immerhin für ein Produkt „nordischer" Einwanderer.[223]

„Betrachten wir die griechischen Bauwerke", erklärte er dem SA-Stabschef Otto Wagener. „Allein schon den Gedanken einer Akropolis! Nie vor dieser Epoche der nordischen Rückwanderung und nie nachher sind solche Denkmäler höchster Kultur auf den Felsenhöhen bei den großen Städten gebaut worden! Und auch der Baustil selbst, das verwendete Material, die künstlerische Ausgestaltung blieben dieser Epoche allein vorbehalten."[224] Auch hier wieder sein Rückgriff auf den älteren und allgemeineren Begriff des „Nordischen", aus dessen Geist seiner Meinung nach sowohl die ägyptischen Pyramiden, als auch die griechischen Tempel und das römische Colosseum entstanden waren.

Hitler ging es in seinen Architekturplänen nicht um Stadtverschönerung, sondern um Sakralbauten, Totenhallen, Ahnengedenkstätten – gewaltige moderne Andachtsplätze zur Versammlung seines „auserwählten Volkes".

„Solange die charakteristischen Züge unserer heutigen Großstädte als hervorragendste Blickpunkte Warenhäuser, Basare, Hotels, Bürogebäude in Form von Wolkenkratzern usw. ausmachen", sagte er in einer Parteitagsrede von 1935, „kann weder von Kunst noch von einer wirklichen Kultur die Rede sein." Vorbild für seine Utopie pseudoreligiöser Baukunst war nach seiner eigenen Auskunft etwa der „Ehrentempel" des Münchner Königsplatzes für die „großen Toten des November 1923", dem der Architekt in vorbildlicher Manier jedes „Natürlich-Zufällige" genommen und ihm dafür eine „strenge steinerne Form" gegeben habe.[225]

Alle von Hitler geplanten Bauten sollten in Granit ausgeführt werden, damit sie einige tausend Jahre halten konnten. Speer mußte sogar Skizzen von ihrem Ruinenstadium anfertigen.[226] Ähnlich wie uns die Hünengräber noch Kunde von verschollenen Kulturen der Steinzeit geben, so sollten auch diese Gebäude noch Ewigkeiten später an ihre Urheber erinnern: „Wenn aber die Bewegung jemals schweigen sollte", schwärmte Hitler bei der Grundsteinlegung der Nürnberger Kongreßhalle, „dann wird noch nach Jahrtausenden dieser Zeuge hier reden. Inmitten eines heiligen Haines uralter Eichen werden dann die Menschen diesen ersten Riesen unter den Bauten des Dritten Reiches in ehrfürchtigem Staunen bewundern."[227]

Es ging ihm nicht nur um persönlichen Größenwahn, sondern um eine neue Renaissance „mythischer Architektur", die er allerdings mit modernen Formen verbinden wollte. Hierin unterschied er sich von Himmlers Germanenkult, nicht aber in der Absicht, die Menschen durch solche „Kultplätze" in ewige Ahnen- und Schickalszusammenhänge einzubinden, die seiner Meinung nach jahrtausendealt waren und das Fundament für ein weiteres „Tausendjähriges Reich" abgeben sollten. Dafür galt es, entsprechende Bauten zu schaffen, um in kollektiven Versammlungen oder stiller Einzelmeditation den Helden und Vorläufern der „Bewegung" zu gedenken. Das sollte in gewaltigen Massenzeremonien geschehen, etwa in dem für Berlin geplanten Kuppeldom mit 180 000 Plätzen, aber auch an den von Wilhelm Kreis entworfenen Kriegerdenkmälern, die in ihrer archaisch anmutenden Bauweise schon ein wenig an die Megalithtempel der europäischen Frühzeit erinnerten.[228] Wie diese nach Sonne und Mond ausgerichtet waren und oft Totengrüfte enthielten, so sollten auch viele der neuen NS-Sakralbauten mit den Kräften des Himmels und der Erde in Verbindung stehen. So nannte man etwa die „Schlageter-Gedächtnishalle" auf dem Belchen im Schwarzwald ein „Sinnbild unserer Verwobenheit im Irdischen und Himmlischen" und berücksichtigte astrologisch-mythologische Gesichtspunkte bei ihrem Entwurf. In der Mitte des Raumes sollte der „Held" stehen, umgeben von zwölf Gestalten der deutschen Sage und dem Zyklus der Festtage als Symbol für den „Kreis des Jahres". Außerdem richtete man die Halle nach den vier Himmelsrichtungen aus, denen man in esoterischer Manier Jahreszeiten, Tiere, Elemente, Farben und musikalische Tonarten zuordnete. Durch solche „kosmischen" Bezüge sollten auch die modernen Kultstätten mit dem Geist der prähistorischen Tempel verbunden werden:

„Seit je gründen sich die Weihemale auf den Lauf der Sonne, des Mondes und der Sterne. Von den Steinsetzungen und Steinkreisen der Vorzeit, über die Kultbauten Ägyptens und die Dombauten des Mittelalters sind sie nach dem Gang des Lichtes ausgerichtet. Über all diesen Bauten, die so mit den kosmischen Dingen verbunden sind, waltet eine besondere Weihe. Bewußt oder unbewußt spricht aus ihnen ein Wesensbild, in dem innere Vorstellung und äußere Form sich decken und in dem die Einzelseele ihren Gleichklang mit der Gotteswelt gefunden hat."[229]

Das von Hitler 1935 zum „Reichsehrenmal" ernannte Tannenberg-Denkmal in Ostpreußen war sogar dem englischen Stonehenge nachempfunden worden, in dem die Architekten Walter und Johannes Krüger ein altgermanisches Heiligtum sahen. Sie orientierten sich nicht nur an dessen monumentaler Kreisform, sondern ließen auch – wie die Megalithbaumeister der Vorzeit – mit unsagbaren Mühen einen 120 Tonnen schweren Findling herbeischaffen, der über der Gruft Hindenburgs installiert wurde.[230]

Der für den Ausbau der Anlage zuständige Gartenarchitekt Heinrich Wiepking-Jürgensmann holte sich Anregungen bei prähistorischen Grabmälern, weil diese für ihn ganz bewußt in den Mittelpunkt der landschaftlichen Schönheit gebaut worden waren: „Sie zeugen, daß unser Volk zutiefst mit der Schöpfung verbunden war. Wir waren in jenen frühen Zeiten Glieder einer großen Natureinheit. Der Mythos war Wirklichkeit ... Germanisches Bauen ist ohne schönheitstrunkene Besessenheit in der

Landschaft nicht denkbar! Weit über 3000 Grabhügel aus der germanischen Bronzezeit beweisen es."[231] Aus diesem Grund sorgte er dafür, daß nichts Künstliches und Ortsfremdes diese „weihevolle Stätte" verunstaltete, errichtete Findlingsmauern, einen Hain aus 1500 Eichen und behandelte den Mutterboden mit ganz besonderer Sorgfalt „als das ... was er im eigentlichen Sinne ist: als eine Energie". Noch nach Jahrhunderten, so Wiepking-Jürgensmann, solle hier das Rauschen der alten Eichenbäume die Erinnerung an das Heldentum deutscher Männer lebendig erhalten und diesen Ort zu einem „Heiligtum der gesamten germanischen Welt" machen, geformt in einer Zeit, da Deutschland durch seinen Führer Adolf Hitler wieder erstarkt sei.[232]

Dieser hielt in Tannenberg am 2. August 1934 die Trauerrede zur Beisetzung Hindenburgs und bestimmte darin das steinerne Monument zur heiligen Übergangsstelle in den germanischen Götterhimmel: „Heute hat die Nation ... den toten greisen Helden zurück zur großen Walstatt seines einzigartigen Sieges geführt. Hier, inmitten der schlummernden Grenadiere seiner siegreichen Regimenter, soll der müde Feldherr seine Ruhe finden ... Toter Feldherr, geh nun ein in Walhall!"[233]

## Anrufungen des „Lichtgottes": Rituale und Weihefeiern

Zu der Ersatz-Mythologie des „Dritten Reiches" gehörten auch Feste, Rituale und Weihefeiern, die zum Teil in den eigens dafür geschaffenen „Tempeln" und „Kultbauten" abgehalten wurden.

In einem Zeitschriftenartikel heißt es, der tiefe Sinn wirklicher Feste des Volkes sei zu einem großen Teil Mythos, außerdem Ahnen- und Artverbundenheit. Feste des Volkes, wenn man sie so feiere wie es der Wesensart des Volkes entspreche, seien der reinste und erhabenste Gottesdienst, dessen der Mensch fähig sei. „Wer eines der letzten großen Feste – wenn auch nur am Rundfunkapparat – miterlebte, der hat mit tief freudigem Erschauern gefühlt, daß das nicht mehr ‚Regie' ist, der weiß, daß es Form ist, aus der seelischen Kraft unseres Volkes geboren, – daß es Inhalt ist, aus alles Bestehende umwälzendem

Leidgeschehen emporgewachsen, – daß es Mythos ist, was dort geschah, und was immer und immer wieder geschehen wird."[234]

Es waren aber nicht die traditionellen kirchlichen Feiertage, die man emphatisch begehen wollte, sondern zur „Mythologie" der NS-Zeit gehörte auch der Wiederbelebungsversuch heidnischer Rituale und Bräuche, vor allem der Sommer- und Wintersonnenwende. In kaum einer anderen Epoche der Geschichte ist wohl soviel von „Licht" und „Sonne" geredet worden wie in jener Zeit.

Man berauschte sich regelrecht an diesen Worten, wie Hungernde und Frierende, die sich aus einem dunklen Verlies heraus nach Licht und Wärme sehnen. Wir sprachen bereits über Hitlers Charakterisierung des „Ariers" als „Lichtbringer" und werden später sehen, wie er aus vermeintlich germanischen Sonnen-Runen das Hakenkreuz ableitete, das in großen Massenaufmärschen als rotierendes Feuerrad nachgebildet wurde, bei dem sich Hunderte von Fackelträgern langsam im Kreis drehten.[235]

Auch die blitzförmige SS-Rune wurde als Symbol für „Sonne" und „Erleuchtung" gedeutet, und Himmler verklärte Hitler als „eine der ganz großen Lichtgestalten", die vom „Karma des Germanentums" der Welt vorbestimmt sei, um „den Kampf gegen den Osten" zu führen.[236] Alfred Rosenberg, der Chefideologe der NSDAP, sprach vom „Sieg des nordisch-apollinischen Lichtprinzips"[237], an unzähligen Heldengedenkplätzen brannten „Ewige Flammen", Zeitschriften nannten sich „Lichtpfad" oder „Die Sonne", und an jedem angeblich germanischen Heiligtum glaubte man eine uralte „Sonnenkultstätte" zu entdecken. Es waren ein fast wahnhaftes Lechzen nach der Kraft des mächtigen Himmelsgestirns und die Hoffnung, sich in seinen Strahlen nach vermeintlichen Demütigungen wieder aufrichten zu können. Diese wurden nicht nur dem Ersten Weltkrieg angelastet, sondern einer angeblich jahrtausendelangen Kolonisierung germanischen Geistes, die – in den Augen der Nazis – bereits mit den Feldzügen Cäsars begonnen und in der christlichen Missionierung ihren fatalen Triumph gefunden hatte.

Mystisch erhöhte Vorstellungen vom Kampf eines erhabenen Lichtgottes gegen die dämonische Finsternis gibt es bereits in der altpersischen Zarathustra-Mythologie, in der sich Ahura-Mazda gegen die dunkle Kraft Ahrimans behaupten muß. Auch in der Johannes-Offenbarung der Bibel ist von Racheengeln die Rede, deren „Antlitz wie die Sonne" strahlt und die die „Hure Babylon" mit ihrem Flammenschwert züchtigen. Die Nazis jedoch wähnten sich als alleinberechtigte Erben einer uralten Lichtreligion, die für sie im Norden entstanden sein mußte, weil nur die dortigen Völker die Rückkehr der Frühlingssonne als besondere Offenbarung empfunden hätten. Als Beweise dafür zog man Hakenkreuze und spiralenförmige Symbole heran, die sich bereits auf Felszeichnungen und Kultobjekten der Bronzezeit befinden, und interpretierte sie umstandslos als Sinnbilder „altarischer" Sonnenkulte. Bereits in den zwanziger Jahren war in vielen Haushalten das berühmte Bild „Lichtgebet" des Malers Fidus verbreitet gewesen, auf dem ein nackter Jüngling seine ausgebreiteten Arme sehnsuchtsvoll in sonnige Höhen erhebt.

Der Schriftsteller Friedrich Lienhard schrieb dazu: „Welches Volk bedarf wohl dringlicher der Mittelpunktskraft und Kraftsammlung als das schwer bedrängte Volk der europäischen Mitte, das Herz Europas? Wahrlich, mit einer bis zum Genialen gesteigerten Vereinfachungskraft müßte Gott uns zerrissenen und zusammengebrochenen Deutschen neu verkündet werden. Ein neuer Kreuzzug, nicht mehr nach dem Orient, sondern nach innen, müßte Stände, Parteien und Konfessionen zu neuer Einheit zusammengluten. Nur aus Feuerskraft, aus Herzensflammen heraus kann das geschehen."[238]

Gerade die Bilder von „Feuer", „Flamme" und „Glut" eigneten sich hervorragend dazu, um in Krisenzeiten Leidenschaften und Kampfstimmungen zu schüren, intensive Emotionen, deren latente Gewalttätigkeit sich gut unter dem Deckmantel höchster Ideale legitimieren und ausleben ließ. Anfangs wurde der „Lichtgott" noch in eher harmlosen Gesängen angerufen. „Sonnenwende – Freudenfest" hieß etwa ein langer Artikel im „Völkischen Beobachter", in dem begeistert von jungen Paaren die Rede ist, die beim Mittsommerfest über das „lebenssprühende Feuer" springen: „Zum hellen Klang der Geige tanzt heute noch in Schweden die Dorfjugend um den reichgeschmückten Mittsommerbaum, der, wie das Feuer, Leben und Fruchtbarkeit be-

deutet. Burschen und Mädchen fassen die langen, bunten Bänder, die vom Wipfel des Baumes herabhängen, und verschlingen sie im Tanze zu kunstvollen Geflechten, wie die Sonne in gewundenem, verschlungenen Gang allmählich am Himmel steigt bis Mittsommer und dann wieder tiefer und tiefer sinkt."[239]
Die Hitlerjugend führte bereits von 1933 an Sonnenwendfeiern durch, und ab 1935 wurden sie auch in allen Ortsgruppen und z. T. vor 100 000 Zuschauern in den großen Stadien veranstaltet. Man glaubte, so der SS-Führer Reinhard Heydrich, damit aus der gleichen Kraftquelle zu schöpfen, wie die Ahnen es vor Jahrtausenden taten.[240]

Im Sommer 1935 gab es sogar eine „Reichssonnenwende", bei der gleichzeitig 800 Scheiterhaufen entlang der Lübecker Bucht angezündet wurden. Im Winter desselben Jahres liefen von einem Zentralfeuer auf dem Brocken in sechs Strahlen unzählige Feuer zu allen Grenzen des Landes, die in der Phantasie ein Sonnenrad in Reichsgröße entstehen ließen.[241] Welches Engagement für diese neuen Kultformen zumindest in der Anfangsphase des „Dritten Reiches" herrschte, belegen zahlreiche SS-Berichte über Sonnenwendfeiern, in denen auch Verbesserungsvorschläge geäußert wurden: „Die Rede des Bannführers der HJ ... war zu geschraubt und für seine Jungen unverständlich", hieß es dort etwa. „Auch die Gestaltung des Zusammenseins nach der Sonnenwendfeier ließ zu wünschen übrig. Es fehlte Musik, die zu der Art der ganzen Feier paßte. Es mußte deshalb nach wenig schöner Radiomusik getanzt werden. Man vermißte die Liebe und Sorgfalt bei den Vorbereitungsarbeiten."[242] Genaue Angaben zur Choreographie sollten die Feiern zu einem eindringlichen Erlebnis werden lassen, zu dem auch die Beschwörung der germanischen Dominanz gehörte:

„In das Dunkel der Welt trugen die Arier das Licht.
Vom Norden her kam der große Glanz ...
Ewiger und älter als Rom, ewiger und älter ist Deutschland."[243]

Zum Jahresende versuchte man die „Wintersonnenwende" einzuführen, in der die ursprüngliche Form des germanischen Weihnachtsfestes gesehen wurde, das die christliche Kirche unseren Ahnen weggenommen habe. In Zeitschriften erschienen umfangreiche Sonderbeilagen, in denen man mit stimmungsvollen Zeichnungen, Gedichten und Aufsätzen auf die tiefe Bedeutung der heidnischen „Weihenacht" hinzuweisen versuchte. Die Germanen – so hieß es dort – hätten das Jahr nicht nach Tagen, sondern nach Nächten gezählt und daher die längste Nacht des Jahres – die am 21. Dezember – als „Mutternacht" gedeutet, aus deren Schoß das neue Jahr langsam emporkrieche.

Unser mit Kerzen und Gaben geschmückter Tannenbaum erinnere noch von ferne an die ursprünglich heidnischen Festfeuer und sei eigentlich kein „Christbaum", sondern ein „Lebensbaum", dessen Früchte das bald zu erwartende Keimen in der Natur symbolisierten. Wie die Weltesche „Yggdrasill" in der „Edda" verkörpere er Kraft und neues Leben gegen alle Bedrohung durch Kälte und Finsternis.[244]

Bei solchen Texten ist immer wieder zu beobachten, wie zunächst abstrakte Dualismen allmählich mit ideologischem Inhalt aufgeladen werden. In einem Text mit dem Titel „Sonnenwende-Schicksalswende" sind die nächtlichen Jul-Feuer dann „Altäre eines kommenden Volkes, das sich in dieser heiligen Stunde ... zusammenfindet, um erneut ein Bekenntnis abzulegen für Reich, Nation, Blut und Glauben."[245] Weihnachtliche Stimmungen von Besinnung und Rückschau werden für politische Ziele und nationalistische Propaganda instrumentalisiert. Endlich sei ein Kampf entbrannt, der durch das Eindringen der „jüdisch-asiatischen Geistigkeit" in die „nordisch-germanische Glaubenswelt" ausgelöst worden sei. Deutschland aber schenke der Welt eine unvergleichliche Kultur, Wesen und Weltanschauung der Deutschen würden Europa und die ganze Welt grundlegend umgestalten.[246]

Sonnenwend-Reden von SS-Führern klangen ähnlich. Im Lodern der Flammen wurde ein neuer „Gott" besungen, der Kraft zu einem Leben des Kampfes verleihe. Die Flammen, so hieß es, predigten Furchtlosigkeit und forderten bedingungslosen Einsatz für Volk und Freiheit. In ihnen sollten die eigenen Schwächen verbrennen, so daß man geläutert aus ihnen hervorgehen werde.[247]

Die monumentalste Zelebrierung dieses im Verhängnis endenden „Licht-Gottesdienstes" geschah auf den großen Parteitagen, als Hunderttausende von Menschen den aus Flakscheinwerfern errichteten Strahlendom von Albert Speer bewunderten. Wir kennen dieses Ereignis nur von Fotos und kurzen Wochenschausequenzen, die den Krieg überdauert haben, aber der Bericht eines Augenzeugen vom Parteitag 1937 in Nürnberg läßt uns etwas von der raffinierten Gewalt ahnen, mit der hier die Anrufung des „arischen Lichtes" gegen die „jüdisch-bolschewistische Finsternis" beschworen wurde.

„Als Adolf Hitler das Zeppelinfeld betritt, flammen 150 Scheinwerfer der Luftwaffe auf, die um das gesamte Quadrat verteilt sind und die einen Baldachin von Licht aus der Nacht herausschneiden... Einen Augenblick ist Totenstille. Zu groß noch ist die Überraschung. Nie zuvor sah man Ähnliches.

Wie ein gewaltiger gotischer Dom aus Licht wirkt jetzt das weite Feld ... Bläulich-violett strahlen die Scheinwerfer, zwischen deren Lichtkegel das schwarze Tuch der Nacht sich hängt. 140000 – so viele mögen hier wohl beisammen sein – kommen nicht los von diesem Anblick ...

Das Schwurlied steigt auf in den unendlichen Lichtkegel. – Die Ordensschüler singen es. Es ist wie eine große Andacht, zu der wir hier alle zusammengekommen sind, um uns neue Kraft zu holen. Ja, das ist es, eine Andachtsstunde der Bewegung wird hier abgehalten, wird von einem Meer von Licht geschützt gegen die Dunkelheit dort draußen."[248]

Der Schritt von aufflammenden Sonnenwendfeuern und gigantischen Lichterdomen zum Verbrennen von Büchern und Menschen ist kein zwangsläufiger, aber es scheint, als lade die vieldeutige Kraft mythischer Bilder unter spezifischen Umständen dazu ein, sie mit ideologischen Inhalten aufzufüllen und dadurch zu einem potenzierten Glühen zu bringen. Das belegen vor allem auch sprachliche Formulierungen. Der Historiker Albrecht Thöne nannte den Feuerkult des „Dritten Reiches" einen „‚magisch' beeinflußbaren Bundesgenossen der Vernichtung" und wies darauf hin, wie häufig NS-Führer über das „Ausbrennen" von „Fäulniserscheinungen", „Geschwüren" und „Brutstätten" sprachen. Im Krieg schließlich stellte die SS-Zeitschrift „Schwarzes Korps" Sonnenwendfeuer als riesige Scheiterhaufen dar, in denen englische Städte brannten, und der germanische

```
            JAEGGI  BASEL
            Freie Strasse 32
               4001 Basel
            MWSt.-Nr. 250'063
            Tel. 061 264 26 26


   BESCHREIBUNG      MWSt      PREIS


   Abholfach        1 100001    34.00
   SUBTOTAL                     34.00
   ----------------------------------
   SUMME                        34.00
    Bargeld                     35.00
   RÜCKGELD                      1.00


   MWSt 2.3  1      34.00        0.76


   KASSE 002 KASSIER 0001  Ihr Jäggi-Team
   BON: 7417               ARTIKEL:   1
   DATUM: 13-10-99         ZEIT: 16:05
       Besten Dank für Ihren Einkauf!
```

Gott Thor erschien als blitzeschleudernder Rachegott am Himmel, um alle Gegner Deutschlands mit seinem Feuerstrahl zu vernichten.[249]

## „Sonnenrad" und „Runenwissen":
## Symbole und Sinnbilder

Wie der Mythos der „arischen Überlegenheit" in Kultbauten und Ritualen immer wieder erneuert wurde, so dienten auch Symbole und Sinnbilder dazu, der „Bewegung" nicht nur ein angemessenes Ornat zu geben, sondern ihren quasireligiösen Inhalt in kraftvollen Formen auszudrücken. Dazu zählten vor allem das Hakenkreuz und die Runen. Sie waren nicht nur auf Gebäuden, Fahnen und Uniformen präsent, sondern man philosophierte auch in vielen Büchern, Zeitschriften und Ausstellungen des „Dritten Reiches" über ihre vermeintliche Bedeutung.

Im Gegensatz zur Meinung der Nazis sieht die heutige Forschung im Hakenkreuz kein primär germanisches Symbol, sondern ein Zeichen, das seit Jahrtausenden in vielen Kulturen zu finden ist. Es kommt zwar auch in Skandinavien und Deutschland vor, aber das älteste Fundstück stammt wahrscheinlich aus der Ukraine und wird ungefähr auf das Jahr 10000 v. Chr. datiert. Weitere Ausgrabungen zeigen eine starke Verbreitung in der mesopotamischen Samarra-Kultur des 6. vorchristlichen Jahrtausends, wo es auf Keramiken von z. T. berückender Schönheit auftaucht, etwa als Mittelpunkt von Schalen, um den Delphine tanzen oder sich vom Wind aufgewehte Frauenhaare drehen.[250]

Wie bei den Mythen öffnet auch die Vieldeutigkeit des Hakenkreuzes Tür und Tor für jeden Mißbrauch. Erwiesen scheint lediglich zu sein, daß es etwas mit Drehimpuls und zyklischer Bewegung zu tun hat. Im Sanskrit bedeutet „Swastika" so viel wie „es ist gut" und wird als Heils- und Segenssymbol verstanden. Der Hinduismus sieht in ihm ein Sinnbild des kosmischen Rades sowie ein Abwehrzeichen gegen böse Mächte, und in der tibetischen Bön-Religion deutet man es als den wirbelnden Urwind, aus dessen Tönen einst die erste Materie entstand.[251]

Erst okkulte und völkische Gruppen am Ende des 19. Jahrhunderts betonten seine Deutung als eine Art nordisches Leitsymbol und erhöhten es zum emphatischen Zeichen germanischer Wiedergeburt, so etwa Ernst Krause in seinem 1891 erschienen Buch „Tuisko-Land, der arischen Stämme und Götter Urheimat". Auch Guido von List und Lanz von Liebenfels schlossen sich diesen Interpretationen an und benutzten das Hakenkreuz als suggestives Ornament ihrer Veröffentlichungen und rituellen Zusammenkünfte.²⁵² Aber selbst in den 20er Jahren gab es schon Gegenmeinungen, etwa die Veröffentlichungen von Otto Hupp, der dem „Runenwahn" dieser Jahre nüchterne archäologische Erkenntnisse entgegenzuhalten versuchte. Er hatte keinen Erfolg, denn der Zeitgeist schien mehr auf mystisch-religiöse Erhebung als auf rationale Forschung ausgerichtet zu sein.²⁵³

Von großem Einfluß war die mit 600 Abbildungen versehene Studie „Vom Hakenkreuz" von Jörg Lechler, die zuerst 1921 und dann in erweiterter Form noch einmal 1934 herauskam. In ihr wird trotz gegenteiliger Erkenntnisse die Urheimat der Swastika in Mittel- und Nordeuropa angesiedelt. Obwohl 1926 bereits im Reallexikon der Vorgeschichte auf das hohe Alter der mesopotamischen Funde hingewiesen worden war, ging Lechler darüber mit wenigen Worten bagatellisierend hinweg, um seine vorgefaßte Meinung nicht zu gefährden.²⁵⁴

Hitler hat angeblich als Meßdiener im österreichischen Kloster Lambach das Hakenkreuz zum ersten Mal gesehen²⁵⁵, aber auch die Schriften von List und Lanz sowie das Emblem der Thule-Gesellschaft werden ihn bei seiner Wahl zum Hauptsymbol der NSDAP beeinflußt haben. Das legen handschriftliche Skizzen von 1920 nahe, in denen er es aus verschiedenen Sinnbildern ableitet, wie sie auch in Lists Veröffentlichung „Das Geheimnis der Runen" zu finden sind. Auf diesen frühen Entwürfen nennt Hitler das Hakenkreuz eines der „heiligen Zeichen der Germanen", das „von uns wieder erhoben werden" sollte und deutet es als „Sinnbild der Sonne".²⁵⁶ Bei der Ausarbeitung zum offiziellen Parteisymbol schwankt er erst zwischen der runden Form des Thule-Sonnenrades und der eckigen des späteren Originals.²⁵⁷ Dann entscheidet er sich jedoch für die kantige Form, die er schwarz ausmalt und auf rote Grundierung aufträgt.

In Gesprächen mit Ernst Hanfstaengel, der ihm andere Farbmöglichkeiten vorschlug, beharrte er auf der Kombination seiner drastisch gewählten Töne mit der Bemerkung, dies solle keine harmlose Rot-Kreuz-Flagge werden: „Solange wir nicht an der Macht sind, soll jeder wissen, daß wir kein Wohltätigkeitsverein sind und daß es keinen Frieden gibt – weder für uns noch für die anderen."[258] Für Hitler war das Hakenkreuz ein Kampfsymbol, in dessen tieferen Schichten aber auch quasireligiöse und mythologische Komponenten berührt werden. Noch in späteren Reden bezeichnete er es als Zeichen der „Wiedergeburt unseres Volkes" und als „altes Heilszeichen der germanischen Völker", das jetzt „neu verjüngt" zum Symbol des „Dritten Reiches" werde.[259] Damit transformiert er die alten esoterischen Deutungen von „kosmischem Zyklus" und „heiligem Feuer" in für die breite Masse nachvollziehbarere Beschwörungen eines emphatischen Neubeginns unter der Führung einer nationalsozialistischen „Heilslehre". Die deutlichste mythologische Interpretation Hitlers findet sich in den bereits erwähnten Gesprächen mit dem SA-Stabschef Otto Wagener, als er zu beweisen versucht, daß das Hakenkreuz ein Sinnbild für die am Horizont entlangrollende Sonnenscheibe sei, wie sie nur Nordvölker beobachten könnten: „Die Idee, daß die Sonne als eine Gottheit dargestellt wird, die mit feurigen Rossen auf einem Wagen um die Erde herumführt, kann nur aus dem Norden stammen. Nur dort rollt die Sonne am Kreis des Horizonts entlang ... Und dasselbe betrifft auch das Hakenkreuz. Es ist das Sonnenrad, das von Osten nach Westen, also von links nach rechts um die menschlich bewohnte Erdfläche herumrollt."[260]

Mit ähnlicher Willkür verfuhr man bei den im „Dritten Reich" weit verbreiteten Runen und nutzte Ungewißheiten über ihren Ursprung, um all das hineinzuprojizieren, was die eigene Weltanschauung bestätigte. Zwei Universitätsinstitute, Laienforscher und Okkultisten beschäftigten sich mit ihnen, und sie tauchten nicht nur in vielen Publikationen auf, sondern auch als Embleme verschiedener NS-Institutionen (SS, HJ, Reichsnährstand, Apotheker-Fachschaft, Sanitätswesen etc.). Der Kampf um Weltanschauungen, so formulierte es einmal Joseph Otto Plaßmann, einer der wichtigsten Mitarbeiter in Himmlers „Ahnenerbe", sei immer auch ein Kampf um Sinnbilder, „deren magische Kraft keiner übersehen hat, der in diesem Kampfe wirklich bis in die Tiefen drang."[261]

Trotz mancher Divergenzen war man sich einig in der Annahme, daß die Runen sehr alte Sinnbilder darstellten, die in steinzeitlichen Kultgebräuchen des Nordens entstanden seien und deren verborgene Energien man nun für ein wiedererwachendes „germanisches Reich" neu beleben wollte. Wie die Deutung von Mythen und Kultstätten, so war auch diese Meinung eine Mischung aus Halbwahrheiten und Spekulation.

Nach heutiger Erkenntnis ist die Runenschrift im ersten Jahrhundert n. Chr. durch den Einfluß norditalischer Lautsprachen entstanden, die von südlichen Germanenvölkern aufgenommen und mit einer vermutlich eigenen Symbolwelt verknüpft wurden.[262] Daraus entstand eine eigene Schriftform, die vor allem auf den Runendenkmälern Skandinaviens erhalten ist und meist aus Namen, Beschwörungen und Kurzmitteilungen besteht, die jedoch nicht mit der Differenziertheit ägyptischer, griechischer oder lateinischer Texte verglichen werden können. Neben ihrem Laut- und Buchstabenwert haben die Runen auch eine sinnbildliche Dimension, die immer wieder Esoteriker zu weitläufigen Spekulationen einlud. Für die Germanen – wie für jedes Naturvolk – war die Welt weniger eine Ansammlung festumgrenzter Dinge, als ein Zusammenspiel von Kräften, die man als Götter und Dämonen personifizierte. So bedeuteten auch Runennamen immer mehr als nur genau umgrenzte Begriffsbezeichnungen. Die Rune für „Hagel" verweist ebenso auf „Verderben" wie man bei „Lauch" auch an „Gedeihen" und bei „Auerochse" an „Urkraft" dachte. Hierbei tut sich von selbst ein weites Feld auf, denn in die übertragenen Bedeutungen kann viel mehr hineingelesen werden als in die eigentlichen Namen. Dazu kommt, daß in der „Edda" von einem göttlichen Ursprung der Runen die Rede ist.[263] Odin, der sich selbst mit einem Speer verwundet, hängt neun Tage und Nächte an einem Baum und bekommt unter Schmerzen die Weisheit der Runen geschenkt. Eine andere Stelle der „Edda"[264] spricht ihnen magische Kräfte zu, die bei Krankheit, Streit, Geburt, Brautwerbung und Seenot helfen können, eine Dimension, die ebenfalls über eine reine Begriffssprache hinausreicht und in Bereiche des nicht mehr rational Faßbaren verweist.

Wie immer übertrieben auch hier viele der NS-Mythologen und wollten in den auf Stein eingekerbten Zeichen eine esoterische Geheimsprache sehen, die Größeres zu bieten habe als die Schriften der alten Griechen und Ägypter. Da sogar einzelne runenähnliche Symbole auf skandinavischen Felszeichnungen der Bronzezeit gefunden worden waren, triumphierte man, auch hier sei wieder die Überlegenheit des Nordens erwiesen. Die Runen könnten nur Überreste einer „früharischen Urschrift" sein, in der unsere Vorfahren bereits vor Jahrtausenden kosmische Geheimnisse verschlüsselt hätten.[265]

Obwohl dieser Theorie auch im „Dritten Reich" von wissenschaftlicher Seite widersprochen wurde, war Himmler davon überzeugt und ließ sie in einem inneren Kreis der SS weiter erforschen. Die Ursprünge solcher mystischen Spekulationen lagen bei Guido von List, der diesbezügliche Ideen bereits 1907 in seinem Buch „Das Geheimnis der Runen" veröffentlicht hatte.[266] List hatte nach einer Augen-Operation 11 Monate lang einen Verband tragen müssen und war in dieser Zeit angeblich in einen hellsichtigen Zustand geraten, der ihm die wahre Bedeutung der Runen offenbart habe. Das Ergebnis waren willkürliche Deutungen, wonach diese Zeichen kosmische Grundgesetze darstellten, nach denen unsere Vorfahren ihr Leben ausgerichtet hätten. Dazu gehörte die Erkenntnis vom geistigen Ursprung alles Materiellen, von der Wirkung karmischer Gesetze und vom Weiterleben der Seele nach dem Tode.[267] Karl Maria Wiligut trug solche Gedanken, die er u. a. von List übernommen hatte, in die SS hinein und behauptete, ähnliches „Wissen" noch unmittelbar von seinem Großvater empfangen zu haben. In den Runen, so glaubte er, sei die wahre Schöpfungsgeschichte der Menschheit verschlüsselt, die vor Urzeiten in nordpolaren Gebieten stattgefunden habe. Dort habe eine von tiefer Weisheit durchstrahlte Licht-Äther-Rasse in tiefstem Einklang mit der Natur gelebt, bis ihre außerordentlichen Fähigkeiten durch Vermischung mit „des Südens Dunkelblut" nachgelassen hätten.[268] Wiligut, scheinbar auch von der „Ariosophie" des Lanz von Liebenfels beeinflußt, erzählt in diesen bizarren

Texten eine Art germanische „Genesis". Der Garten „Eden" sei in Wahrheit das Götterparadies „Asgard" gewesen und die Paarung mit dem „Thiermensch" der eigentliche Sündenfall, der zur Herrschaft orientalischer „Götzen" geführt habe.[269] Nur im „Runenwissen" sei die wahre Schöpfungsgeschichte noch enthalten, die aber lediglich von Eingeweihten mit einer Art Decodierungschlüssel herausgelesen werden könne. Obwohl wissenschaftliche Runenexperten im „Ahnenerbe" über solche Theorien nur den Kopf schüttelten, glaubte Himmler Wiligut und ermächtigte ihn sogar, den sogenannten „Totenkopfring" zu entwerfen, der als Ehrung für besondere Verdienste in der SS vorgesehen war. Auf ihm waren vier Runenzeichen eingraviert, deren zugehörige Sinnsprüche fast wörtlich dem Buch „Geheimnis der Runen" von List entnommen waren:[270] „Der Schöpfergeist muß siegen", „Der Mensch sei eins mit Gott, dem Ewigen", „Deines Geistes Kraft macht dich frei", „Umhege das All in dir, und du wirst das All beherrschen."

Welche Bedeutung die Runen vor allem in höheren SS-Kreisen hatten, zeigt ein Brief des Obergruppenführers Oswald Pohl an seinen Sohn, dem er zum 18. Geburtstag einen Runenring schenkte. Dort heißt es: „Mein Sohn! In dem herrlichen deutschen Frühling, den unser Führer Adolf Hitler heraufgeführt hat, brechen die verschütteten Quellen germanischen Lebensgefühls, germanischer Lebenssicht wieder auf. Es gilt heute: sich wieder zu dem Ursprünglichen und Echten zu bekennen, es gilt: aus diesem Geist das Leben zu gestalten. In diesem Sinne, mein Sohn, greife ich zurück auf das jedem Hausvater germanischen Blutes angeborene Recht und erkläre Dich hiermit feierlich zu einem selbständigen Glied der Sippe Deiner Ahnen! Des zum Zeichen überreiche ich Dir diesen Ring, in dessen Stein das alte Symbol unserer Sippe eingegraben ist."[271]

Nicht nur in persönlichen Zeremonien wurde die ideologisch aufgeladene Bedeutung der Runen weitergetragen, sondern auch in Schulungskursen, Zeitschriften, Lichtbildervorträgen und Filmen. Dafür sorgte u. a. der SS-Führer und „Ahnenerbe"-Forscher Karl Theodor Weigel, dessen aus über 40 000 Fotokarteikarten bestehende Runen- und Sinnbildsammlung noch heute in einem Institutskeller der Universität Göttingen lagert.[272]

Himmler schätzte seine Arbeiten sehr und schickte ihn während des Krieges zu Wehrmachtsverbänden und SS-Truppen, um dort mit Vorträgen, Filmen und Dias an letzte Reste einer uralten und großen Kultur zu erinnern.

Dabei breitete Weigel Dutzende von Motiven aus, in denen er das zentrale Thema der „arischen" Vorfahren immer wieder variiert sah: „Aus den Sinnbildern können wir das erste Erfassen des Begriffes ‚Stirb und Werde' herauslesen. Das Naturgeschehen in seinem ewig gleichmäßigen Ablauf ist hier ausgedrückt, das den Menschen jener Frühzeit schon als Ausdruck einer ordnenden Macht erschienen sein muß. Im Stirb und Werde in der Natur spiegelt sich das mythische Ewige wider, das so seine frühe Erkenntnis findet und so zum ersten Ausdruck einer Weltanschauung werden mußte, zum ersten Gottesbegriff unserer Rasse, unseres Volkes überhaupt."[273]

Die gezackte Doppel-Rune auf der SS-Uniform deutete Weigel gar als Blitz, der die Spannung der Atmosphäre entlädt, die Wolken zersprengt und den Regen löst: „Sie ist der ‚Himmlische Phallus, der die Gewitterblume zum Blühen bringt.'"[274]

Wir wissen nicht genau, wie solche Gedanken an der Front aufgenommen wurden. Vielleicht waren viele der Soldaten und SS-Leute mit anderen Dingen beschäftigt; möglicherweise aber – wie schon Briefe aus den Schützengräben des Ersten Weltkriegs an Guido von List zeigten – richtete ihr pathetischer Ton auch auf und bestätigte die „Mission", im Namen Deutschlands „minderwertige" Völker zu dezimieren und neuen Raum für die eigene – vermeintlich uralte – Kultur zu schaffen.

# 5. „Ordensburg" und „reines Blut":
# Der Mythos vom „Heiligen Gral"

Neben den Sagen von „Thule", „Atlantis", der „Edda" und den vermeintlich „urarischen" Sinnbildern von Hakenkreuz und Runen gehörten auch die Geschichten vom „Heiligen Gral" zum mythologischen Bestand nationalsozialistischer Weltanschauung. Hitler, der inbrünstige Wagnerverehrer, kannte sie bereits von vielen Besuchen der Opern „Lohengrin" und „Parsifal", und Heinrich Himmler bezog seine Kenntnisse vor allem durch den Schriftsteller Otto Rahn, der bereits Anfang der 30er Jahre in Südfrankreich den Gralsmythos erforscht hatte. Aufgrund von bestimmten Angaben im „Parzival" des Wolfram von Eschenbach war Rahn zu dem Schluß gekommen, daß die in den Pyrenäen gelegene Burg „Montségur" der Hauptort der Gralsritter gewesen sein mußte und betrieb aufwendige Studien über die Katharer, die dort im 13. Jahrhundert von der Kirche ausgelöscht worden waren. Die in den Inquisitionstexten verwendete Formulierung von einem „geheimen Ketzerschatz", den einige Verfolgte dabei gerettet und in Höhlen versteckt hätten, ließ den jungen Abenteurer daran glauben, man habe es hier mit dem legendären „Gral" zu tun, dessen Hüter die Katharer gewesen seien. Rahn durchforscht unterirdische Grotten, um nach verschollenen Texten und Symbolen zu suchen, die ihm bei der Aufhellung ihrer geheimnisvollen Religion helfen sollen, aber verstrickt sich nur in Phantasien, die mehr über ihn als über sein Forschungsobjekt verraten. In Rahns schwärmerischen Texten finden wir einen jungen Deutschen vor, der sich in der Zeit zwischen den Weltkriegen auf die Suche nach verschütteten Wurzeln europäischer Spiritualität macht und wie im Rausch Legenden und Symbole zu einem abenteuerlichen Szenario häretischer Bewegungen miteinander verknüpft.

In teilweise poetischen Schilderungen rekonstruiert er aus

den Glaubensfragmenten der Katharer eine vermeintlich uralte „arische" Licht-Religion, die von den „Hyperboreern" über den griechischen Apoll bis zu den keltischen Druiden gereicht habe und eine Urtradition des Gralsmythos' bilde. Der Kern dieser Lehre sei ein strikter Dualismus zwischen „Licht" und „Finsternis", „Geist" und „Materie" gewesen sowie die Überzeugung von der Unsterblichkeit der Seele, die nach ihrem irdischen Aufenthalt wieder zu ihrem „reinen" Sternenursprung aufsteigen würde.[275] Wir erinnern uns an die esoterischen Evolutionsauffassungen von Helena Blavatsky, Lanz von Liebenfels, Hörbiger, Himmler und Wiligut, die ebenfalls an ein Herniedersteigen des vor allem „arischen" Menschen aus ätherischen Höhen glaubten. Ergriffen spricht Rahn von der Sehnsucht der Katharer nach dem „Wiedergöttlichwerden" und von Kultstätten auf Bergen oder in Höhlen, in denen sie sich auf die Entstofflichung nach ihrem Tode vorbereitet hätten.[276]

Oft besteigt er die hoch gelegene Burgruine von Montségur und nennt sie „die erste Treppe zu den Sternen".[277] Hier war der Zufluchtsort der Katharer gewesen, was übersetzt „die Reinen" heißt: eine verschworene Glaubensgemeinschaft, zu der auch Ritter und Troubadoure gehörten, die im „Gral" einen kostbaren „Stein des Lichtes" hüteten, den einst Engel auf die Erde getragen hätten.[278] Er sei Erinnerung an das frühere Paradies und gebe immer wieder Kraft für den Kampf gegen das Böse. Obwohl sich Rahn in seinem ersten Buch „Kreuzzug gegen den Gral" noch mit antisemitischen Äußerungen zurückhält, wird im Anmerkungsteil auch Jehova mit diesem Bösen identifiziert. Rahn versteckt sich hinter Zitaten, in denen von einem harten alttestamentarischen Gott die Rede ist, der den Juden das „Gebot des Hasses" gegeben und ihnen „die Herrschaft über viele Völker verheißen" habe.[279] Die Katharer hätten sich bemüht, ihr esoterisches Christentum von seinen jüdischen Ursprüngen zu trennen, da dort zuviel von Rachsucht, Bestrafung und Unzucht die Rede sei. Jehova könne daher kein Gott der Liebe, sondern nur die Verkörperung des „Antichrist" sein.[280] Demgegenüber wird der „Gral" als Relikt einer dualistischen Licht-Dunkel-Mystik interpretiert, die vor langer Zeit noch Gemeinbesitz aller „Priesterkasten der archaischen Arier" gewesen sei. Der von den Hyperboreern stammende griechische Apoll, der persische Ahura Mazda und der keltische Abellio seien Nachkömmlinge dieser Urreligion gewesen, deren gemeinsames heiliges Symbol – die Eiche – einst „vom Nordland bis zum Indus" gereicht habe.[281] Himmler wird 1935 auf diese Theorien aufmerksam und bietet dem jungen und in ständigen Geldnöten lebenden Schriftsteller eine Stellung in der SS an, um dort ungestört weiterforschen zu können. Das Ergebnis ist das 1937 veröffentlichte Buch „Luzifers Hofgesind", in dem Gralsmythos und europäische Ketzergeschichte nun in stärker ideologisch gefärbten Gewand Erwähnung finden. Verschiedene Einflüsse mögen dabei eine Rolle gespielt haben: Gespräche mit Himmler selbst, der Einfluß von dessen „Guru" Karl Maria Wiligut sowie die Lehren des von Mussolini geschätzten italienischen Philosophen Julius Evola, den Rahn auch im Literaturverzeichnis anführt. Rahn widmet das Buch seinen Kameraden in der SS und stellt ihm als Motto einen Spruch Schopenhauers voran: „Wir dürfen hoffen, daß einst auch Europa von aller jüdischen Mythologie gereinigt sein wird."[282]

Auf der Burgruine Wildenberg im Odenwald, wo Wolfram von Eschenbach Teile des „Parzival" geschrieben haben soll, meditiert der junge Schwarmgeist über die eigentlichen Ursprünge des Gralsmythos'. Er schließt sich den Deutungen Fridrich von Suhtschecks an, der als Quelle einen manichäischen Urtext der „arischen" Perser nennt und durch verschiedene Namensableitungen ebenfalls einen Bezug zum alten Iran herstellt: „Parsifal" selbst käme von den „Parsen" und bedeute „Reine Blume", sein Sohn „Lohengrin" entspräche dem Gott „Lohrangerin", und das persische Wort „ghral" bedeute – ähnlich wie bei Wolfram – „Edelstein".[283]

Über den Umweg über die alten Perser – so schlußfolgert Rahn – erinnere uns der mittelalterliche Gralstext an die einstige Urheimat aller „arischen" Völker im hohen Norden. Als Belege werden Stellen aus der iranischen Mythologie angeführt, die vom Ursprung ihrer Kultur in einem nördlichen Land berichten, das später von der „Schlange des Winters" mit arktischem Klima überzogen worden sei.[284] So habe Persien früher einmal „Ariana" geheißen, „das vom Lichtgott geschaffene arische Urland", und die Inder sprächen vom Land der „Uttarukuru" (Nordmänner), wo ihr Volk einmal auf einer „Insel des Glanzes" gelebt haben soll. Auch das germanische „Asgard" und der Mythos von „Thule" sind für Rahn mythologische Erinnerungen an das „arische" Urparadies am Nordpol, dessen Erinnerung jedoch auf Befehl des „eifernden Gottes der Juden" ausgelöscht worden sei.[285] Die Brutalität der Inquisition gegenüber dem Gralsmythos der Katharer sei nichts anderes gewesen als „das gewaltsame Sich-Breitmachen alttestamentarischer... Unduldsamkeit".[286]

Vermutlich unter dem Einfluß Himmlers und der SS schärfte sich Rahns Feindbild immer mehr zu einem rigiden Antisemitismus, was etliche Stellen in „Luzifers Hofgesind" bezeugen, die in ihrer Drastik weit vom geistigen Horizont seines ersten Buches entfernt sind. Der „Gral" wird mehr und mehr zu einem ideologiebeladenen Hort des Reinen und Edlen gegen „Unvollkommene und Unreine, Knechtseelen und Bastarde"[287], wie die Juden einmal genannt werden: „Was ist Jahve anderes als die jüdische Volksseele, überheblich, unduldsam, eifernd, machtgierig und unritterlich? Die Seele meines Volkes ist eine andere gewesen. Unser Gott war licht und hell und ritterlich...

Unser Himmel spricht nur zu den Reinen, zu denen, die nicht niederrassige oder mischrassige Kreaturen und Knechte sind – zu den Arya. Das heißt Edle und Herren!"[288]

Solche Stellen werden natürlich in den NS-Zeitschriften besonders hervorgehoben. Dort wird das Buch nach seinem Erscheinen wohlwollend besprochen, etwa im „Völkischen Beobachter", in dem es als eine „Geschichte der germanischen Ketzer" vorgestellt wird.[289] Rahn, der jetzt eine SS-Uniform trägt, sieht sich gelegentlich selbst als „Gralsritter" und weist undisziplinierte Kameraden auf ihren Ehrenkodex hin. So konnte es geschehen, daß er am Abend in einer Bar einen hochrangigen SS-Offizier sich betrunken und laut mit einer „aufgedonnerten" Frau amüsieren sah. Für Rahn handelte es sich dabei um ein Beschmutzen der Uniform, und das Gewissen gegenüber seinem „Orden" gebot ihm, sich in strahlender, beherrschter Pose und als gutes Vorbild vor den beiden zu präsentieren, um für Anstand, Würde und Wohlverhalten einzutreten. Nur manchmal wurde sein Appell respektiert, häufiger jedoch mit Hohn und Spott quittiert. [290] Aber auch für den „Gralssucher" selbst scheinen die hohen Ideale seiner esoterischen Philosophie zum Verhängnis zu werden. Alkoholprobleme und die Entdeckung seiner homosexuellen Neigungen durch die SS führen zu ersten Intrigen und Disziplinarverfahren. 1937 muß er wegen „ehrenrührigen Verhaltens" vier Monate lang Dienst in den Wachmannschaften des Konzentrationslagers Dachau ableisten, was ein unerwarteter Schock gewesen zu sein scheint.[291] 1938 folgt ein Vortragsabend im Dietrich-Eckart-Haus in Dortmund, wo Rahn Thesen seines neuen Buches vorstellt. Die Zeitung „Rote Erde" berichtet über diesen „großen Erfolg": „Rahn las aus seinem neuesten Werk ‚Luzifers Hofgesind', das von seinen Reisen und Forschungen in Südfrankreich berichtet, wo er auf den Spuren des Grals und der Albigenser, der reinen und wahren Ketzer, und von neuen Blickpunkten aus ein fruchtbares Bild dieser damals auch in Deutschland verbreiteten antirömischen Bewegung zeichnete ... Die Albigenser sind tot, aber ihr Geist lebt und wirkt gerade in unseren Tagen in erneuter und verjüngter Begeisterung und Hingabe." [292]

Auch innerhalb der SS wird das Buch rezipiert, und Rahn erwägt sogar, mit dem befreundeten Komponisten Hans Pfitzner eine Oper über die Katharer zu schreiben.[293] Eine besondere Nähe zu Himmler ergibt sich einerseits wegen der Ketzer- und Gralsthematik, andererseits weil Rahn ihm hilft, Forschungen über seine eigene Ahnenreihe zu betreiben. Aber zunehmend ziehen sich dunkle Wolken über ihm zusammen: Differenzen mit Kameraden, ein erneuter Einsatz in einem Konzentrationslager, körperliche Erschöpfungszustände sowie weitere Denunziationen bezüglich seiner Homosexualität führen dazu, daß er um die Entlassung aus der SS bittet, was Himmler bewilligt.[294]

Rahn bricht zu einem Winterurlaub in die Tiroler Berge auf, der Züge einer Flucht trägt. Im Frühjahr 1939 finden zwei Kinder in einem Wald bei Söll seine Leiche, neben der zwei z. T. geleerte Giftfläschchen liegen, die auf Selbstmord schließen lassen. Die mit ihm befreundete Gabriele Winckler-Dechend berichtete, daß Spitzel auf ihn angesetzt wurden, um ihn auf seine Homosexualität zu prüfen. Himmler sei es dann gewesen, der Rahn nahelegte, die Konsequenzen zu ziehen, da dieser „Tatbestand" aus Sicht der SS ein Todesurteil war. [295] Trotz dieser Differenzen war Himmler bis zuletzt ein großer Anhänger von Rahns Forschungen und las noch im Februar 1939 dessen Bericht über Gralsforschungen im elsässischen Kloster St. Odilien. Selbst während des Krieges regte der Reichsführer SS eine Neuauflage von „Luzifers Hofgesind" an und stellte das Papier für 10 000 Exemplare sicher, die aber wegen Ausbombung des Verlages nicht mehr gedruckt werden konnten.

Rahns Deutung des „Grals" als Beleg für eine in Urzeiten zurückreichende „arische" Lichtreligion reihte sich gut in Himmlers Weltbild ein, und die Idee einer heroischen Glaubensgemeinschaft im Kampf gegen „jüdische Weltverfinsterung" paßte in das Konzept seiner als „Orden" und „Ritterschaft" definierten SS.[296] So spielte der Gralsmythos auch in die ab 1939 zur Schulungsstätte der SS ausgebaute Wewelsburg hinein, die wir später noch ausführlicher behandeln werden: eine alte Burg als „Bollwerk"[297] gegen die befürchtete Dekadenz des Ostens, mit Studierzimmern, die u. a. „König Arthur" oder „Gral" hießen sowie einem kreisförmigen Kultraum, der an den Gralstempel der Bayreuther „Parsifal"-Uraufführung von 1882 erinnert.

Von Hitler selbst sind keine Äußerungen zu Rahns Forschungen bekannt. Zwar hatte ihm Himmler 1937 zum Geburtstag eine Luxusausgabe von „Luzifers Hofgesind" geschenkt,[298] aber wir können davon ausgehen, daß er sich bei seinen Gralsphantasien aus anderen Quellen bediente. Da Hitler bereits seit seinem 12. Lebensjahr unzählige Male Wagners „Lohengrin" gehört hatte, war ihm die darin enthaltene „Gralserzählung" schon lange vertraut. In dieser besingt der Schwanenritter zu ätherischen Streicherklängen seine Herkunft aus der Burg „Montsalvat", in deren „lichtem Tempel" ein kostbares Gefäß „als höchstes Heiligtum" aufbewahrt sei: „Es heißt der Gral, und selig reinster Glaube erteilt durch ihn sich seiner Ritterschaft. Wer nun dem Gral zu dienen ist erkoren, den rüstet er mit überirdischer Macht; an dem ist jedes Bösen Tun verloren, wenn ihn er sieht, weicht ihm des Todes Nacht."[299]

Im „Lohengrin", den auch Rahn schätzte, sind durchaus Parallelen zur Katharer-Religion enthalten: die Beschwörung von Reinheit, Licht und Erlösung im Kampf gegen dunkle Mächte und der „Gral" als Symbol für die Unsterblichkeit der Seele, die ihre Heimat in einem erhöhten Bereich jenseits der irdischen Welt hat. Dieselben Vorstellungen fand Hitler in ausgereifter Form in Wagners „Parsifal" vor, mit dem er nach dem Endsieg eine gigantische Weihezeremonie für den Triumph der „arischen Rasse" feiern wollte.[300] „Aus dem ‚Parsifal' baue ich mir meine Religion", lautet eine seiner wenigen Äußerungen zu diesem Werk, „im Heldengewand allein kann man Gott dienen."[301] Dem Regisseur Heinz Tietjen, der die monumentale Festaufführung inszenieren sollte, deutete er an, er wolle das „Kirchliche" zugunsten eines eher „Unbestimmbaren" eliminiert haben.[302]

Daß – gemäß Hitlers Wunsch[303] – der darin vorkommende Magier Klingsor im Rabbinergewand agieren sollte, wirft ein weiteres Licht darauf, wie er sich seine „Parsifal"-Religion vorstellte: das Leuchten des Grals als endgültiger Sieg des „reinen arischen" über das „verdorbene jüdische" Blut und Hitler selbst als der neue Gralskönig Europas, der Wagners Visionen in die Tat umsetzt. Ein Plakat von 1936 zeigte den „Führer" bereits hoch zu Roß mit silberner Rüstung und wehender Hakenkreuzflagge als Ritter gegen Tod und Teufel.[304]

Wagners „Bühnenweihfestspiel" enthält selbst keine rassistischen Aussagen, aber in ihm sind schon die schroffen Dualismen angelegt, die eine Besetzung mit entsprechender Ideologie erleichtern. Es ist vor allem die darin enthaltene Metaphysik des Blutes, die Hitler zur Auffüllung mit eigenen Vorstellungen gereizt haben mag. So finden sich im Textbuch Gegenüberstellungen von „heiligem" und „sündigem" Blut, Reinheit und triebhaftem Verlangen, wie sie dann bei Hitler stereotyp dem „Arier" bzw. Juden zugeordnet werden. Wagner behandelt das Blut als eine fast mystische Komponente, in der tiefe und unverrückbare Kräfte zu wirken scheinen, die sich unserer rationalen Einsicht entziehen. Ähnliches findet sich bei Hitler, wenn er von „Blutreinheit" oder in bezug auf den Juden vom „Blutegel" bzw. von der „Blutschändung" spricht.[305]

Im „Parsifal" sind es der Zauberer Klingsor und seine Gehilfin Kundry, die den lichten Gralsrittern auflauern, um sie mit ihrer dämonischen Sinnlichkeit einzufangen. Im Gegensatz zu den klaren Strukturen des Gralstempels finden wir im Bereich Klingsors „Räucherschwaden", „nekromantische Vorrichtungen" und einen üppigen Garten mit schlingpflanzenhafter Vegetation.[306] Kundry wird als „Teufelsmähre" und „Höllenrose" beschrieben, die mit glühenden Augen auf dem Boden herumkriecht und wie ein wildes Tier heult. Es ist eine zu rastloser Triebhaftigkeit verurteilte Kreatur, die sich einst über den Anblick des Gekreuzigten lustig machte und nun in halbem Wahnsinn vor sich hin vegetiert. Über ihren Meister Klingsor schreibt Wagner, daß nur „dunkle, unfaßliche Mären" über seine Herkunft berichten – für ihn eine Figur des Bösen und Schwarzmagischen.[307] Klingsor hat einst dem Gralsritter Amfortas den Speer geraubt, an dessen Spitze das reine Blut Christi klebt und der nur von Parsifal selbst zurückerobert werden kann, den Wagner einmal den „von aller alexandrinisch-judaisch-römisch-despotischen Verunstaltung gereinigten ... Erlöser" nennt.[308]

Was er mit der „judaischen" Verunstaltung meint, erläutern Aufsätze abseits der Oper, die diese wiederum in einen rassenideologischen Zusammenhang stellen, der Hitler nicht verborgen geblieben sein dürfte. So vermutet Wagner, daß das Christentum erst durch die Einwanderung alttestamentarischer Impulse seinen dogmatischen und inquisitorisch brutalen Zug erhalten habe.[309] Das Judentum, für ihn „der plastische Dämon des Verfalls der Menschheit", sei verantwortlich dafür, daß die verdorbene „semitisch-lateinische Kirche" keine großen „Heiligen" mehr hervorbringen könne.[310] Zu viel Vermischung mit „niedrigeren Rassen" habe bei der einst geschichtsprägenden „weißen Rasse" zur „Verderbe des Blutes" und zum „Verlust ihrer Reinheit" geführt. Helden wie Herakles und Siegfried, die einst die Welt „von den grausamsten Plagen" befreit hätten, seien nicht mehr in Sicht, obwohl gerade jetzt eine „Regeneration" der Menschheit dringend erforderlich sei.[311] „Gobineau sagt, die Germanen waren die letzte Karte, welche die Natur auszuspielen hatte", so Wagner triumphierend: „,Parsifal' ist meine letzte Karte."[312]

Was mit diesen Bemerkungen gemeint ist, ist unschwer zu erraten und nimmt dem „Bühnenweihfestspiel" zunächst einmal seine poetisch-musikalische Unschuld. Es wird zum geheimen Projekt einer Regermanisierung des Christentums, d. h. zur Forderung nach dessen Befreiung vom jüdisch „verdorbenen" Blut. Am Ende des Werks ist Klingsors Zauberschloß in der Erde versunken, und Kundry, die triebhaft Umherstreunende, sinkt nach ihrer Taufe vor Parsifal entseelt zu Boden, während dieser den lichtdurchglühten Gralskelch über die anbetende Ritterschaft schwingt.[313] Der Komponist gesteht seiner Protagonistin, die im Stück Sünde und Sinnlichkeit verkörpert, keine echte Verwandlung zu, sondern löscht sie aus. Eine weiße Taube, Zeichen der wiederhergestellten Unschuld und Reinheit, schwebt zu ätherischen Klängen aus der Kuppel hernieder und „verweilt über Parsifals Haupt".[314]

Wir wissen nicht genau, ob Hitler die rassenideologischen „Regenerationsschriften" seines Bayreuther Vorbildes gelesen hat, aber ihr Inhalt wird in der Wagner-Biographie von Houston Stewart Chamberlain, die Hitler zu seinen Lieblingsbüchern zählte, ausführlich referiert. Dort findet sich auf vielen Seiten jene verhängnisvolle Verbindung von Antisemitismus und „Erlösungsreligion", die auch der „Führer" aus dem „Parsifal" herauslas. Hier kommt die Idee des Gralsritters zum Tragen, der als Held der Tat antritt, um den durch „Geld", „Verderb des Blutes" und „demoralisierenden Einfluß des Judentums" bewirkten Kulturniedergang aufzuhalten und ihm die Heilslehre eines von alttestamentarischen Elementen gereinigten Christentums gegenüberzustellen.[315] Wie Wagner bezweifelte auch Hitler die jüdische Herkunft des Jesus von Nazareth und sah in ihm eine nordische Kämpfernatur, die die Wucherer aus den Tempeln getrieben habe, aber später von Paulus zum Propheten einer Gleichheitsreligion verfälscht worden sei. Die Essenz des Christentums war für Hitler nicht Nächstenliebe oder Mitleidsmoral, sondern der gegen die Juden gerichtete Geist eines heroischnordischen Christus: „Der Kämpfer allein hat den siebenten Himmel!" [316] Wie Himmler, Rahn und Wagner ging es auch ihm letztlich um eine „Arisierung" des Gralsmythos' und die Nutzung seiner Bilder für die Idee eines germanischen „Ordensstaates", mit dessen Hilfe er die gesamte Welt erneuern wollte.

Die Idee einer das „arische Blut" hütenden Kriegerelite ragte auch in das Konzept der drei großen „Ordensburgen" hinein, die Hitler für den NSDAP-Nachwuchs bauen ließ. Der für sie zuständige Robert Ley nannte sie „Kraftzentren" und „Horte der Ritterlichkeit", an denen er handverlesene Führeranwärter zu „Predigern und Schwärmern für das deutsche Volk" heranziehen wollte. Die Ordensburg Vogelsang etwa lag abseits der Städte auf einem Bergrücken und bot einen weiten Blick über die unberührte Landschaft, um den Geist für Kontemplation über deutsche Geschichte und Zukunft zu öffnen. Schon die Architektur sollte in den Geist einer Elite einstimmen, die die Werte einer großen Vergangenheit zu schützen hatte. Der wuchtige Toreingang wurde von sechs Säulen aus 700jähriger Eiche getragen, und die Innenräume waren z. T. mit Motiven aus der germanischen Mythologie („Wilde Jagd", „Siegfrieds Tod") geschmückt. [317] Neben Bibliotheken und Schulungsräumen gab es auch einen Kultraum für pseudoreligiöse Riten und einen Sonnenwendplatz, auf dem ein monumentales Fackelträgerrelief an den hohen Auftrag der Auszubildenden erinnerte: „Ihr seid die Fackelträger der Nation. Ihr tragt das Licht des Geistes voran im Kampfe für Adolf Hitler."[318]

Vorbedingung für die Aufnahme in die Ordensburg war der Austritt aus der Kirche und das Bekenntnis zu einer „gottgläubigen" Religion, wie die Nazis ihre aus heidnischen, mythologischen und erfundenen Elementen gemischte Glaubenswelt vorsichtig nannten, um die Bevölkerung nicht abzuschrecken.[319]

Hitler selbst hat niemals von einem Zusammenhang zwischen seinen geliebten Gralsopern und den Ideen von „Ordensstaat" und „Ordensburg" gesprochen, aber die Analogien sind zu offensichtlich, um übersehen zu werden. So tauchen immer dann, wenn er von der Partei als „Orden" spricht, Bezüge zu metaphysischen Prinzipien auf, die das Ziel der Kämpfer quasi von höherer Warte aus mitbestimmen. So nennt er die NSDAP eine „über Zeit und Menschen hinwegreichende" Bewegung[320] oder ein „Symbol des Ewigen", das letztlich „kein irdischer Vorgesetzter geschaffen hat"[321]. Beides sind Ausdrücke, die die politische Aufgabe im Diesseits ähnlich mit einer transzendenten Sphäre verknüpfen wie der Wagnersche Lohengrin seine Erdenmission mit dem Symbol des lichten „Gral". Wie Lohengrin zu ätherischen Klängen aus dem Jenseits in die Welt hinabsteigt, um überirdische Kraft zum Sieg über das Böse zu bringen, schwebt auch Hitler zu Beginn des Propagandafilms „Triumph des Willens" auf Nürnberg hinunter, um dort den Reichsparteitag von 1934 zu eröffnen. Wagnerähnliche Musik begleitet sein Flugzeug, als es langsam durch Wolkenbänke und Nebelschwaden fliegt, bis sich endlich die Umrisse der mittelalterlich aussehenden Stadt und die jubelnden Massen zeigen, die ihren „Erlöser" bereits sehnsüchtig erwarten.

# 6. „Mittelpunkt der Welt":
# Die SS-Kult- und Schulungsstätte Wewelsburg

Visionen von „Ritterschaft" und „Ordensgeist" wurden vor allem in der SS gepflegt, die von allen Institutionen des „Dritten Reiches" den größten Ehrgeiz hatte, durch Anknüpfung an Mythologie eine neue Glaubenslehre zu schaffen und ihre „Mission" metaphysisch zu begründen.

„Wir wollen religiöses Gefühl und religiöse Wiedererneuerung", hieß es 1936 in der SS-Zeitschrift „Das Schwarze Korps". „Und das heißt, daß wir nichts zu tun haben mit jener materialistischen Geschichtsauffassung, die jede Religiosität prinzipiell ablehnt, weil sie aus der Enge ihrer Diesseitsgebundenheit heraus die Existenz des Metaphysischen überhaupt leugnet. Denjenigen, der an nichts glaubt, halten wir nach des Reichsführers SS herzhaftem Wort für ‚überheblich, größenwahnsinnig und dumm'".[322]

Es gibt zahlreiche Äußerungen von Himmler, die in eine ähnliche Richtung gehen und sein großes Interesse für Religion, Mythologie und Esoterik bekunden. Laut Aussagen seines Arztes Felix Kersten verachtete er Parteigenossen wie Hermann Göring, die in Luxus schwelgten und Staatsgelder für ihre persönliche Bereicherung veruntreuten und stellte ihnen die auf dem SS-Dolch eingravierte Maxime „Mehr sein als scheinen" entgegen.[323] Nach Himmlers Meinung waren bereits unsere Vorfahren von der „göttlichen Ordnung dieser ganzen Erde" überzeugt, und Menschen, die an nichts glaubten, wollte er nicht in seiner Nähe dulden.[324] Daher auch seine emphatische Deutung der SS als „Orden ... nordisch bestimmter Männer", als „Adel, der ... bis in die grauesten Jahrtausende zurückgeht und der für unser Volk ewig eine Jugend darstellt."[325] Im Gegensatz zur NSDAP sah er in der Schutzstaffel eine Vereinigung, deren Aufgabe ins „Menschenzüchterische" reiche, und ordnete an, daß in den diesbezüglichen Ausbildungsstätten dem Weltanschauungsunterricht genausoviel Bedeutung beigemessen werden solle wie der militärischen Taktik.[326]

Vorbilder für diese heroisch-idealistisch verstandene Glaubensgemeinschaft ließen sich in zahlreichen historischen „Orden" suchen, so etwa bei den von Otto Rahn beschriebenen Katharern, der Gralsrunde des Königs Arthur oder sogar beim straff organisierten und durch spirituelle Exerzitien motivierten Jesuitenorden des Ignatius von Loyola. Himmler selbst hat nur einmal in einer Rede ein Vorbild ausdrücklich genannt, nämlich den Deutschen Ritterorden, der seinen Hauptsitz in der Marienburg Ostpreußens hatte, von wo aus er über Jahrhunderte mit Schwert und Glaubensinbrunst regierte: „Ich habe einen festen Willen, das, was gut war an diesem Orden, Tapferkeit, unerhörte Treue zu einer Idee, die man verehrt, Organisationsfähigkeit, Hinausreiten ins Weite und Hinausreiten nach dem Osten, das davon zu übernehmen ... Ich habe ebenso unseres Glaubensstandpunktes wegen, wie wir nunmehr nach mehr als 10 Jahren bereits beweisen können, den absoluten Willen, mit zwei damals vielleicht bedingten Fehlern ... ordentlich zu brechen. Einmal in einer für unsere Begriffe für das Germanentum falschen Lehre ... eines asiatisierten Christentums und zweitens zu brechen mit ... der Verneinung der Sippe und Verneinung der Familie."[327]

Grundbedingungen für Himmlers Ordensgedanke waren Ahnen- und Sippenkult sowie eine vorchristliche Glaubenswelt, die er – wie wir bereits sahen – vor allem in der SS-Stiftung „Ahnenerbe" erforschen ließ. Neben der Einführung von Namens-, Geburts- und Ehezeremonien sowie der Verleihung von Ehrenabzeichen wie Totenkopfring, Dolch und Degen wollte Himmler auch ein eigenes neuheidnisches Glaubenszentrum schaffen und suchte daher bereits seit 1933 nach einem geeigneten Ort: „Ich bewundere die Welt der indischen Religionsstifter, die von ihren Königen und höchsten Würdenträgern verlangten, daß sie sich jedes Jahr für zwei bis drei Monate zur Meditation in ein Kloster zurückzogen", teilte er Felix Kersten mit: „Solche Einrichtungen werden wir später auch schaffen."[328] Als ideal für solche Zwecke stellte sich die Wewelsburg bei Paderborn heraus, die am 22. September 1934 feierlich Himmler übergeben und in den nächsten Jahren zur Kult- und Schulungsstätte der SS ausgebaut wurde.

Schon allein ihre Lage paßte hervorragend in die „Mythologie" des „Schwarzen Ordens" hinein. Sie lag in der Nähe der Externsteine und jener Gegend, in der der Cheruskerfürst Arminius 9 n. Chr. ein riesiges römisches Heer vernichtend geschlagen hatte, woran das sogenannte „Hermannsdenkmal" erinnern sollte. Ferner stand sie in Verbindung mit der Sage von der „Schlacht am Birkenbaum", die Himmler bereits aus seiner Jugendzeit kannte und in der Westfalen zum Ausgangsort eines apokalyptischen Endkampfes gegen den Osten erklärt wird. Karl Maria Wiligut, der esoterische Berater des Reichsführers SS berief sich auf dieselbe Quelle und nannte die Wewelsburg deshalb ein „Bollwerk", an dem sich der zukünftige „Hunnensturm" brechen werde.[329]

Vorgesehen war ein Ort, an dem sich hohe SS-Offiziere in klösterlicher Abgeschiedenheit weiter in den „arischen" Mythos versenken sollten, um für ihre Jahrhundertaufgabe gerüstet zu sein. Eine Bibliothek enthielt 16000 Bände zur germanischen Frühgeschichte, Volkskunde, Kunst, Literatur und Mythologie, darunter allein knapp 400 Werke über die Schlacht des Arminius im Teutoburger Wald. Die Ideologie der SS sollte sich immer wieder im Gedenken an die berühmten Heroen der Vorzeit erneuern, was auch die mit Runen geschmückten Studierzimmer der Burg ausdrückten, die Namen wie „Widukind", „Heinrich der Löwe", „König Arthur" oder „Gral" trugen.[330] Mit einer eigenen Forschungsabteilung versuchte der Archäologe Wilhelm Jordan die „nationalsozialistische Weltanschauung mit den Händen ‚begreifbar' zu machen."[331] Man suchte sogar einen Astronomen für das geplante Observatorium, „damit die historische und weltanschauliche Schulung durch die kosmische Schau erweitert und vertieft wird".[332]

Ab 1939 begann die Erweiterung des Nordturmes, der von den Architekten „Mittelpunkt der Welt" genannt wurde und in den – unter Mithilfe von KZ-Häftlingen – zwei Kulträume hineingebaut wurden, über deren genaue Funktion bis heute nichts bekannt ist. Im Keller schlug man aus dem Granitfelsen einen runden, kuppelförmigen Raum heraus, der „Krypta" genannt wurde und in dem wahrscheinlich Kultfeiern zelebriert werden sollten. Genau kalkulierte Lichtschächte hüllen diese noch heute begehbare Gruft in eine geheimnisvolle, unheimliche Stimmung. In der Mitte des von zwölf Säulenpodesten umstandenen Raumes führen Stufen eine kreisförmige Vertiefung hinunter, in der noch Reste einer Gasleitung zu sehen sind. Wahrscheinlich sollte hier eine „Ewige Flamme" brennen, um die SS-Männer mit der „Ahnenseele" ihrer Vorfahren und toten Kameraden zu verbinden. Akustische Besonderheiten, die anders als in Kirchen oder sonstigen Krypten sind, schaffen eine suggestive Verstärkung von Gesprochenem und vor allem Gesungenem, die auf eine Verwendung als Ritualort schließen läßt. Es sollte ein Raum unter der Erde werden, in einem Reich, das in der germanischen Mythologie am Fuße der Weltesche Yggdrasill liegt und Kräfte der Unterwelt, des Wassers und der Urerinnerung beschwört. In welchem Zusammenhang die dort geplanten Zeremonien stehen sollten, beleuchten vielleicht Aufsätze von Germanenforschern des „Dritten Reiches", die sich mit dem Phänomen der unterirdischen Kulthöhle beschäftigten. So hatte Herman Wirth etwa von der geräumigen Grotte unterhalb der Externsteine als „Mutterhöhle" gesprochen, in der vor Urzeiten vermutlich Mysterienspiele eine Wiedergeburtserfahrung im Schoß der Erde erfahrbar gemacht hätten.[333] Der daneben liegende Steinsarg, dessen Aushöhlung Platz für einen liegenden Menschen bietet, wurde von SS-Forschern in Verbindung mit dem „Ritual einer Grablegung" gebracht, das die Einzuweihenden in die „Unterwelt" geleiten sollte.[334] Ganz ähnlich spricht Hans Christoph Schöll von einem in alter Zeit weit verbreiteten „Kult in der Höhle": „Zu der Kultstätte des alten Germaniens gehörte das Grab im unterirdischen Kultraum, dem Urbild der späteren christlichen Krypten." Schöll nennt auch andere Beispiele in Deutschland, etwa auf dem Heiligenberg bei Heidelberg, und spricht von dem „kultsymbolischen Grab" ebenfalls als „Gleichnis des dunklen Mutterschoßes", in dem die Priester der Vorzeit den Tod als Durchgangsstadium zu neuem Leben erfahren hätten.[335]

Die moderne Wissenschaft kennt zwar bislang keine Beweise für germanische Kultstätten unter der Erde, aber die Grabhügel der Stein- und Bronzezeit waren erwiesenermaßen mit einem Kult der „Großen Erdmutter" verbunden, die man als ewige Kraft auch jenseits des Todes weiterwirken sah. Nicht umsonst sind die Todesengel („Walküren") und Unterweltshüterinnen der Germanen („Hel", „Ran") weiblichen Geschlechts. Es handelt sich um mythologische Relikte aus matriarchalen Religionsformen ältester Zeit, die auch in der männerbündlerischen SS weiterzuwirken schienen.

Genau über der „Krypta" befindet sich der sogenannte „Obergruppenführersaal", der ebenfalls von zwölf Säulen umrundet wird und ein aus zwölf Sig-Runen bestehendes Bodenornament enthält, das in der heutigen rechten Szene „Schwarze Sonne" genannt wird. Im fünften Kapitel wurde bereits auf gewisse Ähnlichkeiten dieses Raumes mit dem Bayreuther „Parsifal"-Gralstempel[336] hingewiesen. Die Kreisform von Saal und Bodenornament lassen durchaus Assoziationen zum Begriff „Tafelrunde" zu. Die hinter diesem Raum stehende „Mythologie" scheint jedoch weiter gespannt zu sein. Ein Hinweis darauf ist die Zahl Zwölf, die an mehreren Stellen der Wewelsburg auftaucht und Anspielungen auf verschiedene „spirituelle" Gemeinschaften der Geschichte birgt. Auch in der Marienburg des Deutschritterordens bestand der leitende Konvent aus 12 „Rittermönchen"[337], und die „Edda" erzählt von einer Burg in der „Mitte der Welt", in der 12 Götter als Richter über das Menschenschicksal wirken.[338] In seinem „Buch der deutschen Sinnzeichen" nennt der SS-Führer Walther Blachetta das 12-speichige Rad ein „Zeichen der Vollendung"[339] : ein für die Schutzstaffel offenbar „heiliges" Symbol, das sich im germanischen Götterhimmel, in Tierkreiszeichen sowie in anderen „arischen" Ordensgemeinschaften widerspiegelte, ein Sinnbild für höhere Ordnungen, die die SS wieder auf der Erde herstellen sollte. Ob der Obergruppenführersaal zur Einstimmung in diese Aufgabe je benutzt wurde, ist ungewiß. Verbürgt ist nur eine Tagung hoher SS-Führungskräfte im Juni 1941, bei der Himmler davon sprach, „daß der Zweck des Rußlandfeldzuges die Dezimierung der slawischen Bevölkerung um dreißig Millionen sein sollte."[340]

Als darüberliegendes drittes Stockwerk war im Nordturm noch eine riesige Kuppelhalle geplant, die nur von einem Oberlicht in der Deckenspitze beleuchtet werden sollte. Von diesem Raum sind lediglich Modell-Fotos erhalten, ebenso von Entwürfen, die den Ausbau der Wewelsburg zu einem gigantischen Glaubenszentrum zeigen, das sich in konzentrischen Kreisen um die Kulträume ausdehnen sollte. Wenn man sich genauer mit der mythologischen Literatur des „Dritten Reiches" beschäftigt, weist die für den Nordturm vorgesehene Bezeichnung „Mittelpunkt der Welt" noch in eine andere, esoterische Richtung. Sowohl in der „Edda" als auch in Schriften damaliger Forscher wird als „Mittelpunkt der Welt" immer die germanische Weltesche[341] bezeichnet, deren gewaltiger Stamm von der Unterwelt in lichte Höhen der Götter reicht – das Bild einer zentralen und Stabilität verleihenden „Weltachse", die an ihrem höchsten Punkt mit dem unbeweglichen Polarstern verbunden ist. Dieses eindrucksvolle Sinnbild, das sich übrigens in der Mythologie vieler nordeuropäischer Völker wiederfindet, wurde von den Germanen immer wieder in symbolischen Handlungen beschworen, etwa in der Aufstellung von hölzernen Kultstangen („Irminsul") oder der Verehrung besonders „heiliger Bäume". Der Nordturm mit der in die Erde reichenden „Krypta" und dem nach oben hin geöffneten „Kuppelsaal" war wahrscheinlich auch als eine solche symbolische Mittelpunktsachse gedacht, die die Kräfte der „Unterwelt" mit dem Götterparadies „Asgard" verbinden sollte, um den Wewelsburg-Adepten die Erhabenheit der eigenen Mythologie anschaulich vor Augen zu führen. Die hier auszubildenden Offiziere sollten germanische Historie und Sagenwelt als unverrückbaren „Achsenpunkt" der Weltgeschichte verinnerlichen, mit tiefsten Erkenntnissen über Ahnen und Helden, Tod und Wiedergeburt, Sternenlauf und Götterweisheit, um durch solche Erkenntnisse für ihre spezielle „Mission" gerüstet zu sein.

Die Ausbaupläne der Anlage sahen Dimensionen vor, die selbst ähnliche Entwürfe für Ordensburgen der NSDAP in den Schatten gestellt hätten. Man plante riesige Gebäudekomplexe mit Wohnstätten, Vortragssälen sowie einem eigenen Flughafen und wollte sogar die umliegenden Dörfer evakuieren, um das Tal für eine Trinkwassertalsperre fluten zu können: eine Baumaßnahme von gigantischen Ausmaßen, die nach Einschätzung der Architekten 20 Jahre gedauert und 250 Millionen Reichsmark gekostet hätte. Modellfotos zeigen, daß die gesamte Anlage die Form einer Speerspitze haben sollte, deren Ende der nach Norden zeigende Turm mit den Kulträumen gewesen wäre. Eine Anspielung auf die Urheimat der „Arier" in „Atlantis", wo nach Himmlers Glaube einst göttliche Wesen auf die Erde gestiegen waren, um die „germanische Sendung" vorzubereiten?[342]

Am 2. Juli 1940 unterzeichnete Hitler einen „Erlaß des Führers und Reichskanzlers über bauliche Maßnahmen im Gebiet der Wewelsburg" und gab damit dem Chef der SS freie Hand für all seine Pläne.[343]

# 7. Krieg als „Gottesdienst"

„Die nordische Seele im Kampfe":
Germanische Kriegerethik

Mythen, Symbole und Rituale wurden im „Dritten Reich" vor allem für zwei ideologische Ziele instrumentalisiert. Sie sollten der gefühlsmäßigen Vertiefung eigener Auserwähltheit dienen und suggestive Feindbilder schüren, die zu einer bedrohlichen Gefahr für die eigene Kultur hochstilisiert wurden. Man beschwor eine idealistisch gesinnte „nordische Herrenrasse" gegen vermeintlich dekadente und materialistische „Finsternismächte" aus dem Osten und baute „Lichterdome" und „Ordensburgen", um sich dagegen zu schützen. Dieser immer schärfer werdende Dualismus fand seine logische Fortsetzung in der Glorifizierung von Krieg und Kampf, mit der die mythische Überhöhung von Geschichte schließlich zu ihrem katastrophalen Höhepunkt getrieben wurde. Wenn die Nazi-Führer vor allem in den 40er Jahren vom Krieg als „Gottesdienst", „Heldenopfer", „germanischer Sendung" oder „letztem Akt eines gewaltigen Dramas" sprachen[344], so waren dies nicht nur sprachliche Exaltationen einer größenwahnsinnigen Führungsclique. Diese Begriffe entsprachen auch dem Gefühl vieler Soldaten und SS-Männer, die in jahrelanger Erziehungsarbeit auf „germanische Werte" wie Ehre, Opferbereitschaft und Gefolgschaftstreue verpflichtet worden waren und nun Europa vor den „satanischen Weltzerstörungskräften"[345] von Bolschewismus und Judentum schützen sollten. Mit Hilfe von Literatur, Wissenschaft, Schulerziehung, Kunst und Propaganda war vor allem die Jugend unermüdlich daran erinnert worden, daß sie Nachfolger eines jahrtausendealten germanischen Kriegergeschlechts war, dessen Eigenschaften man aus den alten Mythen herauslas und umstandslos auf die Gegenwart zu übertragen suchte.

Einige Titel von Büchern und Aufsätzen aus dieser Zeit sprechen für sich: „Nordischer Geist in Kampf und Kampfspiel früher Zeit", „Die kriegerische Kultur der heidnischen Germanen", „Germanisches Kriegertum", „Die nordische Seele im Kampfe", „Nordisches Erleben im Weltkrieg", „Ritter, Tod und Teufel: Der heldische Gedanke", „Von Fehde und Krieg", „Germanisches Heldentum", „Die Waffen der Väter", „Der Krieg der Götter", „Die kriegerische Revolution" etc.[346]

„Die germanische Mythologie und Sagenwelt wird mehr als bisher in den Vordergrund rücken müssen", fordert bereits 1933 das Buch „Geschichtsunterricht im völkischen Nationalstaat". „Unsere gebildete Welt ist in der griechischen Mythologie und Sagenwelt tatsächlich besser zu Hause als in der germanischen, ein unwürdiger Zustand ... Hier ist in der neuen deutschen Schule vieles gut zu machen." Das Buch fordert die Lehrer auf, das Erbe der Vorzeit „in der lebendigen Gegenwart" spürbar zu machen und erwähnt befriedigt, wie „germanische Wehrhaftigkeit", „Gefolgschaftstreue", „Heldensinn" und „Treue" jetzt in SA, SS und Hitlerjugend wiederbelebt würden.[347] Auch der Berliner Ordinarius für Germanistik Gustav Neckel behauptet, daß der Ehrbegriff heutiger Offiziere ein „Nachkomme germanischer Ethik" sei, deren Ideale „in Heer und Feldboden" weiterlebten.[348] Neckel beschwört die vor allem aus den isländischen Sagas herausgelesenen Tugenden von Freiheitsliebe, Blutrache, Heldenmut und Opfergeist als „Wahrheiten, die zu allen Zeiten gelten", und stilisiert sie zu einer allgemeinen heroischen Lebensphilosophie „gegen das Philistertum" hoch. Er interpretiert die germanische Mythologie vereinfachend als „dualistisch und von der Idee des ewigen Kampfes bestimmt"[349] und rüstet sie so zu einer Art Vorläuferideologie des NS-Regimes um. Ebenso verfährt bereits 1920 der spätere führende Rassentheoretiker des „Dritten Reiches" H. F. K. Günther in seinem Buch „Ritter, Tod und Teufel", wenn er aus den germanischen Sagas „Geist des Angriffs" und „Kraft zum Neinsagen" herausliest, um dies einem „weibischen Zeitalter" gegenüberzustellen, das mit Schlagwörtern wie „Humanismus" und „Menschenliebe" die „heimliche Entmannung unseres Gemüts" befördere.[350]

Ebenso undifferenziert stellt der SS-Mann und Schriftsteller

Kurt Eggers die „dämonische Tatleidenschaft" der Deutschen gegen christliche „Liebeslehren", die die kriegerische Realität des Lebens und seine gottgebenen Hierarchien „forttheoretisieren" wollten.[351] „In Wirklichkeit gibt es gar keine ‚Liebe' unter den Völkern", schreibt er in seinem Buch „Die kriegerische Revolution", das in Auflagen von 500 000 Exemplaren verbreitet wurde: „Denn die Welt ist kein Garten, in dem die schmachtenden Völkerliebespaare einträchtig wandeln. In der Welt gibt es eine Achtung der starken, ehrlichen und wesensgetreuen Völker untereinander und ebenso eine Verachtung der anderen!"[352] Von Eggers und vielen anderen Autoren wird immer wieder betont, daß man den Krieg nicht aus materiellen Interessen verkläre, sondern um unter „artfeindlichen Verkrustungen" die „Ursubstanz des Volkes" wieder freizulegen und sich jenseits von „Scheinwerten" wieder auf einen „kriegerischen Lebensstil" zu besinnen, der unabtrennbar zum eigenen Erbe gehöre.[353] Daher ist das griechische Sprichwort vom „Kampf als Vater aller Dinge" für Eggers auch „urgermanisch". Die Wahrheit dieser Weisheit zeige sich bereits im Kampf des Samenkorns um Befreiung von der Kruste und im Kampf des Baumes im Wald um Licht. Auch bei den Tieren überlebe immer nur der Stärkere, worin sich das Lebensgesetz zur Entfaltung des Besten offenbare. Krieg wird als Begleiterscheinung des Wachstums und als Naturereignis verharmlost. Daher gilt als seelisch krank, wer „mit pazifistischen oder religiösen Lehren das Feuer kriegerischer Begeisterung löschen will."[354]

Dieses Feuer spüren auch andere Autoren in den Mythen der Germanen und fordern, daß es wieder entfacht werde. Gustav Neckel spricht vom „kriegerischen Idealismus unseres Altertums", der im Kampf einen Ausdruck „gesteigerten Lebens" erblickt habe, „eine Art Gottesdienst", der nicht der Befriedigung territorialer Ansprüche, sondern der Verehrung großer Ideen gedient habe. Durch das Über-sich-Hinauswachsen im Extremfall des Krieges habe der Germane eine ekstatische „Erhöhung des ganzes Seins"[355] gespürt. Unrecht zu rächen und dabei dem Tod zu begegnen sei kein barbarisches Wüten gewesen, sondern ein Dienst am hohen Ideal der „Ehre", dessen Verletzung männlich gesühnt werden mußte.

Solche Auffassungen werden nicht nur von Professoren vertreten, sondern es melden sich auch Veteranen aus dem Ersten Weltkrieg zu Wort, die mitteilen, daß sie erst an der Front das volle Verständnis der alten nordischen Sagen erlangt hätten: „Unter den Erschütterungen, die eine Schlacht der menschlichen Seele mitteilt, war uns ein Ahnen aufgegangen vom Unendlichen … Wir bekamen im Felde ein ahnendes Verständnis für das Religiöse, doch das, was sie daheim den ‚Glauben' nannten, das wich immer mehr von uns, zumindest von denen, die den Krieg im tiefsten Gemüt erlebten, und die fähig waren, dem ‚Metaphysischen' mit Ernst nachzugehen."³⁵⁶

Auch Sprachanalysen sollten beweisen, daß für die Germanen Krieg eine heilige Handlung war. Martin Ninck etwa erwähnt, daß das Wort „Töten" identisch mit einem Weiheopfer für Odin war und „Sterben" eine Heimfahrt zum höchsten Kriegsgott bedeutete. Unsere Vorfahren hätten sich für die Schlacht geschmückt und den Kampfplatz wie ein Heiligtum mit Haselruten eingezäunt, um böse Geister von dem ritterlich-männlichen Geschehen fernzuhalten. Im eingehegten Feld habe der Krieger „vor dem unmittelbaren Antlitz der Götter" gestanden und sei „in größere Schicksalsnähe" eingetreten. Freund und Feind hätten Odin gleichviel gegolten, wenn sie nur heldenhaft waren, und er habe nur die Tapfersten von beiden Seiten in sein Kriegerparadies Walhall berufen.³⁵⁷ Wegen der Heiligkeit des Kampfgeschehens habe man die Waffen mit besonderer Kunstfertigkeit geschmiedet, sie mit magischen Runen versehen und ihnen Namen wie „Feuer" und „Schreckensglanz" gegeben. Der Krieg sei „Tanz", „Spiel" oder das „Lied der Schwerter" genannt worden, und man habe das Schwirren der Pfeile mit dem Schrei des Adlers verglichen, der wegen seiner Wachsamkeit und Sonnennähe als besonders heiliges Tier galt.³⁵⁸

Vieles davon ist nicht falsch und wurde z. T. auch mit Zitaten aus den altisländischen Texten belegt. Jedoch neigte man dazu, Teilwahrheiten aus einer über 1000 Jahre vergangenen Kulturepoche zu verabsolutieren und sie umstandslos auf eine völlig anders geartete Gegenwart zu übertragen. Natürlich waren in der germanischen Zeit Ehre, Rache, Treue und Kampfbereitschaft hohe Werte, aber damit unterschieden sich unsere

Vorfahren nicht von anderen archaischen Kulturen. Auch für die Kelten, Azteken, Hunnen und die alten Kriegerkasten Spartas Indiens und Japans galten nicht christliche Demut und Barmherzigkeit, sondern eine heroische Gesinnung, die sich in Ermangelung staatlicher Ordnungen den Frieden selbst erkämpfen mußte. Versöhnungsbereitschaft zierte nur den Tapferen und war verächtlich, wo sie den Kampfesmut ersetzen sollte. Die Ehre galt als höchstes Gut, und jede ihrer Verletzungen mußte durch Vergeltung bereinigt werden, wenn man nicht den Bann der Sippe auf sich ziehen wollte. Natürlich gab es bei den heidnischen Germanen kein christliches Tötungsverbot, aber auch keine sadistische Willkür oder verfeinerte Foltermethoden wie bei der Inquisition oder in den Konzentrationslagern. Ebensowenig wurden Kriege aus nationalistischen Interessen oder Rassenwahn geführt, da man solche Begriffe zur damaligen Zeit noch gar nicht kannte. Weil das Faustrecht galt, war die Welt – wie bei allen archaischen Stammesgesellschaften – in „Freunde" und „Unfreunde" eingeteilt, was aber nicht verhinderte, gelegentlich Fremde aus Seenot zu retten oder auch Vermittlungen im Streitfall anzustreben.[359]

Die Germanenverklärung der NS-Zeit ging über solche Differenzierungen und historische Bedingtheiten meist hinweg und versuchte, im Rausch nationaler Selbsterhöhung eine Kontinuitätslinie zu einer längst vergangenen Epoche aufzubauen, die in ihren kulturellen und moralischen Werten jedoch kaum mehr etwas mit der modernen Welt zu tun hatte.

## „Drachentöter":
### Siegfried und Arminius als mythische Vorbilder

Man plünderte vor allem die altisländischen Sagas, zog aber auch mythologische Figuren heran, die man zu leuchtenden Vorbildern für die Jugend aufbaute. Hierzu zählte etwa Siegfried und sein berühmter Drachenkampf, wie er in der „Edda" und im Nibelungenlied beschrieben wird. In zahllosen Romanen, Gedichten und Abbildungen wurde er als Inbegriff des blonden, mutigen Helden beschworen, und man sprach sogar vom „Sig-

fridsinn des nordischen Menschen", in dem man eine ernstzunehmende Alternative zu Jesus Christus erblickte.[360]
„Die Erde zu erobern, das war ihr Siegfrieds-Gesang, war ihre Losung", hieß es von den Germanen bereits 1919 in dem „Versuch einer neuen Deutung des Nibelungenliedes". „Nicht ein einzelner war der Held, sondern jeder einzelne der germanischen Stammes-Gesamtheit. Das Germanentum hatte sich im Spiegel, im Bild des Siegfried selbst erkannt. Hatte die Runen, die Losung der Götter erkannt und sein sichtbares Ziel: die Herrschaft der Erde."[361]
Ein Unterrichtshandbuch von 1939 beschrieb Siegfried als ideales Vorbild für die Schule und nannte dessen Treue und Stärke Eigenschaften, die besonders Kinder an ihm lieben würden: „Dies ist eine Tatsache, die für die rassische Erziehung wichtig ist."[362] Besonders Siegfrieds Drachentötung wurde immer wieder in Liedern und Romanen besungen, ohne jedoch auf die Feinheiten des Originals einzugehen, wo der Held im Bad des Drachenblutes eine magische Vermählung mit den Kräften seines Gegners vollzieht und daraus neue Einsichten schöpft – eine eher dialektische als dualistische Sicht auf Gut und Böse, Sieger und Besiegten, die natürlich den Absichten der NS-Ideologen zuwiderlief, die eine flache patriotische Version vorzogen.

Bereits im 19. Jahrhundert hatte es Versuche gegeben, in Siegfrieds Drachenkampf eine verschlüsselte Erinnerung an die berühmte Varusschlacht zu sehen, bei der 9 n. Chr. der Cheruskerfürst Arminius ein ca. 20 000 Mann starkes römisches Heer vernichtend geschlagen hatte. Dieses Ereignis wurde in der Folgezeit zu einem Gründungsmythos für das germanische Reich hochstilisiert.[363] Ähnlich wie bei den Deutungen der Atlantissage oder der „Edda" ging man auch hier ohne jede Sensibilität für die Vieldeutigkeit mythologischer Bilder vor und versuchte durch skurrile Namensableitungen und geographische Hinweise eine Identität zwischen Siegfried und Arminius zu konstruieren. Zumindest die Kenntnis von vergleichbaren Drachenkämpfen in den Sagen anderer Völker hätte einem sagen können, daß es hier um einen allgemeinen Archetyp der Konfrontation mit dem „Ungeheuren" ging, aber die fanatischen Mythendeuter des

„Dritten Reiches" bemühten jede Spekulation, um die Dinge nach ihrem Willen festzuklopfen.
Die Schlacht des Arminius war bereits vom erwachenden Nationalbewußtsein des 19. Jahrhunderts zu einer welthistorischen Tat überhöht und in pathetischen Theaterstücken und Gemälden gefeiert worden.
1875 weihte man in Anwesenheit des deutschen Kaisers ein Denkmal für den Germanenführer ein und verlieh ihm den Namen „Hermann der Cherusker", eine ähnliche Mythenbildung, wie sie übrigens die Franzosen mit dem Gallierfürsten Vercingetorix vornahmen und bis in die heutige Zeit pflegen.[364] In den Klassenzimmern des „Dritten Reiches" hingen farbige Wandtafeln zur Schlacht im Teutoburger Wald, zu denen es im Begleittext hieß: „Das lebensvolle Bild, das in allen Einzelheiten nach bunten und zeitgenössischen Abbildungen gearbeitet ist, gibt einen selten tiefen Eindruck in jene heroische Zeit, die wie keine andere geeignet ist, unserer deutschen Jugend immer wieder als Vorbild heldischer Selbstbehauptung vor Augen geführt zu werden." Ein anderes Bild zeigte Armin bei einer Seherin: „Vor ihrem Opfertisch stehend, der von wild zerzausten Eichen überschattet wird, enthüllt sie mit prophetischem Blick dem edlen Helden die nahe Zukunft."[365]

Für NS-Historiker wie Hans Erich Stier war die Varusschlacht ein Kampf für die „Freiheit in der Weltgeschichte überhaupt", eine Art gottgewollter Krieg, in der von Arminius die „germanische Eigenart" geläutert ins Bewußtsein erhoben und „zur gestaltenden Idee" erhöht wurde.[366] Zahlreiche Romane versuchten, Arminius mit Siegfried zu einer überlebensgroßen Legende zu verschmelzen und im Drachenkampf die Bezwingung des römischen Geistes zu sehen, der Germanien seit über 2000 Jahren mit einer wesenfremden Kultur überziehe. So etwa das 1935 veröffentlichte Buch „Armin – Ein Siegfriedschicksal" von Hildegard Wiegand, das zeigt, wie suggestiv mythologische Komponenten auch in die Literatur des „Dritten Reiches" wanderten, um die Vision einer erhabenen germanischen Frühzeit entstehen zu lassen.

Der Roman beginnt an den Externsteinen in der Nacht der Wintersonnenwende, wo Priesterinnen mit dunklen Gesängen die Sonne beschwören, wieder näher an die Erde zu rücken. In dieser Nacht wird Arminius geboren: „Die Sonne leuchtete auf dem blonden Flaumhaar, groß und ungeblendet sahen die blauen Augen in das erste Licht, das sie traf … Es ist ein schweres Schicksal, als Fürstensohn geboren zu sein in der Mutternacht – es ist ein Siegel, der Ruf … Er ist ein Licht, das in der Mitternacht leuchtet – und das Dunkle hat nicht Gewalt über ihn."[367] Das „Dunkle" ist der römische Materialismus, den der Knabe bereits auf dem Hof eines Verwandten erlebt, der schon ganz den Genüssen der mittelmeerischen Welt verfallen ist und sich zwischen Luxus und Liebessklaven bewegt. Als Jung-Arminius in diese fremde Umgebung kommt, ist er irritiert: „Beide sahen sich an, beide schwiegen. Und beide wußten: Sie waren sich feind."

Der Besuch klingt noch lange nach, und der junge Held spürt seine Bestimmung: „Es gab ein Feindliches, Lautes, ein Widernatürliches, das nicht Heimat war. Das wartete draußen. Hinter dem Wall. Und einmal würde er ihm begegnen müssen."[368]

Auf dem „Sternenhof" wird Arminius gemeinsam mit anderen Knaben zum spirituellen Krieger erzogen. Die Lehrjahre bestehen aus Feldarbeit, Studien, einfachen Mahlzeiten aus Früchten, Milch, Getreide, und nachts schreitet man mit Fackeln auf die Erdwälle, um die Sternbeobachtung zu lernen: „Wie ihr Licht in wechselnden Farben leuchtete, an dem sie zu erkennen waren – wie jene Farben zueinander und zur Erde klangen, wie ihre Kraft verschiedenartig niederströmte zu den Menschen".[369]

Arminius, der im Roman immer auch Züge von Siegfried trägt, erhält den Auftrag, nach Rom zu gehen, um den Geist des Feindes zu studieren. Dazu schmiedet er sich sein eigenes Schwert und begegnet der Walküre „Barunhild", die ihm fortan als weibliches Engelswesen hilfreich zur Seite steht. In einer unterirdischen Kulthöhle, die an die Grotten der Externsteine oder die Krypta der Wewelsburg erinnert, wird er von zwölf weißgekleideten Männern in seinen heiligen Auftrag eingeweiht: „Lautlos brannte das Feuer, unendliche, wartende Stille lag über dem Raum." Von seinem spirituellen Meister wird Arminius ermahnt, sich in Rom nicht von „Glanz und Schmeichelreden" täuschen zu lassen, sondern den Gegner genau kennenzulernen, um ihn dann besser bezwingen zu können.[370] In Rom trifft er auf ein blindes Mädchen, das seine stille Begleiterin wird. Durch ihre fehlende Sehkraft ist sie nicht geblendet vom oberflächlichen Schein der dekadenten Metropole und hört dem jungen Germanen fasziniert zu, wenn er von den Sagen und Mysterien seiner Heimat erzählt.

In einem Tempel erfährt dieser die ganze Kälte und Wucht des feindlichen Geistes: „Die verzierten Säulen, die blitzend goldenen Gefäße, die Bilder aus Erz oder Elfenbein waren tot und kalt... Er fühlte es deutlich: Nichts lebte in diesem Tempel. Das Nichts war es, das den Atem benahm. Es war kein Dämon, es war eine saugende Leere, grauenhafter, tötlicher als das entsetzlichste Wesen ... alles verschlingend brütet in ihm der Drache der Finsternis."[371]

Zu Hause am Grab des Vaters, das zwischen Eichen auf einem Hügel steht, holt sich Arminius neue Kraft: „Er warf sich nieder, diese Erde an seinem Leib zu spüren ... Ihm klang keine Stimme aus der Tiefe zurück, aber er spürte die Kraft und die leise Wärme der Erde wie unendliche Güte, wie väterlich liebreiches Tragen ... Er trat sein Erbe an. Im Tun, im Beschützen der Heimat würde er dem Vater wieder begegnen."[372]

Mit den im römischen Heer erworbenen strategischen Kenntnissen vereint er die vielen germanischen Stämme zu einem schlagkräftigen Heer, und es gelingt ihm schließlich, den in die Heimat einbrechenden römischen „Drachen" zu vernichten. Als ein betrunkener Jüngling nach der Schlacht Varus' Leiche vor Arminius' Füße zerrt, schlägt dieser dem verhaßten Gegner mit einem Schwerthieb den Kopf ab: „Jetzt erst, durch diese symbolische Handlung, erkannten sie ganz, daß das Haupt des römischen Drachen zerspalten am Boden lag. Dieses grausige Priesteramt verrichtete er kraft der Urgewalt seines aufrauschenden Blutes, Symbol war es, Befreiung zugleich."[373]

## „Die letzte Schlacht": Heldenopfer und Apokalypse

Auch wenn in den letzten Kriegsjahren germanische Mythen nur noch selten direkt in der Propaganda auftauchten, so hatten deren suggestive Bilder bereits vorher „germanischen Kampfgeist" geschürt und das Gefühl nationaler und rassischer Auserwähltheit verstärkt. Entscheidend war die durch Mythologie bewirkte Erhöhung des Krieges zu einer heiligen Handlung, die materialistische und dämonische Kräfte von einer als bedroht empfundenen Heimat abwenden sollte. Neben der Beschwörung heldischer Vorbilder wurden vor allem Begriffe wie „Opferbereitschaft" mystisch aufgeladen, und man versprach den mutigen Kriegern ein „Ewiges Leben" in der Ruhmeshalle ihrer toten Ahnen und Kameraden. Auch dabei konnte man auf Elemente aus der germanischen Sagenwelt zurückgreifen, die tatsächlich von einem Paradies spricht, in das die Gefallenen von weiblichen Engelsgestalten – den „Walküren" – geleitet werden. Der Tod auf dem Schlachtfeld wurde als tröstlich beschrieben, weil man von den Armen der weiblichen Sippengeister aufgenommen werde. Es sei eine Ehre, in dieser Weise von den göttlichen Wesen erkoren zu werden.[374]

Das Magazin „Nordland" brachte im November 1938 ein ganzes Heft über germanischen Wiedergeburtsglauben heraus und versuchte ihn in den Dienst ideologischer Aufrüstung zu stellen. Erst heute, so hieß es, sei man mithilfe der Forschung wieder auf diese tiefen „Wurzeln unseres Seins" gestoßen, die aber das Volk über Jahrtausende in seiner Erinnerung bewahrt habe.[375] Als Beispiel wurden neben dem Walhall-Mythos auch die um den Kyffhäuser und Untersberg kursierenden Sagen vom „König im Berge" genannt, der waffengeschmückt mit seinen Kriegern darauf warte, seinem Volk in Notzeiten zu Hilfe zu eilen. Ähnlich versuchte man in den „SS-Leitheften" mit Beispielen aus Märchen zu belegen, daß sich die Germanen den Tod nie – wie die Christen – als furchterregenden Sensenmann, sondern als freundlichen Führer in eine andere Welt vorgestellt hätten.[376]

Im „Schwarzen Korps" sprach man von einer „Hauchseele", die der Wind nach dem Tod in ein jenseitiges Paradies trage[377] und verklärte in Gedichten „Walhall" zum Sehnsuchtsort jedes Soldaten. Wie ein Adler fliege man nach dem Tod zur Sonne empor, um in Walhall in nie mehr sinkendem Licht mit anderen Helden zu wandeln.[378]

Bezüglich ihres Unsterblichkeitsglaubens fühlte sich vor allem die SS in unmittelbarer Nähe zur alten Kriegerkultur

Japans, die man in zahlreichen Artikeln rühmte. Schon bei den Samurai habe ein enger Zusammenhang zwischen Todeskühnheit und „unerschütterlichem Jenseitsglauben" bestanden, „der einer lichten Zukunft in einer besseren Welt so gewiß ist, daß er unbedenklich das irdische Leben jederzeit aufzugeben bereit ist."[379] Besonders beeindruckend fand man Berichte der Kamikaze-Piloten, die ihr Sterben mit dem Fallen der Kirschblüten im Herbst verglichen: „Wie die Kirschblüte kommt und vergeht, so kommt und vergeht auch die Jugend Japans, aber Japan lebt durch die Jahrtausende." Die sich im Sturzflug opfernden Piloten spürten im Fallen „das heilige Heimweh zum Ewigen" und gewönnen selbst im Untergang noch „eine überreiche Ernte". „Männer, ganz Wille und Vernichtung, stürzen sich, wie in unendlicher Liebe vereint mit den todbringenden Geschöpfen der Technik, auf die empfindlichsten Stellen der feindlichen Schiffe und bohren sie, sich selbst mit vernichtend, im Einschlag der Bomben auf den Grund des Meeres."[380]

Auch Hitler und Himmler benutzten den Topos vom Kriegerparadies „Walhall" gelegentlich in öffentlichen Reden[381], und es ist belegbar, daß beide von „Opfergeist" und „Ewigem Leben" nicht nur aus Propagandazwecken sprachen, sondern vom Weiterleben der Seele nach dem Tode überzeugt waren. Bereits in „Mein Kampf" hatte Hitler geschrieben, daß man sich eine „arische" Religion nicht vorstellen könne, der die Überzeugung des Fortlebens nach dem Tode in irgendeiner Form mangele[382], und er interessierte sich für das Buch „Tod und Unsterblichkeit im Weltbild indogermanischer Denker" des „Ahnenerbe"-Präsidenten Walther Wüst.[383] Hitler rühmte an seinen SS-Divisionen, daß sie vollständig kirchenlos seien und doch mit der größten Seelenruhe sterben könnten[384] – eine mögliche Anspielung des Diktators, der sich auch einmal als „Heide" bezeichnete[385], auf eine vorchristlich-germanische Jenseitsvorstellung.

Vor allem Himmler mit seinem Hang zu Okkultismus und Esoterik war von solchen Dingen überzeugt und versuchte immer wieder, sie seiner Truppe zu vermitteln: „Die Indogermanen glauben an die Wiedergeburt. Mit einem Leben ist das Leben nicht zu Ende", teilte er seinem Arzt Felix Kersten mit[386] und verkündete bei einer Trauerrede für den SS-Brigadeführer Julius Schreck: „Wir wissen es, wir alle treffen uns an einem Ort, in einem Gedanken, in einem Kampf wieder, wo wir auch in dem großen Weltall des Herrgotts sein mögen. Und so, wie wir kämpfen, dienst du droben in Walhall für deinen Führer, für die Bewegung und für Deutschland."[387]

Das Buch „Irdische Unsterblichkeit. Germanischer Glaube an die Wiederverkörperung in der Sippe" von K. A. Eckhardt gefiel dem Reichsführer SS so gut, daß er 20 000 Exemplare davon für die SS bestellte. Die darin vertretenen Thesen seien wahr, weil jahrtausendelang mündlich überliefert und daher von größerem Wert als ein rein wissenschaftlicher Wahrheitsbegriff.[388] Himmler glaubte sogar, selbst die Wiederverkörperung von König Heinrich I. zu sein, dessen Grabmal im Quedlinburger Dom er jedes Jahr besuchte und um Mitternacht in der Krypta einsame Zwiesprache mit dem Geist seiner früheren Inkarnation hielt.[389]

Wie stark auch andere hohe SS-Führer an die Walhall-Mythologie und das Weiterleben der Seele nach dem Tode glaubten, bezeugt der Ausspruch des Geschäftsführers des „Ahnenerbes" Wolfram Sievers vor seiner Exekution in Nürnberg: „Ich habe mir immer gewünscht, für das Reich der Himmlischen zu fallen ... Ob ich etwas von meiner Unschuld vor der Anklage sage? Nein; das versteht sich von selbst; und ich begebe mich damit nur auf die Ebene der Anderen. Ich werde die Heimat grüßen, deine und meine und der Unseren Heimat: das Reich der Götter, das schon auf mich wartet, und ich werde in Gottes Namen meinen Weg dorthin antreten."[390]

Wenn auch nicht jeder SS-Mann und Wehrmachtssoldat an solche Vorstellungen glaubte, so war doch die Sprache des „Dritten Reiches" durchtränkt mit Begriffen wie „Opfer", „Ewigkeit" und „Unsterblichkeit", die den Tod für das Vaterland zu einem erhebenden, quasi spirituellen Ereignis hochstilisierten.

„Ewige Flammen" brannten auf unzähligen Altären und Heldengedenkstätten des Reiches, und der „Edda"-Spruch „Ewig lebt der Toten Tatenruhm" zierte viele NSDAP-Ordensburgen und SS-Junkerschulen, in denen man lernen sollte, „den Tod zu geben und zu empfangen".[391]

Bei den Festlichkeiten zum 1000. Todestages König Heinrichs I. in Quedlinburg sprach der „Völkische Beobachter" von einer „Feier deutscher Unsterblichkeit" und beschwor das unzerstörbare Leben der Ahnenseele, das über den Einzelnen hinaus ins Ewige greife. Bei der Hinfahrt zu der Veranstaltung hatte ein Verkehrsunfall einige SS-Männer das Leben gekostet, was sogleich propagandistisch ausgeschlachtet wurde: „Vor unseren Augen steht dieses Bild der vier schlafenden Soldaten, und unsere Gedanken sind bei den letzten Dingen von Leben und Tod, und all diese Fragen sollen schon wenige Stunden später eine tiefe Antwort haben im festlichen Quedlinburg, das in all seiner echten und wahren Feierlichkeit Ausdruck unseres neuen und doch so uralten Mythus vom ewigen Leben ist ... Und zum äußeren Zeichen, daß die Kette niemals reißen möge von Heinrich, der den Grund des Reiches legte aus arteigener Stärke, über uns, die wir aus gleicher Quelle die Kraft fanden, ihn zu beerben, zur kommenden Generation, die ein neues Jahrtausend einleitet, weiht der Jugendführer des Deutschen Reiches hier die Fahnen der Kommenden."[392]

Bei den großen Propaganda-Anstrengungen gegen Kriegsende traten zu der Beschwörung von „Opfergeist" und „Ewigem Leben" noch apokalyptische Bilder hinzu, die man der „Edda", dem Nibelungenlied und der Bibel entnahm, um den „tiefen und letzten Sinn des Krieges"[393] zu verdeutlichen und zusätzliche Reserven zu mobilisieren. Auch dies ging z. T. bis in die Pädagogik hinein. In einem Handbuch für den Religionsunterricht wurde auf die symbolische Wichtigkeit des „Ragnarök" in der „Edda" hingewiesen, wo die Götter in eine finale Entscheidungsschlacht gegen Riesen und Ungeheuer ziehen. Blutrünstige Wölfe reißen sich dort von ihren Ketten los und verschlingen Sonne und Sterne, Feuerdämonen rücken von Süden heran, und auf gewaltigen Meereswogen naht die Midgardschlange, die für die Germanen Chaos und Zerstörung bedeutete. Die Kinder – so hieß es in der Schrift – sollten sich zu Hause von Vätern und Brüdern erzählen lassen, was Durchhalten im Krieg bedeute und wie seelenstärkend tapferes Ausharren bis zum bitteren Schluß sei.[394]

Ähnlich reagiert Hermann Göring nach dem Desaster von

Stalingrad, indem er sich auf das Nibelungenlied beruft. So wie die Helden darin bis zum letzten Atemzug gerungen und sogar ihren Durst mit dem eigenen Blut gelöscht hätten, so sei in Stalingrad auch gekämpft und letztlich doch der entscheidende Schritt zum Endsieg gesetzt worden.[395] Göring bekennt sich zum festen Glauben daran, daß die nordisch-germanische Rasse von der Vorsehung zur Trägerin der höchsten Kultur- und Menschenwerte auserwählt sei, und beschwört noch einmal die siegreiche Kraft des Hakenkreuzes, das „Zeichen unserer Ahnen". Es bestünde nicht der geringste Zweifel daran, daß die deutsche Armee mit den ersten Sonnentagen wieder aus dem „eisigen Bann" Rußlands aufsteigen werde.[396]

Siegfried gegen den Drachen, Götter gegen Dämonen, germanische Sonnenkraft gegen das ewige Eis Rußlands: In einem letzten Aufgebot reihen sich alle NS-Organe in diesen apokalyptischen Tonfall ein und führen damit Hitlers Endzeitvision aus „Mein Kampf" fort, wo davon die Rede war, daß der Untergang des „Ariers" „auf diesen Erdball wieder die dunklen Schleier einer kulturlosen Zeit senken" werde.[397]

Mit religiös angehauchten Begriffen wie „Ewigkeit" und „Glaube an die germanische Sendung" werden Offiziere von Himmler beschworen[398]. Für Göring ist Deutschland der Garant für das europäische Schicksal gegen den alttestamentlichen Haß der Juden, der sich ohne Abwehr „bestialisch" im deutschen Volke austoben würde.[399] Frontzeitungen zitieren alte westfälische Sagen, in denen von der letzten Schlacht des Ostens gegen den Westen die Rede ist.[400] Der „Völkische Beobachter" spricht von einer gigantischen Auseinandersetzung der „Kräfte des Lichtes ... mit den Mächten der finstersten Judenherrschaft"[401], und Goebbels fordert die Soldaten auf, in den Krieg zu ziehen „wie in einen Gottesdienst".[402] Noch am 19. April 1945 beschwört der Propagandaminister in einer letzten Rundfunkansprache den Beistand Gottes gegen das „internationale Judentum" und sein „satanisches Werk der Zerstörung", das die glänzendste Kultur dieser Erde in Trümmer gelegt habe. Gott dürfe dies nicht zulassen und müsse Luzifer wieder zurück in den Abgrund stoßen. Ein Mann von wahrhaft säkularer Größe werde dabei sein Werkzeug sein.[403]

Dieses „Werkzeug" war zu jenem Zeitpunkt bereits ein gebrochener Mann, der sich kaum mehr in der Öffentlichkeit zeigte, weil er wußte, daß der „göttliche Funke" des „Ariers" die Erde nicht erleuchtet, sondern in einen riesigen Weltenbrand versetzt hatte. Am 12. April 1945 – zwei Wochen vor seinem Selbstmord – besucht Hitler gemeinsam mit Albert Speer und Karl Dönitz noch einmal die schon halb zerstörte Berliner Philharmonie, wo unter anderem das Finale aus Wagners „Götterdämmerung" gespielt wird.[404] Die gewaltigen Klänge der Schlußsteigerung, in der Siegfried auf einem Scheiterhaufen verbrennt, müssen durch die Bombenlöcher des Konzertsaales über das gesamte Trümmerfeld des Potsdamer Platzes geschallt sein.

Die letzten Zeilen im Textbuch der Oper lauten:

„Sogleich steigt prasselnd der Brand hoch auf, so daß das Feuer den ganzen Raum vor der Halle erfüllt, und diese selbst schon zu ergreifen scheint ... Der Rhein ist vom Ufer her mächtig angeschwollen und wälzt seine Flut über die Brandstätte bis an die Schwelle der Halle ... Am Himmel bricht zugleich von fern her eine, dem Nordlicht ähnliche, rötliche Glut aus, die sich immer weiter und stärker verbreitet. – Die Männer und Frauen schauen in sprachloser Erschütterung dem Vorgange und der Erscheinung zu. Der Vorhang fällt."[405]

*Helena Blavatsky*
*(1831-1891)*

*Jörg Lanz von Liebenfels*
*(1874-1954)*

*Guido von List*
*(1848-1919)*

*Rudolf von Sebottendorff*
*(1875-1945)*

Vier Esoteriker, die den Mythos einer überlegenen „arischen Urrasse" im hohen Norden mitprägten.

*Mondeinstürze, Sintfluten und prähistorische Kulturen:
die „Welteislehre" des Hanns Hörbiger (1860-1931)*

*Herman Wirth*
*(1885-1981)*

*Karl Maria Wiligut*
*(1866-1946)*

*Karl Theodor Weigel*
*(1892-1953)*

*Otto Rahn*
*(1904-1939)*

*Mythen- und Symbolforscher der SS, die sich mit „Thule", „Atlantis", Runen und dem „Heiligen Gral" beschäftigten.*

*Hünengrab und Externsteine
als angebliche Beweise einer „germanischen Urreligion"*

In dem Film „Germanen gegen Pharaonen" wurde auch Stonehenge zu einer „germanischen Kultstätte" erklärt.

Das von Stonehenge inspirierte „Reichsehrenmal" Tannenberg in Ostpreußen.

*Lichterdom und aus Fackeln gebildetes Hakenkreuz bei Massenveranstaltungen des „Dritten Reiches".*

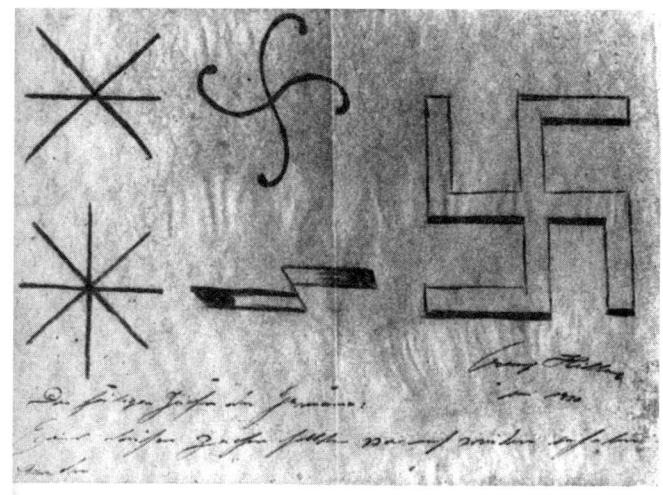

Skizzen von Hitler 1920:
„Die heiligen Zeichen der Germanen.
Eines dieser Zeichen sollte von uns
wieder erhoben werden."

Schulwandbild „Das Hakenkreuz in fünf Jahrtausenden".

Runenkunde im weltanschaulichen Unterricht der SS.

*„Der Schöpfergeist muß siegen"*

*„Sei eins mit Gott, dem Ewigen"*

*„Deines Geistes Kraft macht dich frei"*

*„Umhege das All in dir und du wirst das All beherrschen"*

Der Totenkopfring der SS mit „Runen-Sinnsprüchen"

*Die „Gralsburg" Montségur: ein Forschungsobjekt der SS*

*Hitler als „Gralsritter" 1936*

Die Wewelsburg: Kult- und Schulungsstätte der SS

Ausbaupläne für die Zeit nach dem „Endsieg"

Die „Krypta" der Wewelsburg: heimlicher Wallfahrtsort
für okkulte Gruppen der rechten Szene

Der „Obergruppenführersaal" der Wewelsburg
mit dem Bodenornament der „Schwarzen Sonne"

Die „Schwarze Sonne" in Publikationen
der rechten und neuheidnischen Szene

Werbebroschüre des „Nation-Europa"-Versandes

*Aus der Zeitschrift „Elemente"
des „Thule-Seminars" Kassel*

Aus der Schriftenreihe „Sol Invictus"

# 8. „Schwarze Sonne":
# NS-Esoterik nach 1945

Der todbringende Weltherrschaftswahn der Nazis wäre nicht ohne eine mystisch verklärende Ideologie möglich gewesen, die in der nordischen Rasse die älteste und überlegenste der Erde sah. Willkürliche Ausdeutungen von Mythen, Symbolen und Kultstätten halfen dabei, ein besonders erhabenes „arisch-germanisches" Urvolk zu konstruieren, das eine erste Hochkultur in Nordeuropa begründet haben soll, um dann alle anderen Zivilisationen der Erde mitzubegründen. Etliche leitende Persönlichkeiten des „Dritten Reiches" waren in diesen Mythos bereits durch völkische Gruppen ihrer Jugendzeit eingeführt worden oder hatten diesbezügliche Schriften gelesen. Während der nationalsozialistischen Ära wurden diese Ideen dann durch Propaganda, Literatur und Erziehung zusätzlich in weite Teile der Bevölkerung getragen. Die vermeintliche Heils- und Sonnensymbolik dieser „Ur-Arier" floß in Form von Runen und Hakenkreuz in den Alltag ein und diente nicht nur als Zier, sondern half bei der Untermauerung des Glaubens an eine jahrtausendealte religiöse Tradition des Nordens. Vor allem die SS kümmerte sich mit archäologischen Untersuchungen, Mythenforschung und Expeditionen um die „wissenschaftliche" Sicherung dieses „Ahnenerbes". Während Himmler sich speziell für die Germanen interessierte und ihre Religion für seinen SS-Orden zu reaktivieren versuchte, verband Hitler seine Faszination für die nordische Urzeit mit eher modernen Repräsentationsformen. Zusammen mit Albert Speer schuf er riesige kultische Monumentalbauten für die künftige Welthauptstadt „Germania", in denen sich die Deutschen an ihre besondere Mission erinnern sollten, die nach seiner Meinung bereits seit Jahrtausenden bestand und in ein weiteres „Tausendjähriges Reich" führen sollte.

Der vermeintliche „Lichtbringer"-Auftrag der eigenen Rasse wurde in gigantischen Massenspektakeln zelebriert, bei denen die Kraft von Lichterdomen, Sonnenwendfeuern und aus Fackeln gebildeten Hakenkreuzen gegen die „jüdisch-bolschewistische Finsternis" beschworen wurde und ein ganzes Volk in einem rituellen Akt seine „Wiedergeburt" feierte. Mythische Vorzeithelden wie Siegfried und Arminius nährten bereits die Phantasie der Jugend und schufen das Vorbild eines starken, guten und blauäugigen Helden, der in der Lage war, jede Bedrohung vom Vaterland fernzuhalten. Der schließlich eintretende Krieg wurde nicht nur als notwendige Erweiterung des Lebensraumes legitimiert, sondern als „germanische Sendung" und „Gottesdienst", mit dem sich ein uraltes Kulturvolk gegen vermeintlich slawische Barbarei und jüdisch-christliche Anmaßung zur Wehr setzen müsse. Am Ende stand jedoch nicht der Einzug nach „Walhall", sondern die fast völlige Ausrottung der europäischen Juden, Millionen von gefallenen Soldaten und ein Ausmaß von Zerstörung, wie es bisher in der Geschichte noch nicht dagewesen war.

Die Hauptvollstrecker des „arischen Mythos" entzogen sich der Verantwortung durch Flucht oder Selbstmord, und die Prozesse der Alliierten verzichteten weitgehend auf eine Analyse des „spirituellen" Hintergrundes der NS-Ideologie. Sie konzentrierten sich auf die Untersuchung von Opferzahlen und Praktiken des Massenmordes. Airey Neave, einer der englischen Ankläger in Nürnberg, begründete einmal, warum man dort die mythologischen Hintergründe des „Dritten Reiches" bewußt ausgeklammert hatte: „Wenn wir die harte Evidenz solcher Dinge im Gerichtssaal vorgebracht hätten, wäre dies von der Verteidigung unzweifelhaft benutzt worden, um ihre Klienten als geisteskrank hinzustellen. Die Kriegsverbrecher wären aufgrund von verminderter Zurechnungsfähigkeit entlastet worden."[406]

Die Mythen von „Thule" und „Atlantis", Hörbigers „Welteislehre" oder die z. T. bizarren Erforschungen germanischer Sagen, Symbole und Kultstätten paßten weder in die juristische Atmosphäre des Nürnberger Tribunals noch in die nüchternen Nachkriegsversuche, die deutsche Katastrophe an Hand von politischen, historischen und ökonomischen Fakten aufzuarbeiten.

Vielleicht war das Grauen noch zu nah, und man mußte sich mit strenger Rationalität gegen seine irrationalen Komponenten schützen. Vielleicht war aber auch das methodische Rüstzeug der Historiker zu eng für den mythisch-phantastischen Hintergrund der NS-Ideologie, oder man fürchtete das Faszinierend-Suggestive seiner Bilderwelt. Inzwischen aber sind über 50 Jahre vergangen, und die Beschäftigung mit diesen Themen bekommt aus verschiedenen Gründen eine immer größere Bedeutung. Zum einen hilft sie, die Begeisterung besser zu verstehen, die die Nationalsozialisten im Gefühlsleben vieler Deutscher entfachten. Zum anderen zeigt sie ganz allgemein, welche Kräfte Mythen im Bereich der politischen Ideologie entfesseln können. Dies zu wissen, dürfte in einem Zeitalter wichtig sein, da im hohen Ton religiöser Auserwähltheit wieder Völkermorde begangen werden und fanatische Sekten sowie fundamentalistische Religionsgemeinschaften immer mehr Anhänger gewinnen.[407] Denn Geschichte scheint nicht nur aus Zahlen und Fakten zu bestehen, sondern auch aus den dahinterstehenden Ideen, Phantasien, Wertvorstellungen und Glaubensannahmen, die zwar schwieriger zu „verifizieren" sind, aber die eigentlich mächtigen Impulse und Antriebskräfte darstellen. Darüber hinaus ist festzustellen, daß der mythologische Hintergrund des Nationalsozialismus mit Kriegsende keineswegs zu Ende ging, sondern in einem weitgehend unbeachteten Untergrund weiterlebte, der damit seiner Ideologie „geistige Tiefenbegründung" zu geben versucht. Legenden von ehemaligen „arischen Hochkulturen" sowie die Verklärung von Runen, Hakenkreuzen und Kultstätten zu erhabenen Zeichen einer nordischen „Urreligion" füllen Dutzende von Büchern, Zeitschriften, Videos und Internet-Seiten. Ehemalige NS-Kultstätten wie die Wewelsburg und die Externsteine fungieren als Pilgerstätten für Neuheiden, Neo-Nazis und rechte Okkultisten, die immer wieder dorthin reisen, um sich von der Aura dieser Orte bezaubern zu lassen. So bietet ein Reiseveranstalter aus Dresden im Internet ein „Germanisches Wochenende" an, das u. a. einen Besuch der Wewelsburg vorsieht, in der – laut Werbebroschüre – „Himmler und die kämpfenden Mönche seines Schwarzen Ordens ein eigenes Gralsmysterium" pflegten und „geistige Exerzitien" abhielten.[408]

Eine Dark-Metal-Gruppe aus Sachsen-Anhalt mit dem Namen „Voice of Blood" besingt auf ihrer mit dem SS-Dolch geschmückten Single „Eine Nacht auf der Wewelsburg"[409], und in der „Krypta" von Himmlers Burg wurde sogar schon mehrfach nachts von dubiosen okkulten Gruppen eingebrochen. Danach fand das Museumspersonal auf den Säulenpodesten weiße, mit Runen bestickte Tücher, die auf eine Verwendung des Raumes für „Schwarze Messen" oder „germanische Initiationsrituale" schließen lassen.[410]

Vor allem aber ist das runde Bodenornament des Obergruppenführersaals als „Schwarze Sonne" zum esoterischen Hauptsymbol der neuen rechten Szene geworden. Es taucht auf Anstecknadeln, Armbanduhren und CD-Covern auf, ziert Verlagsbroschüren, Liedertexte, Roman- und Zeitschriftentitel sowie das „Thule"-Netzwerk im Internet, wo Neonazis seit 1992 relativ ungestört miteinander kommunizieren können. So findet man es etwa in der Zeitschrift „Elemente" des Kasseler „Thule"-Seminars, das sich als „Forschungs- und Lehrgemeinschaft für die indoeuropäische Kultur" definiert. Man sieht dort die „Schwarze Sonne" als Schildschmuck eines martialischen Kriegers, der mit erhobenem Schwert vermutlich einen der Programmpunkte dieses Vereins symbolisieren soll; den Kampf für eine „neue Geburt Europas" gegen den „Holocaust der Völker auf dem Altar des Multirassischen".[411]

Eine ähnliche Synthese von Heldenpathos und „Schwarzer Sonne" ist in der neuheidnischen Schriftenreihe „Sol invictus" zu beobachten, wo zwei düstere Rittergestalten wie Wachtposten unter dem 12speichigen Rad stehen, dessen „unsichtbare Macht" in einem dazugehörigen Gedicht gegen die Kräfte von Finsternis, Kälte und Schmerz angerufen wird: „Das Dunkel hat uns nicht verschlungen, wir haben uns emporgerungen. Die Kinder der Sonne, wenn sie uns sehen, werden die Worte von Feuer verstehen!"[412]

In einem Werbeprospekt des rechten „Nation-Europa"-Verlages heißt es schließlich beschwörend: „Was bedeutet die Schwarze-Sonne-Bodenornamentik der sagenumwobenen Wewelsburg? Das uralte Zeichen der Schwarzen Sonne ist zum mystischen Symbol einer Geisteshaltung geworden. Erstmals ist es als Erkennungszeichen geistesverwandter Zeitgenossen erhältlich: als Anstecker oder als Uhr, erkennbar nur für Eingeweihte."[413] In dieser Anzeige wird auch für ein Kultbuch der rechten Szene geworben, das 1991 die willkürliche Verknüpfung von Wewelsburg-Ornament und „Schwarzer Sonne" vornahm: Der schlecht geschriebene und ungenau recherchierte Roman „Die schwarze Sonne von Tashi Lhunpo" von Russell McCloud, der die SS zu einem mystischen Orden hochstilisiert, der nur das Beste für die Rettung des Abendlandes gegen Freimaurerei und US-Kapitalismus gewollt habe. Ein Journalist trifft in Tibet einen 91jährigen ehemaligen SS-Führer, der ihn in den wahren Auftrag der Schutzstaffel einweiht. Vor 12000 Jahren sei in Thule eine überlegene Hochkultur untergegangen, deren Überlebende in andere Weltteile geflohen seien, wo niedrigere Völker sie als Götter verehrt hätten. Dabei sei eine Spaltung der Thuleaner erfolgt: Die einen (die Anhänger von „Schamballah") seien dem Rausch der Macht erlegen und hätten ihre Untergebenen wie Tiere behandelt, während die anderen (die Anhänger von „Agarthi") die Menschen in ihr göttliches Wissen eingeweiht hätten, um sie höher zu entwickeln.[414]

Aus dem Machtkampf dieser beiden Gruppen resultiere die gesamte Weltgeschichte. Auch Hitler und die SS seien insgeheim Jünger „Agarthis" gewesen, mit der Absicht, die Welt von den dunklen Kräften „Schamballahs" zu befreien. Nachdem der Kriegsausgang für Deutschland ungewiß wurde, habe man in der Wewelsburg noch eine letzte SS-Elitetruppe in dieses Mysterium eingeweiht und hinaus in die Welt (u. a. Tibet) geschickt, um zu späterer Zeit den „Agarthi"-Auftrag im Zeichen der „Schwarzen Sonne" wieder aufzunehmen. Der Roman beschreibt, wie sich diese „Eingeweihten" in unseren Tagen unter Leitung des SS-Veterans wieder in der Gruft der Wewelsburg treffen, um sich erneut spirituell gegen unheilvolle Kräfte zu rüsten,[415] die jedoch – wohl aus taktischen Gründen – nicht mit den Juden, sondern mit der internationalen Freimaurerei identifiziert werden. Hierbei spielt das Bodenornament der Wewelsburg als „Schwarze Sonne" eine entscheidende Rolle und wird als Erinnerungszeichen an die einstige und vermeintlich überlegene Thule-Kultur des Nordens verwendet.

Obwohl diese Identifikation durch nichts zu belegen ist, hat sie in der rechten Szene für Aufsehen gesorgt und dazu geführt, daß das 12speichige Wewelsburger Sonnenrad jetzt überall als „Schwarze Sonne" verwendet und verklärt wird. Vermutlich war man dankbar, daß man endlich ein griffiges und geheimnisvolles Emblem in die Hand bekam, mit dem man nun die eigenen Traktate, Zeitschriften und CDs schmücken kann. Trotz der Willkür dieser Zuordnung geistert gleichwohl die Metapher der „Schwarzen Sonne" schon seit Jahrzehnten durch die rechte Szene und scheint ihre Aura gerade daraus zu beziehen, daß keiner so genau weiß, was damit gemeint ist.

### Der Mythos der „Schwarzen Sonne"

Vermutlich geht der Begriff „Schwarze Sonne" u. a. auf einen Terminus der Helena Blavatsky zurück, die 1901 in ihrer „Geheimlehre" mehrfach von einer „Zentralsonne" spricht, mit der sie einen unsichtbaren Mittelpunkt im Universum meint, um den herum alle anderen Sonnen und Planetensysteme kreisen.[416] Dieser Ursprung und Brennpunkt allen Daseins wird auch „schöpferisches Licht" oder „Zentrum der universalen Lebenselektrizität" genannt und bezeichnet wohl eine spirituelle Auffassung dessen, was die moderne Physik „Urknall" nennt: eine Art energiegeladene Finsternis am Anfang aller Dinge, wie etwa das „Atman-Brahman" der indischen Kosmologie, das stille Atmen einer unsichtbaren „Weltseele" vor aller Schöpfung, aus deren Lufthauch allmählich der materielle Kosmos entsteht. Wichtig ist die Bemerkung der Blavatsky, daß dieses Symbol zwar als „schwarzes Licht" auch in der jüdischen Kabbala auftauche, aber seinen eigentlichen Ursprung „bei den geheimen Lehren der Arier" habe.[417] Da sie an anderer Stelle den Ursprung der „Arier" im hohen Norden ansiedelt,[418] wird das Mysterium der „Zentralsonne" auf diese Weise unwillkürlich mit dem von ihr als „hyperboreische Rasse" beschriebenen legendären polaren Urvolk verbunden.[419] Diesen Gedanken nehmen völkisch-theosophische Autoren auf und spinnen ihn weiter. Zuerst Guido von List, der 1910 von einem unsichtbaren „Urfeuer" spricht, das als zentrale Gottesvorstellung der „Ario-Germanen" den Anfang aller kosmischen Entwicklung bezeichne[420] – eine willkürliche Übertragung indisch-theosophischer Vorstellungen in den Bereich der germanischen Mythologie. Der Esoteriker Peryt Shou nennt die „Zentralsonne" einen „Evolutionskern" aus rein geistigem Licht, der in diametralem Gegensatz zur materialistischen Auffassung von Kant und Laplace stehe, nach der die Welt sich aus einem rotierenden Gasball entwickelt habe.[421]

In seiner Schrift mit dem programmatischen Titel „Deutschlands Zukunft im Gesetz kosmologischer Entwicklung" verknüpft er das Mysterium der „Zentralsonne" mit der astrologischen Lehre von den „Weltzeitaltern". Danach kreisen nicht nur unsere Erde um die Sonne, sondern auch ganze Planetensysteme um einen imaginären kosmischen Mittelpunkt, dessen vollständige Umrundung ca. 26000 Jahre dauere. Unser Zeitalter – so Peryt Shou bereits 1923 im selben Ton wie heutige New-Age-Anhänger – bereite sich gerade auf die „Vollendung des großen Weltenjahrs" und den Eintritt in das Haus des „Wassermannes" vor, was eine erhöhte Sensibilität für die „ultraviolette Strahlensubstanz" der „dunklen Ursonne" mit sich bringe[422]. Ein gesteigertes Bewußtsein für die Abstammung des Menschen von den Göttern statt von den Affen, das vor allem im uralten Kulturland Deutschland wieder verstärkt erwachen und zu revolutionären Taten führen müsse, sei die Folge. Shou konzediert den Juden immerhin, dieses hohe esoterische Wissen auch einst besessen zu haben, aber heute sei bei ihnen alles „im Höhendienst materieller Götter untergegangen".[423]

Angeblich findet sich der Topos der „Schwarzen Sonne" auch bei Himmlers Berater Karl Maria Wiligut. Nach Interpretationen seiner Adepten Emil Rüdiger und Rudolf Mund soll er damit eine Art Ursonne gemeint haben, die noch vor ca. 230000 Jahren am Nordpol über den sagenhaften „Hyperboreern" geleuchtet und ihre geistige Entwicklung befördert habe. Von Homer sei sie „Hyperion" genannt worden, und die Germanen hätten sie in ihrem Blitzgott „Farbautr" verehrt. Dieses Gestirn sei deshalb eine „schwarze Sonne", weil es inzwischen erloschen sei und nur noch im Verborgenen wirke, von wo es jedoch immer noch „Hochintelligenzwirkungen" auslösen könne.[424] Um diese zu empfangen, müsse sich der Mensch – laut Emil Rüdiger – mit bestimmten Meditationsübungen öffnen, z. B. leichten Druckmassagen auf die Thymusdrüse, die in genauer Beobachtung der kosmischen Gesetze zu erfolgen hätten, da man sonst dem Wahnsinn verfallen könne.[425]

Wiligut, auf den sich Rüdiger immer wieder als Quelle bezieht, war zwar einige Jahre lang im engsten Kreis um Himmler tätig, aber wir wissen nicht, ob der Begriff der „Schwarzen Sonne" in der SS und bei der Ausgestaltung der Wewelsburg wirklich eine maßgebliche Rolle spielte, wie es in der rechten Szene immer wieder behauptet wird.

Das 12speichige Rad in der Mitte des Obergruppenführersaales scheint eher Zierscheiben der Merowingerzeit zum Vorbild zu haben, die vermutlich ein Abbild der sichtbaren Sonne oder ihres Laufes durch die Jahreszeiten darstellen.[426] Auch die Identifizierung der „Schwarzen Sonne" mit der Farbe Ultraviolett, wie sie bei Peryt Shou und anderen Autoren vorgenommen wird, spricht gegen eine Abbildung dieses Symbols durch das Wewelsburger Sonnenrad, das aus grünem Marmor gestaltet ist und eher Rotation als die Ruhe eines metaphysischen Zentrums verkörpert.

„Rebellen für Thule"

Erst in den 50er Jahren taucht die Metapher der „Schwarzen Sonne" wieder in Wien auf, und zwar im okkulten Zirkel der ehemaligen SS-Führer Rudolf Mund und Wilhelm Landig, die die Atlantis- und Thule-Ideologie der SS an eine jüngere Generation weitergeben. Mund schreibt diesbezüglich Biographien über Lanz von Liebenfels und Wiligut sowie einen Aufsatz über den „Mythos der Schwarzen Sonne"[427], und Landig macht das geheimnisumwitterte Symbol zum Zentrum einer monumentalen Romantrilogie mit den Bänden „Götzen gegen Thule" (1971), „Wolfszeit um Thule" (1980) und „Rebellen für Thule" (1991). In diesen Büchern, die ein junges Publikum für die vermeintlich hochidealistische Gesinnung der SS begeistern sollen, wird die „Schwarze Sonne" als „Ausgangspunkt der arischen Sendungsüberlieferung und Urquell der arischen Kräfte" beschrieben, als ein „geheimes Zeichen für Thule" und „Lichtquell der Weisheit und Strahl des einen Großen, dessen Wille alles lenkt".[428] Die Hauptbedeutung dieses Symbols sei das von der jüdisch-christlichen Religion verdrängte „Urwissen" um die „Geburt der nordischen Seele aus dem Sternenlicht" und um die Herkunft der Germanen vom „Mitternachtsberg" im hohen Norden, wo einst „Luzifer" als Lichtbringer herrschte, bevor man ihn in das ewige Dunkel der Hölle stieß. An seine Stelle hätten die Juden ihren „zeternden, racheheischenden Stammesgott" gesetzt[429] und damit den Verlauf der Weltgeschichte als ewigen Kampf zwischen „Thule" und „Juda" programmiert. Gegen diese Verdrängung ursprünglicher nordischer Größe ruft Landig die „Schwarze Sonne" als emphatisches Widerstandssymbol auf. Kein größerer Gegensatz sei denkbar als der zwischen jüdischer und germanischer Religiosität. Während die letztere „vom Menschen zu Gott" vordringe und „zu einem Eingehen in göttliches Sein" strebe, steige bei den Juden ein „personifizierter Gott" zu einem einzelnen Stamm herab und pflanze ihm eine „Auserwähltheitsverheißung" über alle Völker der Erde ein.[430]

Dolmen und Steinkreise Vorderasiens deuteten noch heute auf eine ehemalige indogermanische Besiedlung dieser Region hin, in die aber um 1250 v. Chr. die bereits „mischrassigen" Kinder Israels eingebrochen seien, um mit von ihrem Gott sanktionierten Mordaktionen das Land zu besetzen.[431] Vor allem der in der Bibel häufig verwendete Topos des „auserwählten Volkes" und grausame Stellen des Alten Testaments werden in der Thule-Trilogie immer wieder gerne benutzt, um das jüdische Volk als blutrünstig und anmaßend darzustellen, wodurch seine Leidensgeschichte legitimiert werden soll.

Landigs ideologische Strategien werden besonders in seinen Bemerkungen über die verschiedenen Bibelübersetzungen von König Davids Krieg gegen die Ammoniter anschaulich.[432] Während in einigen Ausgaben vom Verbrennen der Ammoniter in Ziegelöfen die Rede ist, sprechen andere davon, daß David das unterjochte Volk lediglich in den Ziegeleien „arbeiten" ließ. Grund für die Mehrdeutigkeit ist der hebräische Urtext, in dem es heißt, daß David die Kriegssklaven durch die Ziegeleien „hindurchgehen" ließ, eine Formulierung, die man auch bei heidnischen Brandopfern findet und die daher von einigen Exegeten mit „verbrennen" übersetzt wurde. Andere bestreiten dies mit der Begründung, man habe damals luftgetrocknete Ziegel hergestellt, und die dementsprechenden Werkstätten seien viel zu klein für solch umfangreiche Menschenopfer gewesen. Solche Differenziertheiten jedoch kümmern Landig nicht, und er kommentiert die Version mit dem „arbeiten" als strategisch bewußtes Glätten aus Gründen „politischer Korrektheit".[433]

Gewiß finden sich Gewalttaten des Stammes Israel bei Eroberungsfeldzügen im Alten Testament zuhauf, aber es gibt auch die Stellen, die von der Überwindung der Gewalt sprechen.[434] Zudem sind nach neueren Erkenntnissen viele der drakonischen Passagen keine historischen Fakten, sondern fiktive Mythen, mit denen sich das kleine Volk Mut machte und Einschüchterungsstrategien seines mächtigen assyrischen Gegners übernahm.[435] Landig jedoch deutet solche Stellen immer stereotyp als Beweise für den grausamen Charakter des jüdischen Volkes und seines von Natur aus rachsüchtigen Gottes. Ebenso eindimensional, aber für eine unwissende Leserschaft durchaus verführerisch, interpretiert er die häufig auftauchenden Worte Jahwes von der „Auserwähltheit" seines Stammes. Statt den historischen Zusammenhang herauszuarbeiten, in dem ein verfolgtes Volk von Jahwe vor den Ägyptern gerettet wird und den Auftrag erhält, eben dies – die Auserwählung der Schwachen – als neue Botschaft zu verkünden, deutet Landig diesen Topos als verhängnisvollen Keim jüdischen Weltherrschaftswahns. Auf vielen Seiten wird eine bizarre Verschwörungstheorie ausgebreitet, nach der eine von Juden geleitete Geheimelite der Hochfinanz, die von den Rothschilds über die Rockefellers bis zur UNO reiche, eine sogenannte „One-World-Regierung" plane, die alle ethnisch-individuellen Besonderheiten zugunsten eines durch Geld, Gentechnik und Computervernetzung kontrollierten Einheitsmenschen abschaffen wolle.

Dies sei sozusagen der letzte Triumph des Universalitätsanspruches der Juden, den diese zwar nie mit militärischen Mitteln hätten durchsetzen können. Dafür triumphierten sie aber jetzt mit kapitalistischer Macht um so effizienter.[436]

Dagegen wird immer wieder die „Schwarze Sonne" als Widerstandssymbol für Europa aufgerufen, als Erinnerung an vergessene Urtraditionen des Nordens, die bald von jüdisch-amerikanischem Materialismus und multikulturellen Utopien überrannt würden. So hält in dem Roman „Rebellen gegen Thule" ein charismatischer Lehrer – „ein hochgewachsener Mann mit eisengrauen, kurzgeschnittenen Haaren" – vor einer gebannten Klasse ausschweifende Vorträge über Atlantis und die Megalithkulturen, in denen wir alle Theorien aus Himmlers SS-Stiftung „Ahnenerbe" wiederfinden.[437]

Er fordert „neue Rebellen" gegen eine öde Wohlstandsgesellschaft, in der Materialismus, Anpassung und Gewalt herrschten, und brandmarkt den zeitgenössischen Geschichtsunterricht als bewußte Vorenthaltung der gloriosen deutschen Frühgeschichte, die den jugendlichen Geist umerziehen wolle. Demgegenüber gelte es, den wahren Wissenshunger der Jugend zu befriedigen und sich auf die „Suche nach einem Ur-Ideal aus dem verschütteten Ur-Grund" zu begeben.[438] Zu diesem Zweck wird die Megalithkultur der europäischen Frühzeit als hochreligiöse und naturverbundene Epoche verklärt, als das geheime „Thule", in dem einst „eine Rasse von beispielhafter Reinheit und Gottnähe jahrtausendlang wohnte."[439] Seit dieser Zeit sei der Deutsche immer ein Träumer und Grübler geblieben, mit einer speziellen Empfänglichkeit für die Schwingungen des Weltalls sowie für metaphysische und idealistische Gedanken.[440] Die moderne Welt mit ihrer Seelenkälte, Profitorientiertheit und Naturzerstörung sei seinem Wesen diametral entgegengesetzt und erfordere eine Rückbesinnung auf die „alten Werte aus einer unverseuchten Ur-Zeit."[441]

Wahrscheinlich erhalten Landigs Bücher durch solche Sprachfiguren einen besonderen Kultstatus in der rechten Szene, weil sie effektvoll Sehnsüchte und Ängste jener jungen Menschen mobilisieren, die in einer allzu komplexen und tatsächlich materialistisch ausgerichteten Gegenwart kaum mehr zurechtkommen.

Demgegenüber kann es dann recht verlockend sein, sich in ein vermeintliches Urparadies nordischer Größe hineinzuträumen, das so niemals existierte, aber um so effizienter Projektionsflächen für Phantasien bereithält. So führt der Lehrer in diesem Roman seine Klasse auch zu den Externsteinen im Teutoburger Wald, die als „Großkultstätte einer Ur-Religion" bezeichnet werden.[442] Ohne über deren spärliche Ergebnisse zu berichten, wird die SS-Ausgrabung von Julius Andree in den 30er Jahren erwähnt, und der Lehrer weist die Schüler auf angeblich „markante Großskulpturen" in den Felsen hin. Hierbei referiert Landig auch die ganze Palette moderner Externstein-Esoterik, etwa die Bücher von Elisabeth Gundrum-Neumann, nach der die Menschen der Megalithzeit bereits riesige Echsen-, Widder- und Menschenköpfe in die Externsteine hineinmodelliert hätten.[443] Ebenso genannt wird Walther Machalett, der den Ort als „geheiligten Mittelpunkt" eines Netzwerks begreift, das auch die Cheopspyramide sowie übriggebliebene Inselreste von „Atlantis" umfasse.[444]

Verschwiegen werden nicht nur wissenschaftliche Erkenntnisse zu den Externsteinen, die nichts von einer „Kultstätte" wissen, sondern auch all die Aspekte einer „Urzeit", die nicht ins harmonische Bild passen: die mögliche Willkürherrschaft von Priesterkasten etwa, die vermutlich ihr Geheimwissen auch für Herrschaftszwecke mißbrauchten, sowie die blutigen Opferhandlungen, die ebenfalls zur heidnischen Religion des alten Europa gehörten.

Immer ist nur die Rede von „Reinheit", „tiefer Gläubigkeit" und dem „Erkennen der kosmischen Gesetze", ohne zu erwähnen, daß die straffe Eingliederung des Einzelnen in diese Gesetze damals keinen Spielraum für individuelle Selbstverwirklichung zuließ. Trotzdem lauschen bei Landig moderne Schüler ergriffen den Worten ihres Lehrers, der ihnen erklärt, daß das deutsche Volk nur Überlebenskraft entwickeln könne, wenn es zu seiner Geschichte stehe: „Entweder wir begreifen die Verpflichtung in unserem Dasein mit unseren der ganzen Welt dienenden, schöpferischen Gaben, wieder unsere Rückbesinnung zu finden, oder wir stürzen selbsterblindend in den nun vor uns liegenden tiefen Abgrund – in unser Ende!"[445]

Wie dieser Abgrund aussieht, schildern einige Schüler, die gerade von einer Amerikareise zurückkommen. Schon bei der Zwischenlandung in London-Heathrow hätten sie irritiert das verwirrende Treiben auf einem „kosmopolitischen Flughafen" beobachtet: „Hier trafen alle Rassen der Welt zusammen, und das Gewirr der vielen Sprachen schuf ein Klima voll Ruhelosigkeit und Lärm."[446] Die amerikanischen Hoteldiener – „vorwiegend Neger" – hätten Hosen mit Goldborten und rote Jacken getragen und wie „dressierte Schimpansen" ausgesehen. Mit ihnen äßen die hellhäutigen Amerikaner nicht gerne zusammen, „weil die Farbigen trotz kurzer Einschulung nicht nur die Suppenteller mit eingetunkten Daumen servieren, sondern bisweilen in den Küchen aus Haß gegen die Weißen in das vorbereitete Essen spucken."[447]

Viele ausgebrannte Häuser zeugten davon, daß Schwarze aus Rache immer wieder ganze Wohnblöcke anzündeten, und in ihren Bezirken wird „der sich sammelnde Unrat in die Gärten und Vorgärten geworfen, der Lärm dieser kinderreichen Familien nimmt gewaltig zu, und die von den Weißen gewohnte Sauberkeit und Ruhe ist dahin." Das hohe Maß an schwarzer Kriminalität – so berichten die Schüler – sei dadurch zu erklären, daß die Gehirne und Gebisse der „Neger" denen von Menschenaffen glichen und ihr Intelligenzquotient erheblich unter dem der Weißen liege.[448] Amerikas berühmte Demokratie habe das Rassenproblem in keiner Weise im Griff. Gewalt, Zerstörung und Ungleichheit beherrschten die USA, weil eine „Gruppe von Machtbesessenen unter dem Wahn biblischer Verheißungen die Bevölkerung einer Großmacht manipuliert".

Das „Schlagwort der Menschenrechte" würde von dieser jüdisch dominierten Herrschaftsclique und ihrem Vollstreckungsorgan – der UNO – nur einseitig für ihre Interessen genutzt. Während man im Golfkrieg Israel zur Hilfe geeilt sei, habe man dem chinesischen Terror in Tibet nahezu tatenlos zugesehen.[449]

Landig erwähnt immer wieder auch die berühmten „Protokolle der Weisen von Zion", eine antisemitische Propagandaschrift vom Anfang dieses Jahrhunderts, die auch bei den Nazis eine große Rolle spielte, und sieht deren Voraussage einer jüdischen Weltkontrolle vor allem in der amerikanischen Gegenwart vollauf bestätigt. Er erwähnt nicht, daß diese Schrift ursprünglich ein von einem Franzosen geschriebener imaginärer Dialog über Nutzen und Nachteil totalitärer Herrschaft war, der später von einem russischen Polizeichef zu antisemitischen Propagandazwecken umgearbeitet wurde.[450] Landig genügen Namen wie Rothschild, Rockefeller und Kissinger sowie deren Tätigkeit in bestimmten Organisationen, um von einer jüdischen Weltverschwörung auszugehen, die das „Phantom einer gesichtslosen, multirassischen Gesellschaft" anstrebe.[451] In einem langen Kapitel mit dem Titel „Die Kinder Mose" entwickelt er seine Sicht auf die jüdische Geschichte, die in der „Kriegserklärung des Weltjudentums an Deutschland anläßlich des Zionistenkongresses am 5. September 1933" kulminiert sei und schließlich zum Holocaust geführt habe, dessen wirkliche Opferzahl „zur Zeit nicht unvoreingenommen ... untersucht werden" könne.[452] Das Wort „Holocaust", so Landig zur indirekten Rechtfertigung von Auschwitz, stamme ursprünglich aus dem Sanskrit: „Gemeint war die Teufelin Holoca, ein von einem bösen Geist besessenes Wesen, das den kleinen Prinz des Lichts, Prakada, in das Feuer geworfen hatte, aber zur Strafe selbst mitverbrannte."[453]

Die Verbrechen der Nazis in Form von Pogromen, Konzentrationslagern oder SS-Einsatzgruppen kommen in den „Thule"-Romanen nicht vor. Im Gegenteil: Landig vermutet sogar, daß die Juden selbst an Grausamkeit nicht zu übertreffen seien. Als „Beweis" werden Aussagen zitiert, die davon sprechen, daß einige in Nürnberg gehenkte NS-Führer nach der Exekution über und über mit Blut bedeckt gewesen sein sollen. Landig spekuliert, daß man sie kurz vor der Hinrichtung in jüdischer Manier noch „geschächtet", d. h. ihnen mit einem Messer den Hals aufgeschnitten habe. Nicht umsonst sei das Datum der Vollstreckungen bewußt auf den „Purim"-Tag gelegt worden, auf „das Fest des jüdischen Rachegottes".[454]

In den Aussagen heiße es weiter, daß die Leichen nicht zur Bestattung freigegeben, sondern verbrannt und die Asche in alle vier Windrichtungen verstreut worden sei. Landig sieht darin ein wortgetreues Befolgen des 26. Kapitels des Buches Mose, in dem es heiße, daß „deine Leiche ... allen Vögeln des Himmels und dem Getier der Erde ... ein Fraß" sein und niemand sie verscheuchen werde.[455]

## „Esoterischer Hitlerismus"

Eine ähnliche Mischung von verquerer und gewaltverherrlichender Mythendeutung, Antisemitismus und glühender NS-Rechtfertigung findet sich in den Schriften zweier anderer Esoteriker, die – im Gegensatz zu Landig – vor allem die Figur Hitlers als eine „göttliche Inkarnation" in den Mittelpunkt rücken. Gemeint sind der ebenfalls vom Symbol der „Schwarzen Sonne" begeisterte chilenische Ex-Diplomat und Schriftsteller Miguel Serrano sowie die zum Hinduismus übergetretene französische Autorin Savitri Devi. Während für Landig Hitler kein wirklich „Wissender" war, sehen Serrano und Devi ihn als „Avatar", eine aus dem Hinduismus entlehnte Bezeichnung für die Verkörperung des Gottes Vishnu in großen Persönlichkeiten, die der Menschheit in besonderen Notzeiten zu Hilfe eilen.

Savitri Devi – die ursprünglich Maximiani Portas hieß und 1905 in Lyon geboren wurde – entwickelte als erste diese Glorifizierung Hitlers, die bis heute in der internationalen Neo-Nazi-Szene von starker Wirkung ist und alle Tatsachen der Geschichte esoterisch umzudeuten versucht.

Laut Nicholas Goodrick-Clarke, der ihrem bizarren Leben eine biographische Studie mit dem Titel „Hitler's Priestess" widmete, zeigte Savitri Devi bereits in ihrer Kindheit Charakterzüge, die schon den Keim für ihr späteres Weltbild in sich tragen. Als ein willensstarkes und eigenwilliges Kind betrachtet sie von früh an die Ideale der Französischen Revolution (Gleichheit, Freiheit, Brüderlichkeit) mit Abneigung, da sie ihr als trügerisch und dem menschlichen Charakter nicht angemessen erscheinen. Bereits in der Schule wird sie einmal für eine obszöne Geste vor einer Gedenktafel für die Menschenrechte bestraft, und ihre große Tierliebe läßt sie voller Abscheu auf die im ländlichen Frankreich üblichen Katzenfolterungen herabsehen. Frühe misanthropische Gefühle befestigen schon bald eine mißtrauische Haltung gegenüber einer westlich-humanistischen Ideologie, die den Menschen zum Zentrum aller Dinge macht.[456]

Reisen durch die Ruinen des antiken Griechenland entzünden erstmals eine träumerische Sehnsucht nach vergangenen heidnischen Kulturen. Diese scheinen für das junge Mädchen weniger Heuchelei als Christentum und Aufklärung zu enthalten.[457] Ihr Interesse für das Wort „Arier" beginnt zu erwachen: Wer waren diese aus dem Norden kommenen Reitervölker, die vor 4000 Jahren in Indien einfielen und die Hochkultur des Hinduismus begründeten? Kamen sie aus Europa von einer ehemals weit verbreiteten „arischen" Urkultur, die ganz andere Werte verkörperte als das auf jüdisch-christlichen Glaubensvorstellungen aufgebaute Abendland?

Besuche in Palästina schüren erste antisemitische Gefühle. Einsame Streifzüge durch die Viertel der Altstadt von Jerusalem konfrontieren die junge Savitri Devi mit einer exotischen Welt, die in ihrer Fremdartigkeit Angst und Abwehr weckt. Unbekannte Bräuche und Trachten, fremde Gesichter und Stimmen, schwarze Hüte, seltsame Locken und lange Bärte, rätselhafte und undurchschaubare Gebetsrituale vor der Klagemauer – all dies verstärkt ihre Skepsis gegenüber der angeblichen „Auserwähltheit" des jüdischen Volkes, von der ihre Tante in gemeinsamen Bibelstunden so viel erzählt hatte.[458]

Die Beschäftigung mit vorchristlichen Zivilisationen führt zu der Vision eines einstmals riesigen und zusammenhängenden heidnischen Europa, und Devi vermutet, daß letzte Spuren davon heute nur noch in Indien zu finden seien.

Im Frühling 1932 – sie ist gerade 27 Jahre alt – reist sie nach erfolgreichen Universitätsabschlüssen dorthin und gerät gleich nach der Ankunft in ein großes Frühlingsfest, bei dem die Heldentaten des Rama aus dem indischen Epos „Ramayana" nachgespielt werden. Wie im Rausch erlebt sie den betörenden Reichtum von Farben, Gerüchen, Musik und Kostümen. Geschmückte Elefanten ziehen einen Streitwagen, auf dem Rama und Sila thronen, dahinter schöne junge Männer mit Fackeln und ekstatische Zuschauer, die aus Liebe zu den Ahnen Blumen in die Prozession werfen.

Die Begeisterung der dunklen, meist südindischen Bevölkerung für das hellhäutigere Königspaar im Streitwagen deutet Devi als Verehrung der niedrigen Kasten für die einstigen Eroberer aus dem Norden und sieht darin eine Allegorie zu der gleichzeitig in Deutschland aufbrechenden Vorstellung einer „arischen" Rassendominanz. In den alten brahmanischen Texten ist tatsächlich viel von den „dunkelhäutigen" und „flachnasigen" Ureinwohnern Indiens – den Dravidiern – die Rede, die auch unverhüllt „Sklaven" oder „Affen" genannt werden.[459] Während sich im Westen sozialistische Ideen ausbreiten, herrscht hier immer noch ein unerbittliches Kastensystem, und die Brahmanen fühlen sich als letzte Reste einer ehemaligen Herrscherklasse, die sich durch besondere Würde, Intelligenz und Willenskraft auszeichne. In Begeisterung für diese archaische Welt nimmt die Französin 1936 den Hindu-Namen Savitri Devi an und offeriert verschiedenen Organisationen ihre Mitarbeit, um bei der Rettung ihrer neuen Heimat vor der jüdisch-christlichen „Gleichheitsphilosophie" mitzuhelfen. Fotos von Hitler erblickt sie erstmals auf indischen Hausaltären, wo dieser als göttliche Kraft zur Erhaltung der kosmischen Ordnung gefeiert wird, vermutlich als Protestsymbol gegen die englische Kolonialherrschaft und die damit verbundene Bedrohung Indiens durch europäischen Materialismus.[460] Durch die Lektüre der alten Texte wird Devi eine begeisterte Anhängerin der hinduistischen Glaubenswelt, in der kreative und destruktive Kräfte vereint sind und der Mensch nur als kleiner Teil im Spiel des Universums begriffen wird. Es gefällt ihr, daß diese Religion einen eher künstlerischen als moralischen Blick auf die Natur wirft, die als ein ewiger Tanz von Zerstörung und Neuschöpfung gefeiert und verehrt wird.

Die Konsequenz dieser hinduistischen Weltsicht hat eine andere religiöse Praxis als in Europa zur Folge, die nicht von christlichen Schuldgefühlen und Naturverdammung bestimmt ist, sondern vom Eindringen in die Schönheit eines kosmischen Spiels, mit dem sich der Gläubige in Meditation, Tanz und Gebet zu verbinden sucht. Savitri Devi sieht darin den Kern der „arischen" Weltauffassung und glaubt, daß auch in Europa einst ein solches Glaubenssystem geherrscht habe.[461]

In ihrer Angst, daß Indien bald von westlichen Wertvorstellungen überrannt werden könnte, schließt sie sich militanten Hindu-Organisationen an und begeistert sich gleichzeitig immer mehr für das nationalsozialistische Deutschland, in dem sie ein letztes Bollwerk gegen eine weltweite religiöse Verflachung erblickt. Tatsächlich gibt es einige seltsame Überschneidungen. Auch viele NS-Ideologen sehen in der Geschichte einen Abstieg von einstigen „Goldenen Zeitaltern", die als harmonische Epochen verklärt werden, hin zu dekadenten Formen der „Entartung". Demgemäß deutet Devi Hitlers Vegetariertum und Tierliebe, seine Sorge für die Wohlfahrt von Arbeitern, Müttern und Kindern sowie sein Ideal einer gesunden, stolzen Jugend als Sehnsucht nach einer paradiesischen „arischen" Urzeit. Ihrer Meinung nach gehen seine Visionen weit über Deutschland hinaus, und sie sieht in ihnen einen spirituellen Protest gegen naiven Fortschrittsglauben und Naturzerstörung, der seine Wurzeln in der „mysteriösen, unfehlbaren und unpersönlichen Weisheit der Wälder, Ozeane und des Weltraums" habe.[462]

Hitler – so glaubt sie – verkörpere ewige Naturweisheiten gegen die Enge des überzüchteten Intellekts, und die Totenkopfsymbolik seiner SS wird als notwendige Grausamkeit einer „arischen" Kriegerkaste gedeutet, die berechtigt sei, ein neues „Goldenes Zeitalter" zum Wohle der Menschheit herbeizuführen. Isolierte Stellen aus der „Bhagavad Gita", die sich wie der Ehrenkodex der SS lesen lassen, bestätigen Savitri Devi in ihrer Gleichsetzung des alten indischen mit dem modernen deutschen Kampfgeist, etwa wenn dort die Rede von einem Handeln „ohne persönliche Neigungen ... für das Wohl der Schöpfung" ist oder vom „Sich-Rüsten für die Schlacht" ohne Rücksicht auf eigenen Schmerz und eigenes Glück.[463]

Doch erst nach Kriegsende gelingt es „Hitlers Priesterin", ihr „gelobtes Land" zu besuchen, und sie beginnt 1953 eine Deutschlandreise, die extreme und leidenschaftliche Gefühle in ihr aufrührt. Die ersten Eindrücke sind Bahnfahrten durch zerstörte deutsche Landschaften, die sie mit Trauer und Zorn erfüllen. Wegen Nazi-Propaganda auf der Straße wird sie verhaftet und vorübergehend in ein alliiertes Frauengefängnis gesteckt, wo sie ehemaligen KZ-Kommandantinnen begegnet, die für sie zu Kultfiguren eines vergangenen Traumreiches werden. In Hertha Ehlert, einer Wärterin aus Bergen-Belsen, erblickt sie die „klassische Schönheit einer Häuptlingsfrau im alten Germanien" und verfällt ihr in erotisch gefärbter Anbetung: „Ich konnte meine Augen nicht von dieser Gefangenen wegnehmen."[464]

Auf ihrer Pilgerfahrt besucht sie alle Orte, die für Hitler von maßgeblicher Bedeutung waren und macht sie zu Weihestätten ihres persönlichen Führer-Kults. Allein sitzt sie in der Kirche von Leonding, dem Geburtsort von Hitlers Eltern, und sieht in ihrem Geiste die Mutter mit dem Kind das Gotteshaus betreten. „Ein Kind, in dessen Gesicht schon das Licht grenzenloser Liebe und die Flamme des Genius strahlte". Bestürzt registriert sie die verwelkten Blumen auf dem Grab der Eltern und sucht stundenlang nach dunklen Rosen, wobei sie auf ehemalige Schulkameraden Hitlers stößt, die ihr ein emphatisches Bild von ihm vermitteln: „Wir liebten ihn alle. Die weite Welt, die Verderben über uns brachte, hätte ihn auch geliebt, wenn sie ihn so gekannt hätte, wie er wirklich war."[465]

In Braunau setzt sie sich in eine Konditorei gegenüber Hitlers Geburtshaus und beobachtet mit Vergnügen das friedliche Kleinstadtleben, die gemütlichen Läden, weißgetünchten Häuserfassaden und den großen blühenden Nußbaum vor den Fenstern, hinter denen er das Licht der Welt erblickte. Sie driftet in Tagträume ab und meditiert über die für sie unfaßbare Tatsache, daß hier einem unscheinbaren Elternpaar vor 64 Jahren ein „gottähnliches Kind" geboren wurde, in dem „alle Intelligenz, Intuition, Willenskraft und Heroismus von Generationen und Generationen ihren Ausdruck finden sollten, ... um eine ‚neue Zivilisation' zu inspirieren ... ein neues göttliches Kind auf diesem Planeten, der erste im Westen nach dem legendären Baldur, ein Kind der Sonne ..."[466]

Sie fährt weiter nach Berchtesgaden und pilgert hinauf zu Hitlers ehemaligem „Berghof", wo sie vor dem überwältigenden Bergpanorama tranceähnliche Visionen erlebt.[467]

Weitere Meditationen erfolgen nachts im Mondschein auf dem Zeppelinfeld in Nürnberg, wo Savitri Devi vor ihrem inneren Auge noch einmal die jubelnden Massen aufmarschieren läßt und in ein Meer von Fahnen, Fackeln und Scheinwerfern eintaucht. Dabei überkommen sie bittere Vorwürfe, daß sie nicht an der Seite Hitlers mitkämpfen konnte, statt ihr Leben mit nutzlosen Dingen in Indien zu vertun.

Höhepunkt und mystisches Finale ihrer „Pilgerfahrt" ist eine Reise durch den Teutoburger Wald, wo sie auf den Spuren der Varusschlacht wandelt und schamanistische Exerzitien an den Externsteinen vornimmt. Mitten in der Nacht legt sie sich in den Steinsarg am Fuße der Felsen und betet für die spirituelle Wiedergeburt eines nationalsozialistischen Deutschland: „Wie lange blieb ich im Zustand des Todes auf dem Boden dieses Steinsarges? Ich konnte es nicht sagen. Es war nicht länger dunkel, als ich hinauskletterte."[468] Schon während dieser Reise beginnt sie erste Kontakte zu Angehörigen ehemaliger SS-Offiziere zu knüpfen, wie zur Witwe von Otto Ohlendorf, der in Nürnberg wegen seiner Verantwortung für 90 000 Exekutionen zum Tode verurteilt worden war. Gemeinsam besuchen sie sein Grab, und Savitri Devi verklärt ihn zu einem modernen „arischen Helden", der ganz im Kriegergeist der Bhagavad Gita gehandelt habe. Nach 1950 ergeben sich immer mehr Kontakte zu ehemaligen Nazi-Größen wie dem Piloten Hans-Ulrich Rudel, der sie mit SS-Führern wie Otto Skorzeny und Leon Degrelle bekannt macht und in die internationale Neonazi-Szene einführt. Gemeinsam mit Colin Jordan, dem Führer der englischen Rechten, besucht sie 1961 die Kultstätte von Stonehenge und hißt eine Flagge zu Ehren der alten „arischen" Götter Europas. Internationale Magazine machen ihre esoterische Philosophie nach und nach in der ganzen Welt bekannt, und auch Ernst Zündel, der von Kanada aus operierende rechte Verleger und Auschwitz-Leugner gibt ihre Schriften ab 1979 neu heraus und veröffentlicht auf Tonbandcassetten mehrstündige Gespräche mit ihr.[469]

Großen Einfluß haben ihre Ideen vor allem auf den chilenischen Schriftsteller und Ex-Diplomaten Miguel Serrano, der – inspiriert von ihrer Deutung des Führers als „Avatar" – seine Philosophie des „Esoterischen Hitlerismus" daraus entwickelt. Serrano, dessen Hauptwerk „Das Goldene Band" man – ebenso wie die Thule-Trilogie von Landig – heute wieder bei deutschen Buchversandfirmen bestellen kann[470], zählt zu den irritierendsten Erscheinungen der modernen Nazi-Esoterik, weil er ein gebildeter Mann von zuweilen poetischer Sprachkraft ist, der mit Persönlichkeiten wie C. G. Jung, Hermann Hesse, Indira Gandhi oder Claudio Arrau befreundet war. Er schreibt, daß ihn erst viele einschneidende Erlebnisse sowie die Begegnung mit einem spirituellen „Meister" zum überzeugten Hitler-Anhänger gemacht hätten. Sein erster Eindruck des Diktators – beim Anschauen einer Fotografie – sei anders gewesen: „Auf seiner Oberlippe saß wie angeklebt ein kleiner Schnurrbart, und seine beiden Hände waren fest ineinander verschränkt; ‚steif und straff wie ein Besenstiel', um einen Ausdruck von C. G. Jung zu gebrauchen, der ihn mit einer Vogelscheuche verglich. Sein erster Eindruck auf mich rief eher Ablehnung hervor, er wirkte auf mich eher unangenehm, ja lächerlich."[471]

Erst die Begegnung mit einem „Eingeweihten" – vermutlich während Serranos zehnjährigem Aufenthalt als Diplomat in Indien – habe ihm die Augen für Hitlers wahre Bedeutung und den tiefen Sinn des Zweiten Weltkriegs geöffnet.

Dieser „Meister" habe Hitler auf der „Astralebene" sehen können, als den „Träger eines Strahles aus einer anderen Welt", der auf die Erde gekommen sei, um das bevorstehende „Eiserne Zeitalter" von der Menschheit abzuwenden.[472] Die hinduistische Religion mit ihrer Vorstellung eines erlösenden „Avatar" sowie ihrem Denken in großen kosmischen Zyklen befördert Serranos esoterische Sicht auf das „Dritte Reich". Wie die Brahmanen glaubt auch er an den Abstieg der Menschheit von einem einst „Goldenen" zu einem „Eisernen Zeitalter", das sich durch Naturentfremdung, Sittenverfall, Atheismus etc. ausdrückt und an seinem tiefsten Punkt einen Anstoß von einem überirdischen Wesen benötigt, um sich wieder zu regenerieren. Diesen Eingriff habe Hitler vorzunehmen versucht, sei dabei jedoch tragisch gescheitert, und sein Geist ruhe nun im Verborgenen, um später wieder zu neuem Kampf aufzuerstehen. Er habe sich geopfert, aber – so Serrano – das Blut der Aufopferung sei von besonders intensiver Röte, weil es „näher an Gott herankommt als die Kenntnisse der Weisen und das Flehen der Heiligen."[473]

In seiner metaphysischen Konzeption des „Dritten Reiches" geht Serrano – wie andere rechte Esoteriker – noch weit über das mythologische Gedankengut der Nazis selbst hinaus. Während wir im ersten Teil des Buches beschrieben, wie Mythen, Legenden und Symbole auf das Denken vieler NS-Führer einwirkten, sieht Serrano diese nur noch als Hilfskräfte kosmischer Archetypen, die sozusagen den einzelnen Menschen zu Instrumenten ihres übermächtigen Wirkens machen. Im Zweiten

Weltkrieg – so seine These – hätten in Wirklichkeit überindividuelle Kräfte gegeneinander gekämpft, die seit Urzeiten miteinander verfeindet waren. Göttliche und dämonische Geister – im deutschen und jüdischen Volksgeist verkörpert – seien gegeneinander angetreten, um einen grundsätzlichen und schon lange ausstehenden Machtkampf um die Erde zu führen[474] – ein typisches Beispiel für die Pervertierung esoterischen Denkens, das individuelle Verantwortung ganz im Walten höherer Wesenheiten auflöst, wodurch auch das Barbarischste als metaphysische Notwendigkeit gerechtfertigt werden kann.

Den archetypischen Grundkonflikt der Weltgeschichte sieht Serrano darin, daß die Juden vor Urzeiten versucht hätten, die Tatsache der Ungleichheit der Menschen zu leugnen. In Wahrheit aber habe es auf diesem Planeten immer verschiedene Rassen gegeben, von denen die einen rein irdisch waren und die anderen – die „Hyperboreer" – einst von einem fremden Stern in der Nähe der „Schwarzen Sonne" auf die Erde kamen.[475] Gegenüber den eher tierähnlichen Rassen seien diese Sternenkinder immer von hohen Zielen beseelt gewesen: Reinheit, Toleranz, Selbstlosigkeit, Idealismus, die Fähigkeit zu religiöser Verehrung eines höheren Wesens. Die Juden hätten einst auch dazugehört, sich aber dann durch sodomitische Verirrungen von diesen Idealen entfernt und verunreinigt. Serranos „Beweis" dafür ist ein weiteres Beispiel bizarrer Mythendeutung. Er führt die Stelle im Alten Testament an, in der von Esau die Rede ist, der „über und über mit Haaren bedeckt" auf die Welt kam. Dies sei ein Beleg für die Paarung seiner Mutter Rebecca mit einem tierähnlichen Wesen, dem sie aus niedrigen Instinkten nicht widerstehen konnte. Aus Scham darüber wird das Erstgeborenenrecht an Esaus Bruder Jakob weitergegeben, damit die Sippe fortan nicht von einem „Tiermenschen" geführt werde.[476] In diesem Vorgehen sieht Serrano den ersten Beweis für den raffinierten Verfälschungsgeist der Juden, die von nun an versuchen, diesen sodomitischen Unglücksfall mit allen Mitteln ungeschehen zu machen.

Um die eigenen Unterlegenheitsgefühle zu kompensieren, erfindet eine clevere Priesterschaft den Gott Jahwe, der das beschmutzte Volk zum „auserwählten" Herrscher über die Welt umfunktioniert und durch seine Religion den anderen Rassen Schuldgefühle einzureden versucht. Mit der Erfindung der „Ursünde" etwa habe das jüdisch inspirierte Christentum die Germanen in ihrer Wurzel geschwächt, die vorher keinen Begriff von Schuld und Sünde kannten. Nach dem Zweiten Weltkrieg hätten die Juden durch das Phantom der „Kollektivschuld" weiterhin versucht, die „Arier" in die Knie zu zwingen, obwohl – so die Auffassung Serranos – die Zahl der sechs Millionen getöteten Juden nur eine „Erfindung" sei, die Israel „die astronomische Summe von sechs Millionen Pfund Sterling eingebracht" habe.[477]

Erst angesichts solch weitreichender Geschichtsbetrachtungen seien die Geschehnisse des „Dritten Reiches" voll und ganz zu verstehen: „Die mythische SS tötete nicht, um Menschen zu vernichten, vielmehr befanden sich ihre unsterblichen Götter im Kampfe mit anderen Wesenheiten oder Gottheiten."[478]

Auch Serrano kennt die gesamte Palette der völkischen Mythologen des „Dritten Reiches". Er pilgerte auf den Spuren des Lanz von Liebenfels, las die Schriften von Hanns Hörbiger und Otto Rahn und suchte sogar noch persönlich den 94jährigen Herman Wirth auf, der zusammen mit Himmler die SS-Stiftung „Ahnenerbe" gegründet hatte.[479]

Aber er referiert nicht nur ihre Theorien, sondern überhöht sie ins Kosmisch-Überpersönliche. Während Rahn und Wirth noch in irgendeiner Form um den Wahrheitsgehalt von Mythen rangen, sieht Serrano in ihnen autonome und ewiggültige Kräfte, denen das menschliche Ich zwangsläufig folgen muß. Auch er bezieht sich selbst mit ein. In einer merkwürdigen Stelle des „Goldenen Bandes" spricht er von sich als „Gefangener des Mythos ... ganz eingenommen von gewaltigen Archetypen ... sollte ich ebenfalls ein Opfer von ‚geistigen Schöpfungen' geworden sein? Wer weiß es? Ich werde mein Leben so weiterführen bis zum Ende, bis sie sich in der äußeren Welt erfüllen, oder bis sie mich in ihrem Feuer zerstören, oder aber in ihrem Sonnenwagen entheben, um in die große Armee der Helden in der ewigen Kreisung zurückzukehren."[480]

Den Schluß von Serranos Buch durchzieht ein tragischwehmütiger Ton. Er nennt es selbst „den Gesang eines Minnesängers, ... der nicht gelesen, sondern in sich eingesogen werden muß, geschlürft wie das im Steinkelch des Grals enthaltene blaue Blut ... der Blauen Wesen von Hyperborea."[481] Dennoch hofft er auf einen erlösenden Umschwung in der Weltgeschichte. Zwar sei das umerzogene Deutschland heute nur noch „ein Land voller wohlbeleibter Truggestalten und Materialisten, ein Land ohne Seele", aber Hitler habe möglicherweise die Flucht in ein Höhlenreich unterhalb der Antarktis geschafft, wo jetzt seine „letzten Bataillone" auf einen neuen Einsatz warteten.[482] Damit nähern wir uns dem phantastischsten aller Nachkriegs-Mythen über das Weiterleben „göttlicher" Nazi-Führer und ihrer „übersinnlichen" Fähigkeiten: dem Mythos der „Hohlen Erde" sowie der Legende von angeblichen SS-Ufos und ihren Flügen zu fremden Sternensystemen.

## Kamen die Deutschen von den Sternen?
### (Rechte Ufologie)

1993 erregte eine Buchveröffentlichung in Deutschland Aufsehen, die aufgrund ihrer spektakulären Theorien zum „Dritten Reich" in kurzer Zeit 100 000 Käufer fand, bis sie aufgrund einer Anzeige zweier jüdischer Gemeinden vom Markt gezogen werden mußte. Es handelt sich um das Buch „Geheimgesellschaften und ihre Macht im 20. Jahrhundert" von Jan van Helsing, das jedoch auch nach seinem Verbot als Raubkopie, im Internet und in einschlägigen Buchhandlungen zu erhalten ist.

Ähnlich wie Landig und Serrano versucht der Autor auf vielen Seiten mit bloßen Behauptungen eine von jüdischen Kräften betriebene Weltverschwörung zu belegen, die seit Hunderten von Jahren Kriege, Revolutionen und Wirtschaftskrisen schüre, um die Völker in Streit und Verwirrung zu stürzen. Aus diesen Konfusionen hätten wenige Familien der Hochfinanz Unsummen von Geld gezogen und ein gigantisches Bankenimperium geschaffen, das in Zukunft die gesamten Belange der Welt kontrollieren wolle. Medien, Erziehung, Wirtschaft, Politik, Kultur würden dann nur noch von diesen wenigen „Illuminaten" bestimmt, deren Interesse einzig und allein auf materialistische

Ziele gerichtet sei. Sie hätten auch die beiden Weltkriege in Gang gebracht und einen dritten bereits in Planung.[483]

Viel Aufsehen erregte der Mittelteil des Buches, in dem unscharfe Fotos von Flugscheiben mit Hakenkreuz- und SS-Symbolen zu sehen sind, die so seltsame Namen wie „Vril" oder „Odin" tragen. Van Helsing behauptet, diese Bilder seien echt, er habe sie vom britischen Geheimdienst erhalten, der sie bei Kriegsende in versteckten SS-Archiven gefunden hätte.[484] Anhand von nicht nachprüfbaren Angaben entwickelt er die bizarre Theorie, daß esoterische Unterabteilungen der „Thule-Gesellschaft" und der SS – mit dem Namen „Schwarze Sonne" – bereits in den 40er Jahren Flugscheiben mit Antigravitationsmotoren entwickelt hätten und sogar zum fernen Sternensystem Aldebaran geflogen seien.

Bei der Konzeption dieser Geräte seien Männer wie Karl Haushofer, Rudolf von Sebottendorff und der österreichische Erfinder Viktor Schauberger beteiligt gewesen, und auch Hitler habe seine Zustimmung gegeben, nachdem die problematische Kriegslage eine beschleunigte Entwicklung von „Wunderwaffen" erforderlich gemacht hätte.[485] Ohne irgend etwas genau zu belegen, zitiert van Helsing „Informationen" der österreichischen „Tempelhof-Gesellschaft", die bereits 1988 in Broschüren und Videos mit der „Enthüllung" solch phantastischer Gedanken begonnen hatte. Deren Autoren behaupten, Sebottendorff, Haushofer und zwei weibliche Medien hätten in den 30er Jahren während okkulter Sitzungen Botschaften vom Sternensystem Aldebaran empfangen, von wo einst „helle weiße Gottmenschen" auf die Erde gekommen seien, um in Thule und Atlantis menschliche Zweigstellen zu gründen. Um dem bedrängten Brudervolk im Zweiten Weltkrieg zu helfen, hätten die Außerirdischen in diesen Séancen Baupläne für Flugmaschinen mit hochentwickelter Technologie übermittelt, damit die Deutschen in ihre kosmische Heimat zurückfliegen bzw. dort Hilfe holen konnten. Einige dieser Flugscheiben hätten auch nach Kriegsende prominente Nazis in die Antarktis geflogen, wo in unterirdischen Höhlen deutsche Kolonien gegründet worden seien, aus denen in absehbarer Zeit Hilfe für das bedrängte Vaterland komme.[486]

In Verbindung mit einer antisemitischen Verschwörungstheorie bezwecken diese Ufo-Mythen eine esoterische Entlastung der Deutschen von den Schrecken der Vergangenheit. Unterschwellig wird suggeriert, daß Hitler und die SS im Besitz höchsten übersinnlichen und technologischen Wissens gewesen seien, also eigentlich doch „Übermenschen" waren, die mit den Sternen in Verbindung standen, um dunkle Kräfte auf der Erde zu besiegen.

„Schwarze Sonne" nannte sich angeblich die Ufo-Konstruktionsabteilung der SS, weil wir jetzt zu Beginn des „Wassermann"-Zeitalters wieder näher an die göttlichen Strahlen der „Zentralsonne" heranrücken und dadurch in uralte Mysterien über den Kampf zwischen „arischem Licht" und „jüdischer Finsternis" (Jahwe wird bei van Helsing „Satan" genannt) eingeweiht werden.[487]

So abstrus und versteckt rassistisch diese neueste Legende deutscher Überlegenheit auch ist, so beruht sie – wie wahrscheinlich alle Mythen – auf einer Kombination von Halbwahrheiten und Phantasie.

Gerade diese Mischung aber übt auf viele Gemüter eine nicht ungefährliche Faszination aus, die vor allem aus einem ideologischen Raunen besteht, ob die wahre Geschichte des „Dritten Reiches" nicht vielleicht doch ganz anders gewesen sei.

Tatsächlich muß es bei Kriegsende Flugscheiben-Entwicklungen in Deutschland gegeben haben, die heute in Vergessenheit geraten sind, über die aber in den 50er Jahren „Der Spiegel" und auch „Die Welt am Sonntag" berichteten.[488] So begann der Konstrukteur Rudolph Schriever bereits 1943 in Prag mit der Entwicklung eines 14 Meter breiten tellerförmigen Fluggerätes, das eine viermal so hohe Auftriebsgeschwindigkeit wie Jagdflugzeuge erreichen sollte. Georg Klein, einer der Mitarbeiter Albert Speers, sah angeblich mit eigenen Augen am 14. Februar 1945 eine solche Flugscheibe aufsteigen: „Diese Versuchsmaschine erreichte im Steigflug eine Höhe von 12 400 Metern innerhalb von drei Minuten und entwickelte im Geradeausflug eine Spitzengeschwindigkeit von 2200 Kilometern in der Stunde. Bei diesem ersten Probeflug wurde also nahezu die doppelte Schallgeschwindigkeit erreicht. Das mag erstaunlich klingen, praktisch lassen sich aber mit diesem Scheibentyp aufgrund seiner geradezu idealen aerodynamischen Form sogar Geschwindigkeiten von 4000 Kilometern pro Stunde und mehr erreichen." Beim Einmarsch der Russen – so Klein – wurden diese Maschinen sowie andere Prototypen und Konstruktionspläne zerstört, aber in Breslau fiel den Sowjets doch ein Versuchsmuster in die Hände. Von einigen der Konstrukteure fehle bis heute jede Spur, andere seien in die USA geflogen worden, um ihr Wissen dort amerikanischen Firmen zur Verfügung zu stellen.[489] Tatsächlich wurden in den 40er Jahren von der SS sogar Versuche mit Antigravitationstriebwerken vorgenommen. Dazu holte man den österreichischen Erfinder Viktor Schauberger nach Wien, für den sich bereits Adolf Hitler und Julius Streicher interessiert hatten, weil er neue Energieformen aus Luft und Wasser gewinnen wollte, die Deutschland unabhängig vom Rohöl gemacht hätten.[490] Schauberger war ein mit ungewöhnlich scharfer Beobachtungsgabe und Intuition begabter Naturforscher, der zunächst als Förster in den großen Wäldern Böhmens vor allem die Geheimnisse des Wassers studiert hatte.

Ihn interessierten in erster Linie die Abhängigkeit der Wasserdichte und -tragfähigkeit von Temperatur und Bewegungsform sowie ungewöhnliche Wirbelbewegungen, die es dem Wasser sogar ermöglichten, bergaufwärts zu fließen und als „Hochquelle" zu entspringen. Dies waren Kenntnisse, die laut Schauberger bereits antike Baumeister bei der Konstruktion von römischen Viadukten oder von Wasseranlagen in den Königspalästen von Kreta benutzt hätten. Er war davon überzeugt, daß im Wasser sogenannte „Schwebekräfte" verborgen seien, und entwickelte seltsame Maschinen, die diese durch starke Rotation befreien sollten, um dann selbst von einem solchen Kraftfeld in die Höhe gehoben zu werden. Dabei kam es sogar zum Bau kleiner Flugscheiben-Modelle, die in der technischen Abteilung des KZ Mauthausen und der Wiener SS-Ingenieursschule Rosenhügel ausprobiert werden sollten. Aber auch hier blieb es nur bei Ideen und Versuchsanordnungen, und ähnlich wie andere Konstrukteure wurde Schauberger nach Kriegsende von den Amerikanern überredet, in den USA seine Forschungen mit großer finanzieller Unterstützung weiterzuführen. Isoliert von der Welt und ohne richtige Englischkenntnisse verfiel er in der Wüste von Nevada in Depressionen und wurde schließlich dazu gedrängt, alle Rechte an seinen Erfindungen amerikanischen Firmen zu übertragen. Dies alles führte wahrscheinlich zu seinem baldigen Tod kurz nach der Rückkehr in die Heimat.[491]

Diese – bis heute mit vielen Gerüchten umlagerten – Tatsachen und Halbwahrheiten sind der Grundstock für Helsings Ufo-Mythen, zu denen sich noch weitere Legenden gruppieren, die seit den 50er Jahren um angeblich deutsche Stützpunkte in der Antarktis kreisen. Tatsächlich hatte in den Jahren 1938/39 eine deutsche Expedition unter Alfred Ritscher am Südpol riesige eisfreie Gebiete gefunden, die man „Neuschwabenland" getauft und mit Flaggen als reichsdeutsches Territorium markiert hatte.[492] Wilhelm Landig, der Autor der „Thule"-Romane, behauptet in einem Video-Interview, daß dort vorübergehend eine deutsche Kolonie angesiedelt worden sei, die man auch mit den neuentwickelten Flugscheiben versorgt habe. Wegen gesundheitlicher Probleme sei diese Siedlung jedoch bald wieder aufgelöst worden, und man habe die Fluggeräte in die Anden gebracht, wo sie heute in unterirdischen Höhlen vor sich hin rosteten.[493]

All diese Legenden um die vermeintliche technologische und esoterische Überlegenheit der Nazis sind inzwischen auch in die internationale Ufo-Szene eingedrungen und führen dort zu den merkwürdigsten „Erlebnisberichten". In einem seiner jüngsten Bücher berichtet van Helsing davon, daß ihm auf Ufo-Kongressen immer wieder Leute begegneten, die angeblich Kontakte zu blonden, blauäugigen und deutsch sprechenden Ufo-Besatzungen gehabt hätten, und er veröffentlichte ein Interview-Buch mit einer Allgäuer Familie, die ebenfalls solche Begegnungen gehabt haben will.

In hypnotischen Sitzungen erinnern sich Karin und Rainer Feistle daran, bereits als Kinder von Außerirdischen in Flugscheiben entführt worden zu sein, wo ihnen Sperma entzogen und Implantate in den Kopf gepflanzt worden seien. In einem dieser Ufos, dessen Kommandant „wunderschöne, stechend blaue Augen" und eine starke Ausstrahlung von Liebe gehabt hätte, seien ihnen auch riesige „Embryo-Aufzuchtanlagen" gezeigt worden, in denen eine „neue Rasse" herangezogen werde, die uns Menschen das Überleben in der Zukunft sichere. Der Kommandant, „der über alles wacht", habe ihnen erklärt, daß die Erde langsam auf einen großen Umbruch vorbereitet werde. Sie seien an Schläuche angeschlossen worden, um ihre Körper durch eine „Reinigung" wieder „frisch und ausgeruht" zu machen. [494] Diese zwei Meter großen Führer – so zitiert van Helsing seine Allgäuer „Augenzeugen" – „sind die lenkende und befehlende Kraft im Hintergrund und haben die Aufgabe, uns auf etwas Großes, Gewaltiges vorzubereiten. Es läuft alles ganz anders ab, als wir es uns vorstellen."[495]

Allmachtsphantasien, verirrte spirituelle Sehnsüchte und Hoffnungen auf sichere Führung durch eine Art „arischen Übermenschen" verbinden sich in diesem Buch mit erschreckenden „Rassentheorien" und einer bizarren esoterischen Geschichtsauffassung, die u. a. an Miguel Serrano erinnert. Van Helsing berichtet von einer ganz anderen Schöpfungsgeschichte. Vor etwa 735 000 Jahren seien durch die Aldebaraner als eigentliche Vorfahren der Deutschen auf der Erde erste Kolonien gegründet worden, wobei jedoch nicht alles glücklich verlaufen sei.

Für die Verrichtung niederer Arbeiten habe man eine Art „Arbeitermensch" gezüchtet, für die van Helsing den auch von Lanz von Liebenfels verwendeten Begriff „Tschandalen" verwendet. Diese hätten sich später gegen ihre Herren aufgelehnt und sich mit anderen Rassen vermischt, was zu Problemen geführt habe. Als die Außerirdischen nach langer Abwesenheit wieder zur Erde zurückkehrten, sahen sie, daß der Gen-Mix nicht allzu glücklich geraten war und Krieg, Haß und Materialismus erzeugt hatte. Deshalb habe man Ausbesserungsversuche in Angriff genommen und dabei zuerst an die den Aldebaranern ähnlichsten Völker, die germanischen Nachkommen von Thule und Atlantis gedacht, die erwiesenermaßen zu den großen Kulturvölkern der Erde gehörten. Aus diesem Grund hätte man in den 30er Jahren Mitgliedern der „Thule-Gesellschaft" wie Sebottendorff und Haushofer über okkulte Medien die wahre Geschichte des Universums sowie Baupläne für hochentwickelte Flugscheiben mitgeteilt. Leider sei der Weltkrieg dazwischengekommen, aber die Aldebaraner würden nun – wie bei den Feistles – erneut Kontakt mit den Deutschen aufnehmen.[496] In den Laboratorien ihrer riesigen Flugscheiben – so van Helsing – sei man bereits mit der Aufzucht von „Superkindern" beschäftigt, die angeblich 100 %

ihres Gehirns nutzen und mit beiden Hirnhälften gleichzeitig denken könnten. Sie seien mit Telepathie und Hellsichtigkeit ausgerüstet sowie mit einer übergroßen Empfindsamkeit, die sie sensibel für das Leiden der Tiere, die Melancholie der Einsamen und selbst das Schreien gefällter Bäume mache. Daher müßten sie ganz langsam und behutsam auf ihr neues Erdenleben vorbereitet werden, um die bisherige Menschheit von ihren atomaren und sonstigen Gewaltphantasien abzubringen: „Die Integration dieser ‚Kinder' wird eines der schönsten und aufregendsten Erlebnisse in der Geschichte dieses Planeten."[497]

Aufschlußreich für die Analyse dieser Mythen ist neben der Rekonstruktion ihrer Versatzstücke die Frage, welche verborgenen Ängste und Sehnsüchte sich in ihnen ausdrücken, denn der skurrile Mix aus Esoterik, Endzeit-Apokalyptik, Ufo-Mystik und rechter Thule-Ideologie scheint inzwischen immer mehr Menschen in seinen Bann zu ziehen. Vielleicht hängt dies auch damit zusammen, daß er in mehrfacher Hinsicht eine Entlastungsfunktion von den Schrecken des „Dritten Reiches" ausübt.

Denn zum einen wird man durch die Deutung der SS und „Thule-Gesellschaft" als „Kontaktbörse" mit jenseitigen Welten von den dunklen Aspekten der Vergangenheit abgelenkt und kann wohlig staunend an der esoterischen Umdeutung von Hakenkreuz und SS-Runen zu positiven Ufo-Emblemen teilnehmen. Statt von Stalingrad und Auschwitz ist nur noch von silbernen, leichten Flugscheiben die Rede, die in der Sonne glänzen und sich zu luftigen Erkundungsflügen ins Unbekannte erheben. Indirekt werden die Sternenflüge angeblicher SS-Eingeweihter auch dazu benutzt, um über die Nazis an eine deutsch-romantische Tradition von Fernweh und Unendlichkeitssehnsucht anzuknüpfen: die Suche nach dem „guten" Deutschland, das immer an mehr als nur materialistische Werte glaubte. Gegenüber den Kriegsgreueln mit seinen brennenden Städten und Konzentrationslagern wird das makellose Weiß der vermeintlich deutschen Antarktis-Stützpunke zum wohltuenden Fluchtort – der Leser kann sich in ein Stück magisch-unberührtes Deutschland hineinträumen und mit den flüchtenden Nazis in die Höhlenbunker unter dem Südpol wie in einen Mutterschoß hinabsteigen, in dem noch alles ganz rein und unverfälscht ist.

# 9. Die Wiederkehr der alten Götter

„Artgemäße Religion":
Neuheidnische Glaubensgemeinschaften

Die im letzten Kapitel behandelten Jünger der „Schwarzen Sonne" greifen NS-Mythen von der Überlegenheit einstiger „arischer" Urkulturen (Thule, Atlantis) auf und bauen sie in eigene phantastische Traktate ein, in denen das „Dritte Reich" verklärt oder seine Verbrechen geleugnet werden. Hitlers eigene Überzeugung, ein Werkzeug der „Vorsehung" zu sein, wird bei Savitri Devi und Miguel Serrano zu der Auffassung gesteigert, mit ihm sei die Inkarnation eines Gottes auf die Erde gestiegen, um das im Jüdischen personifizierte Böse aus der Welt zu treiben und ein neues „arisches" Paradies zu gründen. Die SS, laut Himmler tatsächlich ein „Orden", wird zu einer Elite von „Eingeweihten" überhöht, die in Kontakt mit Außerirdischen gewesen sein soll, um Deutschland vor den Alliierten zu retten. Vor allem Serrano und Helsing nehmen durch die Einbeziehung der Ufo-Legenden eine Modernisierung rechter Esoterik vor, die in ihrer Mischung aus Science-Fiktion, Fantasy und Okkultismus auch eine Leserschicht anspricht, die mit bärtigen Wotansgestalten und bäuerlichen Maitänzen nicht viel anfangen können.

Demgegenüber setzen sich nach 1945 aber auch Traditionen fort, die sich mit der Wiedererweckung altgermanischer Mythen und Bräuche beschäftigen, wie sie bereits in völkischen Bewegungen vor 1933 und in der SS-Stiftung „Ahnenerbe" betrieben wurde. So existieren heute in Deutschland mehrere Dutzend neuheidnischer Gruppen und Glaubensgemeinschaften, von denen einige auch an bestimmte Ideologeme des „Dritten Reiches" anknüpfen und dann auch rassistisches bzw. antisemitisches Gedankengut vertreten.

Es gibt jedoch auch andere, die sich von der nationalsozialistischen Weltanschauung distanzieren und eine weltoffenere Form des Heidentums zu entwickeln versuchen. Dies muß ausdrücklich betont werden, weil einige Kritiker dazu neigen, alles aus dieser Ecke Kommende als „braun" oder „faschistoid" zu brandmarken, ohne genau hinzusehen, welch breite und unterschiedliche Palette von neogermanischen Gruppen es inzwischen in Deutschland – und europaweit – gibt.[498]

Gegenüber den futuristisch angehauchten Ufo-Märchen des Jan van Helsing sind die meisten dieser Gemeinschaften eher rückwärts orientiert. Sie versuchen vermeintlich uralte Traditionslinien auszugraben, beschäftigen sich mit nordischen Sagen, Märchen, Göttern, Runen, Kultplätzen und Brauchtümern, favorisieren die „gute alte Zeit" gegenüber der Moderne und das Landleben gegenüber der „entseelten" Großstadt. Zwar benutzen auch sie alle den Computer, um ihren Zeitschriften ein attraktives Layout zu geben, aber „Flugscheiben" und Kontakte mit anderen Sternensystemen kommen in ihren Publikationen kaum vor. In z. T. altertümlichen Trachten treffen sie sich an „Heiligen Plätzen", um bestimmte heidnische Hauptfeste (Ostern, Hoher Maien, Mittsommer, Wintersonnenwende, Leinernte) zu feiern und beschäftigen sich mit alten Schriften, um Genaueres über die Religion ihrer Vorväter in Erfahrung zu bringen. Einer ihrer Haupttreffpunkte sind die Externsteine im Teutoburger Wald, wo viele von ihnen jedes Jahr am 21. Juni zusammentreffen, um die Sommersonnenwende zu feiern. Daß es keinen Beweis dafür gibt, daß sich an dieser Stelle eine germanische Kultstätte befunden hat, interessiert die wenigsten. Als Wikinger, Hexen oder Schamanen verkleidet, steigern sie sich mit ekstatischer Trommelmusik in die Vorstellung einer heidnischen Urzeit hinein und erwarten morgens gebannt den Sonnenaufgang in der hochgelegenen „Altarkammer". Trotz unterschiedlicher politischer Ausrichtung haben all diese Gruppen das gemeinsame Ziel, die keltisch-germanische Glaubenswelt Europas wiederzubeleben, die durch den jüdisch-christlichen Monotheismus brutal ausgerottet worden sei. Man erklärt die alten heidnischen Religionen zur eigentlichen geistigen Wurzel unseres Kulturraumes und versucht, sie den „drei Wüstenreligionen" als menschen- und naturfreundlichere Konkurrenz gegenüberzustellen.

Wir greifen aus der Fülle der existierenden Vereine einige wenige heraus, um an ihnen exemplarisch die unterschiedlichen vor allem ideologischen Ausrichtungen zu untersuchen und zu sehen, in welcher Weise dort auch mythologisches Gedankengut des „Dritten Reiches" in die Gegenwart herüberreicht.

In dem eindeutig rechtslastigen „Armanen-Orden" oder der sogenannten „Artgemeinschaft" findet man kaum eine direkte Verklärung von Hitler und der SS, aber trotzdem das uneingeschränkte Favorisieren der „weißen Rasse" oder ihres „Hauptstammes", der Germanen.[499] So druckt der 1976 von Adolf Schleipfer und Sigrun von Schlichting gegründete „Armanen-Orden" in seiner Zeitschrift „Irminsul" unkritisch die rassenmystischen Publikationen des Lanz von Liebenfels ab, die einen nicht unwesentlichen Einfluß auf die NS-Ideologie hatten, indem sie die „Ario-Germanen" zur überlegenen „Herrenrasse" erhöhten. Zwar geben die „Armanen" vor, sich nur das Recht zur Suche nach eigenen Wurzeln zu nehmen, aber im Hintergrund ihrer Weltanschauung stehen ganz klare Wertvorstellungen über den unterschiedlichen Rang verschiedener Völker und Kulturen. So werden – wie in alter völkischer Tradition – die „Arier" gerne „Kinder der Sonne" oder „Lichtgeborene" genannt und als Träger eines besonders heroischen Kampfeswillens verklärt, den man als Lebenseinstellung zu übernehmen habe.[500] Man behauptet, eine Wiederverkörperung in der „weißen Rasse" zeige, daß die Seele in ihrem Weg durch viele Erdenleben schon einen langen, erfolgreichen Aufstiegsweg zurückgelegt habe.[501]

Wie Lanz von Liebenfels und zahlreiche NS-Esoteriker glaubt auch Adolf Schleipfer daran, daß die „nicht-arischen" Rassen durch Vermischung von Gottmenschen mit Tieren entstanden seien, während die „Arier" nach dem Untergang ihrer Urheimat Atlantis erst Kultur in alle Teile der Welt getragen hätten.[502] Die Beschäftigung mit den keltischen und germanischen Göttern bedeute eine Anknüpfung an deren altes Wissen, das die „Armanen" kritiklos aus den Schriften Guido von Lists beziehen, der als „Seher" und „Erberinnerer" verklärt wird.[503] Die Wahl der jeweiligen Religion sei nicht der freien Entscheidung überlassen, sondern man stehe sozusagen unter dem Zwang, sich für eine „artgemäße Religion" zu entscheiden, weil bei der Verbindung mit einem „fremden Gott" innerliche Verformung drohe.[504] Als eine solche „Fremdreligion" wird vor allem das Christentum angesehen, das von den „Armanen" in plakativer Feindbildmanier beschimpft und für alle Defizite der Neuzeit verantwortlich gemacht wird. In der Vereinszeitschrift „Irminsul" schreibt eine angeblich „Wissende" von Streifzügen zu geheimen Plätzen in der Natur, wo sie noch heute die Grausamkeiten der Inquisition „riechen" könne: „Ich umschreite in einem Oval das Gelände und komme an eine Stelle, wo mir die Haare leicht zu Berge stehen; es ist unheimlich hier, und man spürt die magnetische Virulenz, die von einem Ort ausgeht, von dem ich weiß, daß es solche Orte gibt – es ist nicht das erste Mal, daß ich im Bannkreis einer Stätte stehe, – die *verflucht* worden ist. Vielleicht finden wir den Weg, der gefällig ins Zentrum des Geschehens führt, denn ich weiß, daß weiter oben ein Gemäuer gestanden haben muß ... Verweigerung bis zum letzten Atemzug – eine Ordensburg, eine *Kemenate*, – Häresie, Prunk und Wohlstand einer einstigen Großherrin – zuletzt ein Krematorium, – hier sind Schandtaten geschehen in einer unvorstellbaren Größenordnung. Vielfach sind Burgen darüber gebaut worden, die Geschehnisse liegen noch nicht allzuweit zurück. Klosterähnliche Einrichtungen oder Kirchen rammte man in das Blut solcher entweihten Verlassenschaften ..."[505]

In diesem Text stilisiert sich die Autorin zu einem Medium hoch, das behauptet, in direkter Verbindung mit dem Leiden eines früheren, scheinbar nur friedfertigen Heidentums zu stehen. Es handelt sich um eine Parallele zu dem heute in der Esoterikszene verbreiteten „Channeling", bei denen Medien – meist Frauen – vorgeben, Botschaften von fremden Sternen zu empfangen oder durch verstorbene Komponisten neue Werke „diktiert" zu bekommen. Solche „okkulten Fähigkeiten" scheinen in der neuheidnischen Szene in Verbindung mit unkritischer Verklärung alles Archaischen und Dämonisierung des Christlichen auf viele einen großen Reiz auszuüben. Dem erschöpften Verstand stehen damit klare Feindbilder zur Verfügung: Man kann sich nur noch auf den „Bauch" als wahres Erkenntnisinstrument verlassen und die eigene Vergangenheit zu unbelasteten „Goldenen Zeiten" hochstilisieren. Auf eine genaue Rekonstruktion dessen, was keltisch-germanische Religion wirklich einmal gewesen sein mag, läßt man sich beim „Armanen-Orden" kaum ein, sondern folgt den phantastischen Theorien von Autoren, die bereits vor oder während des „Dritten Reiches" den „Arier-Mythos" mit ihren Ideen nährten. Neben Lanz von Liebenfels zählen dazu auch Guido von List sowie die SS-Mitglieder Richard Anders und Günther Kirchhoff, deren Deutungen selbst Himmler und dem „Ahnenerbe" zu versponnen waren.[506]

So glauben die „Armanen", die erst im Mittelalter aufgezeichnete „Edda" reiche in Wahrheit vor die letzte Eiszeit zurück, und unsere Urahnen hätten bereits „Scheiben mit überragender Flugeigenschaft" durch die Luft bewegt.[507] Aus dem persischen Wort „Farsi" liest man die deutschen „Friesen" heraus und sieht darin einen weiteren Beweis für germanische Kulturstiftungen im alten Orient.[508]

Während solche Phantasien noch eher belustigend sind, hört der Spaß beim Naturbegriff dieser Gruppe auf. Wie bei den Erdbeeren und Buschbohnen, so heißt es in der Hauszeitschrift „Irminsul", merze die Natur auch beim Menschen alles „Kranke und Wertlose" ohne Erbarmen aus, und gerade in diesem Gesetz wird die Anwesenheit eines „Gottes" erspürt. Infolgedessen begrüßt man auch Gewalt und Krieg als von einer kosmisch höheren Logik verhängte Notwendigkeiten. Sie seien eine „Ausdrucksform des ‚Heilens'", die letztlich mehr Harmonie und Ordnung in die Schöpfung bringe.[509]

Unbekümmert um die Belastung, die ein Wort wie „Ausmerzen" durch Holocaust und Euthanasie erfahren hat, wird es umstandslos von der Pflanzen- auf die Menschenwelt übertragen und als nötiges Ausleseverfahren positiv bewertet. Obwohl die „Opfer" dieses Vorganges nicht direkt benannt werden, braucht es nicht viel Phantasie, sich diejenigen vorzustellen, für die kein Platz in einem solchen Weltbild ist. Stellen wie diese zeigen, daß die Naturverehrung vieler neuheidnischer Gruppen nicht nur das Tragen von reiner Baumwolle oder die Verehrung von

Bäumen umfaßt, sondern auch die Unterwerfung des selbständig denkenden Individuums unter angeblich vorgegebene „kosmische Gesetzmäßigkeiten". Alle geistigen und moralischen Errungenschaften der kulturellen abendländischen Entwicklung werden damit ignoriert.

Nicht zur Kenntnis genommen wird die mühsam in der Aufklärung errungene Freiheit des einzelnen, auch gegen Natur-, Götter- und Sippenzwang entscheiden zu können, sowie das Mitgefühl mit den Schwachen und Behinderten, in denen erstmals das Christentum denselben „göttlichen Funken" wie in den Starken und Gesunden erblickte. Zwar zogen auch kirchliche Institutionen im Mittelalter tatsächlich eine Gewaltspur durch die Welt, aber die Botschaft der Bergpredigt von Toleranz und Nächstenliebe bleibt davon unangetastet und hat mindestens in den karitativen Aktivitäten des Christentums ihren Nachklang gefunden. Mit bissigem Trotz wird dies von nahezu allen Neuheiden ignoriert, und die extremsten unter ihnen versuchen sich in Verbal-Attacken gegen die biblischen Religionen gegenseitig zu übertreffen. So wird etwa der Anblick des Kreuzes in der den „Armanen" nahestehenden Zeitschrift „Huginn und Muninn" als „Widerwärtigkeit" beschrieben und spöttisch gefragt, wie man nur „einen Galgen mit der Leiche eines Sektierers anbeten" könne. In maßloser Übertreibung zählt man acht Millionen von der Inquisition getötete Frauen auf und nennt die Kirche die „größte Verbrecherorganisation aller Zeiten", die – im Gegensatz zu den „toleranten" neuheidnischen Gruppen – auch noch finanzielle Unterstützung vom Staat bekomme.[510]

Dieselbe, manchmal sogar noch verschärfte Radikalität der Argumentation findet man bei der „Artgemeinschaft", die nach eigenen Angaben ca. 1000 Mitglieder hat und durch Mitgliedschaften in anderen Gruppen und Aktivitäten auf Tagungen noch mit zahlreichen weiteren, z. T. rechtsradikalen Formationen verbunden ist. So etwa ihr Leiter, der Rechtsanwalt Jürgen Rieger, der etliche Neo-Nazis verteidigte und auch Vorsitzender anderer rassistisch geprägter Weltanschauungsvereine ist. Er organisierte z. B. die Hetendorfer Tagungswoche, die vom Verfassungsschutz 1996 als „Forum für die geistige Aufrüstung des rechtsextremistischen Spektrums" bezeichnet wurde. Dort zelebrierte man neben germanischem Brauchtum auch Heldengedenkfeiern und den britischen Historikers David Irving, der die Existenz von Gaskammern im „Dritten Reich" leugnet.[511] Besonders aufschlußreich für die Ideologie der „Artgemeinschaft" sind Mitteilungen ihrer auch im Internet erhältlichen „Nordischen Zeitung", etwa das „Sittengesetz unserer Art". Dort ist die Rede von der „Kühnheit und Wehrhaftigkeit bis zur Todesverachtung gegen jeden Feind von Familie, Sippe, Land, Volk, germanischer Art und germanischem Glauben" sowie von „Härte und Haß gegen Feinde".[512] Jürgen Rieger gibt zuweilen auch konkrete Beispiele für das damit Gemeinte, etwa wenn er in einem Streitgespräch bedauert, daß man in heutigen Zeiten seinen Gegner nicht mehr zum altgermanischen „Holmgang" fordern könne, „um ihm den Scheitel mit der Axt nachzuziehen"[513]. In der „Nordischen Zeitung" wird das christliche Kreuz nicht nur als „Todessymbol schlechthin" diffamiert, sondern man droht der Kirche auch an, ihr eines Tages die „Rechnung für die an unserer Menschenart begangenen Verbrechen (zu) präsentieren".[514]

In langen Aufsätzen, die sich intellektueller geben als die Beiträge der „Armanen" und oft Nachdrucke aus der Nazi-Zeit sind, wird auch die jüdische Religion mit antisemitischen Behauptungen attackiert, die wir bereits von Wilhelm Landig und Miguel Serrano kennen. In Jehovas Namen – so heißt es dort – sei die „blutigste Spur durch die Jahrhunderte gezogen worden". Der jüdische Gott stelle eigentlich nur eine „monströse Erfindung dar – von Absolutheit besessen wie keine Ausgeburt der Religionsgeschichte zuvor und von einer Grausamkeit, die auch keine danach übertrifft".[515]

Das Töten sei Jehovas große Lust. Massenmord im Krieg sei bei den Israeliten selbstverständlich gewesen, verkündet der Artikel, dieser Gott genieße nichts so sehr wie Rache und Ruin. Er gehe ganz auf „im Blutrausch" und sei nichts als die „Erfindung einer eifernden, kriegslüsternden, alttestamentarischen Priesterkaste, die mit Hilfe dieser Kunstfigur es über die Jahrtausende verstanden hat, ihre Ziele hinterlistig und brutal zugleich durchzusetzen – ohne Rücksicht auf das Leben von Millionen von Menschen." Daher – so Dr. Wielant Hopfner, einer der Chefideologen der „Artgemeinschaft" – seien die heutigen Vertreter der „jüdisch-christlichen Ideologie" auch „unsere Feinde", weil sie die damaligen Verbrechen noch verherrlichen und kein Wort des Bedauerns darüber fänden.[516]

Als Leser solcher Zeilen wird man das Gefühl nicht los, als brauche dieses extremistische und rassistische Heidentum ein krasses Feindbild, um überhaupt zu einer eigenen Identität zu kommen. Vielleicht existieren bei den diesbezüglichen Ideologen doch auch große Zweifel an der Möglichkeit der Reaktivierung einer 1000 Jahre vergangenen und ebenfalls z. T. blutgetränkten Naturreligion, die ihnen eine gelassenere und differenziertere Reaktion unmöglich machen. „Artglaube" und „Artsittlichkeit" beziehen ihre Rechtfertigung erst aus dem Gegenüber einer „verrotteten, in Auflösung befindlichen Welt", die immer völlig eindimensional gezeichnet wird, um ihr dann als erlösende Alternative das „feste Ordnungs- und Wertungsbild" des Germanentums[517] gegenüberzustellen: eine Argumentationsfigur, wie sie die „Artgemeinschaft" mit vielen Sekten und fundamentalistischen Gruppen teilt.

Zu diesem „festen Ordnungsbild" gehört auch hier die Unterwerfung des Individuums unter die „ehernen Gesetze der Natur". Da sich niemals eine Blaumeise mit einer Kohlmeise paare – so wird ernsthaft geschlossen – sei dies auch für verschiedene menschliche Hautfarben unvorteilhaft.[518] Daher gebiete „das Sittengesetz in uns" nur eine „gleichgeartete Gattenwahl, die Gewähr für gleichgeartete Kinder".[519] Die Natur selbst habe es so gewollt, daß nur nordisch-germanische Menschen zur „Artgemeinschaft" zugelassen werden könnten: „Damit ist es gültig! Das heißt aber auch, daß z. B. ein Eskimo, ein Chinese oder ein Neger der ‚Gemeinschaft unserer Menschen' nicht angehören kann, gleich, wie sehr er sich das auch wünschen mag, wie sehr er sich darum auch bemühen mag. Unsere nordentstammten Menschen kommen alle aus dem gleichen ‚Gen-Pool', sie sind daher miteinander verwandt. Nur ihnen ... macht die ‚Artgemeinschaft – Germanische Glaubensgemeinschaft' ein religiöses Angebot."[520]

Wie bei den „Armanen" gesellt sich auch hier zu der rassistisch-aggressiven Komponente ein meist spekulatives Rekonstruieren der eigenen „Urtraditionen" aus diffusen Quellen und willkürlichen Annahmen. So wird etwa behauptet, die olympischen Spiele und der griechische Gott Zeus stammten eigentlich aus dem Norden, und das „Blonde" sei ein „jahrtausendealtes Merkmal einer Menschenart, die der Welt überhaupt erst Kultur brachte"[521]. Stonehenge wird in alter NS-Manier fälschlicherweise mit den Germanen in Verbindung gebracht[522], und in den Runen sieht man ein „mythisch-kosmologisches Netzwerk" von „vollkommener innerer Geschlossenheit", dessen Vokale angeblich auf „Kern- und Seelenlaute" der nordischen Rasse verweisen: o wie „hold", e wie „Ehre", ei wie „Feinheit", i wie „fiese Spinne", a wie „saftiger Braten" und u wie „im Dunkeln grausen".[523]

Während bei den „Armanen" und der „Artgemeinschaft" rassistisch-antisemitische Ideologie sowie willkürliche Spekulation über „germanische Religion" vorherrschen, gibt es jedoch auch andere neuheidnische Gruppen, die sich nicht nur von rechtem Gedankengut distanzieren, sondern auch eine sorgfältigere Recherche ihrer Götter, Mythen und Rituale betreiben. Wir wählen in unserem Zusammenhang nur zwei der profiliertesten davon aus, etwa die in Berlin ansässige „Germanische Glaubensgemeinschaft" des Geza von Neményi, der zwar vor einigen Jahren auch im „Armanen-Orden" begann, sich aber in einer glaubwürdigen Form von deren Ideologie getrennt und eigene Wege beschritten hat.

Im Gegensatz zum Fanatismus und der zuweilen grotesken Esoterik der bisher besprochenen Gruppen fällt bei Neményi ein bescheidenerer Tonfall und eine realistischere Einschätzung der eigenen Quellen auf. So trägt er in seinem Buch „Heidnische Naturreligion" sowie in der Zeitschrift „Germanen-Glaube" relativ sachlich viele entlegene Zeugnisse zu germanischen Mythen, Kultstätten und Brauchtümern zusammen und enthält sich weitgehend der Spekulationen der oben besprochenen Gruppen, die z. T. auch heftig kritisiert werden. So warnt er etwa vor der esoterisch überspannten Runendeutung der „Armanen"-Mitbegründerin Sigrun von Schlichting und empfiehlt statt dessen die wissenschaftlichen Werke von Wolfgang Krause und Klaus Düwel.[524]

Zur Selbsteinschätzung heißt es: „Das Heidentum der Germanen ist ein Mosaikstein im großen Mosaik der Kulturen und Völker, nicht besser, aber auch nicht schlechter als andere"[525], oder: „Wir müssen uns davon freimachen, immer als Weltverbesserer aufzutreten. Wir wollen einfach nur unsere heidnische Religion leben, unabhängig davon, welche Partei gerade regiert."[526] Vermutlich wegen der fehlenden rassistischen Töne werden Neményi und andere Mitglieder der „Germanischen Glaubensgemeinschaft" auch zu internationalen Veranstaltungen eingeladen, die einen interessanten Einblick in die neuheidnische Szene Europas vermitteln. Hierbei wird dann länderübergreifend „Naturreligion" in ihren modernen Erscheinungsformen diskutiert. So berichtete Neményis Mitstreiterin Catrin Wildgrube in einem längeren Artikel vom „International World Pagan Congress", der vom 20.–25. Juni 1998 in Litauen stattfand und u. a. auch von griechischen, indischen, russischen, schwedischen, polnischen, tschechischen und lettischen Neuheiden besucht wurde. Es sei ein Festival der Volkskulturen gewesen, das nationale Grenzen hinter sich gelassen habe, um Glaubensalternativen jenseits der klassischen Weltreligionen zu erörtern.[527] In Litauen gehört die alte Naturreligion – wie übrigens auch in Island – noch immer selbstverständlich zum Alltagsleben dazu und stellt angeblich die drittgrößte religiöse Kraft des Landes dar. Aus diesem Grund und wegen seiner unbelasteten Vergangenheit war es auch möglich, dort eine solche Veranstaltung ohne die Verkrampfungen und Verdächtigungen abzuhalten, die ein ähnliches Experiment in Deutschland unweigerlich nach sich gezogen hätte.

Der Artikel beschreibt in atmosphärischen Schilderungen, wie ca. 1000 Teilnehmer auf festlich geschmückten Hügeln und an kerzenerleuchteten Flußufern die Mittsommernacht feierten, wobei große Holzfeuer entzündet, Rundtänze getanzt und Lieder mit mythologischem Inhalt gesungen wurden, die die meisten der baltischen Teilnehmer auswendig kannten.

In einer anschließenden gemeinsamen Erklärung wurde gefordert, alle traditionellen Religionen in gleichberechtigter Weise zu achten und durch das neue universelle Auftreten die Sichtweise gegenüber der gesamten Menschheit zu erweitern.[528]

Wenngleich solche Schilderungen einen offeneren Geist verraten und das Neuheidentum von seinem rassistischen Schatten befreien, so bleibt auch Neményi gelegentlich in problematischen Denkfiguren befangen, etwa wenn er auf den letzten Hintergrund seines Natur- oder Gottesbegriffs zu sprechen kommt. Das einfache Übertragen von „Naturgesetzen" auf die Welt des menschlichen Geistes scheint einer der zentralen Schwachstellen für alle Neuheiden zu sein, denn auch bei Neményi heißt es: „In der Natur ist es so geregelt, daß das Kranke und Schwache untergeht. Das mag für den christlich beeinflußten Menschen grausam klingen, aber es ist im Interesse der Arterhaltung dringend notwendig. Würde sich das Schwache weiter fortpflanzen, würde die ganze Art immer schwächer und dekadenter."[529]

Eine Form solch „unnatürlichen" Verhaltens wird z. B. auch in der Homosexualität gesehen, weil sie „in der vom Menschen unveränderten Natur" nicht vorkomme. Neményi vermutet in ihr eine „psychische Krankheit", eine „falsche sexuelle Prägung" und hält sogar „genetische Deformationen" für denkbar.[530] Allerdings läßt er sich nicht zu Äußerungen anderer Neo-Germanen hinreißen, die sich für diese „widernatürliche Unzucht" die Verbannung „gewisser Elemente" aus öffentlichen Ämtern wünschen.[531]

Neményi fordert zwar Toleranz, beharrt aber gleichzeitig auf seiner Feststellung einer „Unnatürlichkeit", die nicht mit den göttlichen Gesetzen in Einklang stehe. Hier wird das Hauptproblem des neuheidnischen Gottes- und Naturbegriffes deutlich: Neményi verkennt wie die meisten anderen Neo-Germanen, daß wir ein Wissen um die „vom Menschen unveränderte Natur" und also auch um letzte göttliche Fügung gar nicht mehr „unverfälscht" erhalten können. Nicht nur trennen uns tausend Jahre von den letzten Vertretern germanischer Religion, sondern der Mensch ist schon immer als ein gespaltenes Wesen in die Schöpfung hineingestellt.

Anders als Pflanze und Tier wurden ihm Rationalität und Ich-Bewußtsein verliehen, wodurch er sich immer schon von der Natur unterscheidet. Seine Aufgabe ist eher die Gestaltung dieses „zerrissenen" Zustandes und nicht das Beklagen der Vertreibung aus einem vermeintlichen Paradies, das so niemals existierte.

Erst durch seine Gespaltenheit begann der Mensch sich zu entwickeln, und diese Spannung wurde zu einem ungeheuren Antrieb, der überhaupt erst Kultur, Philosophie, Dichtung und auch Mythologie hervorbrachte. Insofern beinhaltet auch die Vertreibung aus dem Paradies, wie sie am Anfang der von den Neuheiden so verschmähten Bibel geschildert wird, eine tiefe Wahrheit: Gerade die unbezähmbare Lust des Menschen, vom Baum der Erkenntnis zu essen, führt zu seiner Entfernung aus dem idyllischen „Garten Eden" und schickt ihn auf eine lange und schmerzhafte Wanderschaft des Geistes. Alle Sehnsucht der Nazis und Neo-Nazis nach den seligen Inseln von „Atlantis" und „Thule" sind Zeichen einer regressiven Trauer um diese verlorene Welt und für das Unbehagen, in der „zerrissenen" Moderne leben und überleben zu müssen. Sie wollen sich an die „Ganzheit", die angeblich einst existierte, nicht durch Anstrengung des Begriffes oder kreative Arbeit wieder neu herantasten, sondern sie durch raunendes Beschwören von „Instinkt", „Blutreinheit" und „Urwissen" unbeschädigt zurückerhalten. Auch Neményi träumt davon und hält diesbezüglich an den alten Mythen fest, die er zu göttlichen Offenbarungen[532] verklärt, wobei er verkennt, daß auch sie bereits „Kunstprodukte" sind, in denen sich intuitives Erfassen von Naturkräften und menschliche Erfindungsgabe ununterscheidbar miteinander vermengen. Götternamen, Symbole und Rituale wurden von der Volksphantasie erdacht, um die Fülle des Wahrgenommenen und Gefühlten zu ordnen. Schon in den Mythen wirken Rationalität und klassifizierendes Denken mit, und sie sind nicht mehr nur ein reiner Spiegel kosmischer Weisungen, sondern Akte menschlicher Phantasie und Intelligenz. Der Versuch, in der heidnischen Religion „unverfälschte Natur" aufzuspüren, ist daher eine naive Wunschprojektion. Er läßt den kreativen Eingriff außer acht, den bereits unsere Urahnen an der Welt vornahmen. Wenn aber schon sie kein ungetrübtes „Sprachrohr" des Göttlichen mehr waren, um wieviel weniger können wir es heute sein, denen das von unseren Vorfahren „Geschaute" nur in vielfältiger Filterung übermittelt ist?

Das Außerachtlassen solcher Realitäten kann die Beschäftigung mit Mythologie schnell in fundamentalistische Richtungen treiben: in den Glauben an die Unmittelbarkeit eines vielfach Vermittelten und an die Verabsolutierung von „göttlichen Wahrheiten", die auch in archaischen Zeiten nur in einem bestimmten Kontext Gültigkeit hatten und nicht einfach auf unsere Zeit übertragbar sind.

Solche Bedenken wurden auch von anderen neuheidnischen Gruppen erkannt und gegen Neményis „Naturbegriff" kritisch vorgebracht. So wirft ihm etwa Matthias Wenger, Leiter der ebenfalls in Berlin ansässigen „Gemeinschaft für heidnisches Leben" vor, die Mythen der „Edda" umstandslos als „Willen der Götter" zu nehmen, dem der gläubige Neuheide einfach zu folgen habe. Germanische Götter und Göttinnen faszinierten auch ihn, schreibt Wenger, man könne die ihnen von Menschen angedichteten Worte deshalb aber nicht als göttliche Weisungen verstehen. Damit würde man sich auf das Niveau „protestantischer Bibelfetischisten" begeben. Er betont den Unterschied zwischen dem Menschen, der seine Triebziele aufgrund spezifisch menschlichen Vorstellungsvermögens frei wählen könne, und dem Tier, das daran gebunden sei, seine „Triebziele auf ein bestimmtes vorgeschriebenes Triebziel" zu richten und warnt davor, das den Menschen Einschränkende am tierischen Erbe zu bevorzugen und damit die „Errungenschaften des Humanen" zu leugnen.[533]

Auch Wenger kommt anfänglich aus eher rechtsorientierten Neuheiden-Gruppen, aber die obige Kontroverse sowie zahlreiche andere Stellungnahmen zeigen, daß er sich zu differenzierteren Gedankenpositionen weiterentwickelt hat. Unter anderem auch wegen des Fehlens von Fundamentalismus zählt die von ihm herausgegebene Zeitschrift „Der Hain" zu den anregendsten Versuchen, heidnische Religiosität in zeitgemäßer Form zu erforschen. Künstlerisches Niveau, Tonfall und geistiger Horizont sind weit vom deutschtümelnden und fanatischen Gestus des „Armanen-Ordens" oder der „Artgemeinschaft" entfernt. Neben den üblichen Aufsätzen über Kultstätten, Runen und Götterwelten gibt es auch Exkurse zur Anthroposophie und zum Hinduismus, profilierte moderne Mythenforscher wie Joseph Campbell werden in die Debatten einbezogen, durch die gelegentlich auch ein Hauch von Selbstironie weht, die man sonst bei den Neugermanen vergeblich sucht.[534] In Wengers „Gemeinschaft für heidnisches Leben" wird eher gesucht und geforscht statt behauptet und beschworen: „Wir können befruchtende Impulse jener alten Kulturen in uns aufnehmen", schreibt er diesbezüglich, „aber wir sollten uns davor hüten, darin eine Authentizität zu markieren, deren aufmerksame Überprüfung uns lediglich als hoffnungslose Scharlatane entlarven müßte ... Ein ‚Zurück zur Natur' – Leben wie die Ahnen – ist sicher nicht mehr möglich, nicht mit dem vorhandenen und nicht wegzuleugnenden Erkenntnisstand. Aber der Kontakt zur Natur darf nicht verlorengehen – oder wir selbst gehen verloren, denn wir können uns nicht aus ihr herausnehmen und unabhängig von ihr existieren."[535] Bemerkenswert ist auch ein Artikel von Wenger, in dem er sich mit der Verstrickung von Heidentum und Faschismus auseinandersetzt, wobei er auch „aus der Selbstbeobachtung" gewonnene Einsichten einfließen läßt. Er versucht eine „Phänomenologie der faschistoiden Psyche"[536] und untersucht Dispositionen, die jemanden anfällig für die Verführung durch rechtsextremistische Glaubensgemeinschaften machen können. Dazu zählen seiner Meinung nach ein gefährdetes Selbstgefühl, die Angst vor dem Fremden, eine übertriebene Liebe zur Vergangenheit, die eine bedrohliche Wirklichkeit ersetzen soll, der Hang zu Verschwörungstheorien, das Bedürfnis eines kraftlosen Selbst nach kollektiver Stärke sowie eine antiintellektuelle Gesinnung, die das Raunen eines vermeintlichen „Urwissens" dem klaren Denken vorzieht.[537] Der zunehmende Erfolg rechter Gruppen – so Wenger – habe damit zu tun, daß diese sich durchaus realer Probleme der Menschen annähmen, aber ihnen falsche und entstellte Lösungen dafür anböten. Gegen das immer stärker werdende Defizit an echten menschlichen Beziehungen propagierten sie Alternativen wie „Rasse", „Nation" oder „Stamm" und versuchten, die Zurichtung des Körpers in der Zivilisation durch einen „Kult des Körperlichen" und die Feier „gesunder Instinkte" zu kompensieren. Gegen die in rechter Esoterik oft betriebene Verklärung einer „mysteriösen inneren Stimme des Blutes" setzt Wenger die Pflege einer klaren sinnlichen Wahrnehmung: „Nur mit ihr können wir mit der Natur in Beziehung treten – besser als mit jeder Trancereise oder rein innerseelisch verstandenen Vision."[538]

## „Nordischer Nietzscheanismus": Neuheidentum in der Pop-Musik

Ähnlich vielschichtig wie in den neuheidnischen Gruppen verläuft die „Wiederkehr der alten Götter" im Bereich der Pop-Musik, die allein zahlenmäßig eine ungleich größere Interessentenschar erreicht als die in kleinen Auflagen vertriebenen Zeitschriften der Neo-Germanen.

Interessant ist die Musik-Szene vor allem deswegen, weil sich hier alte Mythen und Symbole manchmal mit modernen Ausdrucksformen verbinden, die nicht automatisch gegen Technik und Avantgarde eingestellt sind, sondern auch neue Verbindungen zwischen diesen Extremen suchen. So haben die alten Götter Europas inzwischen nicht nur Eingang in die biederen Lieder rechtsorientierter Barden gefunden, sondern finden sich auch in Musikarten wie Techno, Punk, Gothic, Neo-Folk, Industrial und Dark-Metal wieder. Dabei reicht das Ausdrucksspektrum von düster-martialischen Klangcollagen mit Anspielungen auf Nazi-Wochenschauen, Wagnermusik und Hitlerreden bis hin zu den poetisch-kraftvollen Liedern, mit denen etwa die norwegische Sängerin Mari Boine ihre heidnisch-vorchristlichen Wurzeln sucht.

Harmlos-naiv und weder künstlerisch noch ideologisch von besonderer Bedeutung sind Rockgruppen wie „Menhir" oder „Einherier", die in ihren Texten und CD-Layouts mit neuheidnischen Elementen spielen, von „Sonnenwende", und „Schwertzeit" singen und sich zuweilen auch mit Bärenfell und Methorn auf dem Cover ablichten lassen. Hier scheint das Germanische eher zum Wilden-Mann-Image der Metal-Szene zu gehören, und selbst wenn die Plattenfirma von der „Rückkehr der heidnischen Krieger" spricht, so sind damit keine Aufrufe zu neonazistischen Umtrieben gemeint, sondern Kraft-Metaphern, wie sie in zahllosen anderen apokalyptisch angehauchten Metal-Texten auch vorkommen.[539]

Ideologisch konkreter wird es schon, wenn germanische Mythologie bei einem rechten Liedermacher wie dem Thüringer „Veit" auftaucht, der in einem Lied Hilfe von „Odin" gegen einen Angriff von links herbeiruft: „Sie waren zu fünft und du allein und da half dir auch kein Schrei'n ... Sie waren links und radikal, in ihren Händen glänzte Stahl, rotgefärbt von deinem Blut: Hoffnung auf Odins Gerechtigkeit. Aus den Wunden tropft es rot und du spürst auch schon den Tod, deine Mörder lachen leis, die letzten Tritte spürst du nicht, als dein fester Blick sich bricht, Walhallas Tore stehn dir offen..."[540]

Ebenfalls eng mit der rechten Szene zusammenhängend sind Skinhead-Bands wie „Odins Erben", „Asgard", „Thors Hammer", „Ultima Thule" oder die weiblichen „Wallküren", die mythologische Elemente als martialische Anheizer oder Zeichen der Ahnenverbundenheit in ihre Texte einstreuen, aber sonst eher in aggressiver Sprache gegen ihre Feindbilder zu Feld ziehen. Ihre CDs werden durch rechte Vertriebsfirmen verbreitet, die meist zusätzlich keltisch-germanische Accessoires (Symbole, Anstecker, T-Shirts, Bücher etc.) anbieten und auch die Werbung für die meist konspirativen Auftritte der Gruppen übernehmen, in denen z. T. offen zur Gewalt aufgerufen wird.

„Die Rechte muß das wichtige identitätsstiftende Kommunikationsmittel Musik im Auge behalten", heißt es in der rechtsextremen Zeitschrift „Nation und Europa": „Nichts erreicht breite Schichten leichter, die stark weiterkopierten Alben ersetzen Berge von Flugblättern. Vor allem: Auch weniger politikbegeisterte junge Menschen werden erreicht, da die Texte ihre Welt unübersehbar (oder unüberhörbar) widerspiegeln."[541]

Anders dagegen und schwerer greifbar etwa die 1998 erschienene Doppel-CD „Riefenstahl", auf der 20 internationale Gruppen in sehr unterschiedlichen Songs und Experimentalstücken der gleichnamigen Künstlerin, Tänzerin und Filmemacherin aus der NS-Zeit huldigen. Herausgeber ist der Buch- und Videoversand VAWS, der auch etliche der im vorliegenden Buch besprochenen esoterischen Autoren im Programm hat: Helena Blavatsky, Guido von List, Otto Rahn und Jan van Helsing, dazu spekulative Bücher über Runenkunde sowie dubiose Videos über „Ufo-Geheimnisse des Dritten Reiches".

Zudem vertreibt VAWS Bücher von oder über Josef Goebbels, Hermann Göring, Karl H. Frank, Rudolf Heß und Alfred Rosenberg, die Titel wie „Mit ruhig festem Schritt" oder „Mein Leben

für Böhmen" tragen und ihre Verfasser zu Märtyrern hochstilisieren. Der Käufer der CD erhält den Verlagsprospekt mitgeschickt und wird so vor dem Hören der Musik bereits in ein stark völkisch-national angehauchtes Geistesfeld hineingezogen. Im Gegensatz dazu enthält die Textbeilage der CD einen durchaus poetischen Essay des österreichischen Musikers und Schriftstellers „Kadmon", der auf dem Tonträger auch mit seiner Band „Allerseelen" vertreten ist. In diesem Text beschreibt er seine Begegnung mit Leni Riefenstahls Film „Das blaue Licht", der ihn in eine entlegene Zauberwelt entführt habe:
„Ein zutiefst schöner und zutiefst trauriger Film, voll Anmut und Andacht. Ich war tief bewegt, als ich von diesem Film las. Das Magische und Tragische dieser Berglegende, die um 1866 in den Dolomiten spielt, zog meine nach Heiligtümern heischende Seele magnetisch an. Tief in mir berührte ‚Das blaue Licht' dunkle Saiten, ließ sie schwingen, klingen ... Ich suchte nach diesem Film viele Monde. Ich liebte ihn leidenschaftlich, ohne ihn jemals gesehen zu haben. Schließlich wurde ich fündig. Als ich ‚Das blaue Licht' zum ersten Mal spätabends in einer dunklen Kammer sah, war ich ganz eingezaubert, eingesponnen von der sinnlich-übersinnlichen Aura, von der traurigen Schönheit dieses Lichtspiels, das ganz im Zeichen der Selene, im Zeichen des Mondes stand."[542]

„Kadmon" bezeichnet blau als „die Farbe der äußersten Orte und der letzten Grade", die für ihn Sehnsucht, Ekstase, Ewigkeit und Rätselhaftigkeit ausdrücke und sich in der Dämmerung, im Nordlicht, im Eis, in Gewitterwolken und der Tiefsee wiederfände. Er stellt diese Bilder gegen „das blaue Licht allnächtlicher Bildschirme, aus denen Kitsch und Krieg in städtische Wabenbauten strahlt" und gegen „das blaue Licht der Einsatzfahrzeuge, flackerndes Symptom traumatischer Erfahrungen in den großen Städten der Enteignung und Entzauberung."[543]

Dies sind Töne, die nicht einfach mit Worten wie „rechtslastig" oder „braun" abzutun sind, nur weil sie sich mit einer Künstlerin beschäftigen, die im „Dritten Reich" eine große Karriere machte und zu deren Bewunderern übrigens auch Regisseure wie Francis Ford Coppola, Rainer Werner Faßbinder oder der Fotograf Helmut Newton gehören. „Kadmons" Reflexionen zum „Blauen Licht" drücken zunächst einmal nur die romantisch-spirituelle Sehnsucht nach bestimmten Werten aus, die einer als kalt empfundenen Gegenwart gegenübergestellt werden. Auf der CD selbst ist kein direkter Bezug zu Leni Riefenstahl mehr zu erkennen. Man taucht in eine Collage ein, die sich mit Zitaten u. a. aus germanischen Mythen, NS-Wochenschauen und Wagner-Opern provokativ mit der magisch-faszinierenden Aura des Nationalsozialismus beschäftigt. Die Songs tragen Namen wie „Wege zu Kraft und Freude", „Sturmlied", „Germania incognita" (Schwarze-Sonne-Mix), „Katharsis", „Eisiger Sturm", „Antifeministe" (Mädchen in Uniform), „Wider die Masse", „Schatten des geistigen Niederganges" und formulieren eine Zivilisationskritik, die gegen Vermassung und atomaren Wahnsinn eine neue „Morgenröte" beschwört. Dabei findet man keine explizit rassistischen oder antisemitischen Äußerungen, sondern eher eine diffuse Sehnsucht nach einer neuen heroischen Elite, die wie ein kraftvoller Sturm über die materialistisch gewordene Welt fegen soll. So etwa im Lied „Germania incognita" der Gruppe „Forthcoming Fire":

„Schwarze Sonne, greif in mein Herz
Zerreiße mein Dunkel, tilge den Schmerz,
Seltene Sprossen von eigenem Rang,
Uns war der Winter so kalt,
Uns war die Nacht so lang,
Haben der Liebe so lang entbehrt,
Mit der Morgenröte sind wir heimgekehrt."[544]

Ähnlich apokalyptisch der sich auf germanische Mythologie beziehende Song „Das ewige Rad" der Gruppe „Nothwende":

„Der Ruf des Wolfes schallt durch Wald und Wind,
Der Schrei der Raben füllt Blut und Geist,
Der Huf Getrampel im Rhythmus des Pulses,
Die wilde Jagd beginnt.
Zum letzten Mal bläst der Wächter sein Horn
Allvater ruft zur letzten Schlacht.
Die Toten, sie rufen mit all ihrer Kraft,
Ihr Erbe anzutreten sind wir bereit..."[545]

Kritiker nannten diese künstlerisch meist eher dürftigen Klang- und Wortcollagen eine „vertonte Umsetzung von Riefenstahls faschistischer Ästhetik" und sahen darin einen gezielten Versuch „neurechter" Kreise, durch Enttabuisierung von Nazi-Symbolen und -Mythen Jugendliche über die Pop-Musik für ihre Weltanschauung zu gewinnen.[546] Dabei wurde jedoch übersehen, daß diese CD sehr verschiedene Interpreten, Themen und Ausdrucksformen enthält, die nicht alle durch ein geheimes Netzwerk miteinander verbunden sind oder von einer einheitlichen Ideologie gespeist werden. Beim Hören der unterschiedlichen Tracks spürt man, daß es die Musiker vor allem gereizt hat, verdrängte Themen wie „Heldentum", „Mythos" oder „Germanen" aufzugreifen und mit dem darin schlummernden – weil unaufgearbeiteten – emotionalen Potential zu spielen. Dies rührt natürlich vor allem hierzulande an heftige Tabus. Den Kritikern entging, wieviel Trotz und Lust am Verbotenen dabei mitspielt, und sie versuchten, durch Querverbindungen von einzelnen Musikern mit bestimmten Organisationen oder Zeitschriften das ganze Projekt als „rechts" einzustufen. Dabei fällt eine merkwürdige Doppelmoral auf. Man entrüstet sich über das „Kokettieren mit faschistischen Images"[547], aber kein Wort der Kritik fällt zum Kult des Heroischen und der Erotisierung des Krieges, wie sie in Kinofilmen, Fantasyheften, Computerspielen und Videos gang und gebe sind, die tausendmal mehr Verbreitung finden als die „Riefenstahl"-CD.

Unsere heimliche voyeuristische Lust an den allabendlichen „Fernsehkriegen" wird genauso ausgeklammert wie die Begeisterung für gestählte Kino-„Terminatoren", die mit patriotischer Gesinnung „westliche Werte" gegen „Dunkelmänner" verteidigen. Wenn jemand von „Schwarzer Sonne" oder vom „Sturmgott" Wotan singt, wittert man schnell und ohne jede Differenzierung nazistisches Gedankengut, während sich niemand darüber erregt, wie raffiniert gerade US-Regisseure in Filmen wie „Top-Gun" oder „Independence Day" Vaterlandsliebe, Heldenverehrung und die Erotik von Kriegsmaschinen in Szene setzen. Spielen einige „Riefenstahl"-Musiker mit Wagnerklängen, stehen sie im Verdacht „faschistischer Ästhetisierung", aber wenn die Piloten in Coppolas „Apocalypse Now" zur gleichen Musik vietnamesische Dörfer zerbomben, gilt das als „Kultereignis" eines genialen Regisseurs, dessen tiefe Faszination für solche Dinge gerne übersehen wird.

Auch in den deutschen Medien geht man mit Krieg, Gewalt, Heldentum und Nationalsozialismus nicht nur aufklärerisch um, sondern lädt diese Dinge oft mit erheblichen Suggestivkräften auf, um höhere Einschaltquoten oder Verkaufszahlen zu erzielen. So wird in einer neueren mehrteiligen TV-Dokumentation über das „Dritte Reich" zwar auf der Textebene „gemahnt", aber effektvoll nachgestellte Szenen betonen auch das „Magisch-Dämonische" vieler NS-Protagonisten und nähren es damit auf unterschwellige Art und Weise. Der häufige Gebrauch von Zeitlupe und das ständige Raunen einer thrillerartigen Musik im Hintergrund lassen Hitler und seine SS-Generäle dabei gelegentlich wie schwarze Götter daherschreiten. Auch in den Print-Medien wird der Diktator einerseits zum Inbegriff des Bösen erklärt, ist aber ebenso gut genug für jede reißerische publizistische Aufmachung. So sprach selbst der „Spiegel" von Hitlers letzten Tagen erschauernd als „Höllenfahrt", und „Die Woche" erhöhte seine weltentrückte Residenz bei Berchtesgaden zum „Zauberberg"[548]: metaphorische Verklärungen seiner Person ins Dämonisch-Transzendente, an denen wir uns insgeheim berauschen und die sich besser verkaufen als nüchterne Berichterstattung.

Nie hatte der „Stern" so hohe Auflagen wie nach der Ankündigung von Hitlers geheimen, aber dann doch gefälschten Tagebüchern, aus denen wir alle gern etwas über das Innenleben eines „Monsters" erfahren hätten. All dies scheint jedoch nur in der „Schmuddelecke" erlaubt zu sein, wo man ein wenig an den magischen und suggestiven Komponenten des „Dritten Reiches" schnuppern darf, ohne sie jedoch wirklich in ihrer Kraft zu benennen und analytisch zu konfrontieren. Bevor man sich also kritisch mit den tieferen Motivationen der „Riefenstahl"-CD auseinandersetzt, sollte man dies in Erwägung ziehen und die von ihr ausgelöste Empörung auch als ein Stück unbearbeiteter Vergangenheit ernst nehmen. Denn vermutlich fand sie nicht nur deshalb zahlreiche Käufer, weil Deutschland immer „rechter" wird, sondern weil besonders Jugendliche das oben benannte Mißverhältnis von rationaler Bewältigung und verdrängter emotionaler Suggestion spüren und von nachvollziehbaren Instinkten dazu getrieben werden, dem Reiz des Verbotenen nachzugehen.

Um einen genaueren Einblick in das ideologische Hinterfeld der „Riefenstahl"-CD zu bekommen, wollen wir uns zwei der dort vertretenen Musiker näher anschauen, die ihre Ideen auch in Form von Aufsätzen, Interviews und Gedichten veröffentlichten. Der Verfasser der oben zitierten Zeilen über die „Schwarze Sonne" ist Josef Maria Klumb, der als Sänger und Texter mit den Gruppen „Forthcoming Fire" und „Weißglut" verbunden war und auch für heidnisch-esoterische Zeitschriften schrieb. Das Bild der „Schwarzen Sonne" kreist immer wieder durch seine Lieder und Gedichte als ein brennendes, im Verborgenen leuchtendes Licht, das „die entseelte Flur" und das „entschlafene Land" aufwecken soll, um einen „neuen Adel" von „Sonnenrittern" zu begründen, der neues Feuer in die Welt trägt[549]: „Ich verberge meine Sonne in Schwarz ... Wir sind Sonne, aber unser Licht liegt verborgen. Schwarz ist unsere Kleidung, nicht aus Liebe zur Schwärze an sich, sondern als ein Tribut an die Nacht. Wir tragen die Nacht sichtbar nach außen gekehrt, den Tag scheinbar nach innen gekehrt."[550] Klumb liebt es, sich mit solchen Äußerungen als rebellischer Ketzer einer neuen Untergrundbewegung darzustellen, die geheime Mythen und Traditionen als Protest gegen eine oberflächlich-materialistische Welt wiederbeleben will.

Dabei scheut er sich nicht, Jan van Helsings antisemitisch gefärbte Verschwörungstheorien als „sehr verantwortungsbewußt" zu bezeichnen oder die in rechten Kreisen kursierende Legende von der angeblichen Ermordung Rudolf Heß' wieder aufzuwärmen.[551] Unbekümmert wirft er rechtslastiges, neuheidnisches, esoterisches und romantisches Gedankengut durcheinander und setzt sich damit einer Kritik aus, die ihn als „Nazi" aburteilt. So etwa in einem „Spiegel"-Artikel, der aus einem langen Interview, das Klumb an anderer Stelle gab, sinnentstellend nur einen einzigen Satz zitierte: „Ich glaube an die Lichtgestalt dieser geschändeten Nation. Ihre Geisteskultur, die eine liebende ist, kann und darf nicht länger unterdrückt werden."⁵⁵² Liest man das Originalinterview in voller Länge, kommt ein Weltbild zum Vorschein, das Rassismus und Nationalsozialismus verurteilt, jedoch von der Wiederkehr eines „Geheimen Deutschland" träumt, von dessen kultureller Tradition sich Klumb Impulse für die Befruchtung einer seelenlosen und stark von Amerika beeinflußten Gegenwart erhofft.⁵⁵³ Das scheint mit „Lichtgestalt der Nation" gemeint zu sein und nicht der NS-Mythos von einer alle anderen Völker überrennenden „arischen" Weltherrschaft. „Geheimes Deutschland" ist ein bei Klumb häufig wiederkehrender Begriff, der auch auf der „Riefenstahl"-CD auftaucht und auf den Hitler-Attentäter Claus von Stauffenberg zurückgeht, den der Musiker zu einem seiner Vorbilder erklärt.⁵⁵⁴ Stauffenberg bezog seine geistige Kraft für den Widerstand u. a. aus dem Umkreis des Dichters Stefan George, der die romantisch-idealistischen Impulse eines „Geheimen Deutschland" gegen den „Arier"-Wahn der Nazis verteidigen wollte. Zu dieser Tradition zählten auch Heine, Goethe, Schiller, Herder sowie Hölderlin, für den die Sendung „Germanias" darin bestand, als Priesterin „wehrlos Rat" zu geben „rings den Königen und den Völkern".⁵⁵⁵

Klumb beharrt darauf, in diesem Sinne deutsche Sprache und Mythologie nicht verleugnen zu wollen und auch als Pop-Künstler beerben zu dürfen.

Infolgedessen nennt er seine Projekte eine „Suche nach Seele", eine „Reise nach innen" und den Versuch, ein deutschromantisches Erbe von „Seelentiefe, Zauber, Begehren, Sehnsucht ... Sturm und Feuer" wiederzubeleben.⁵⁵⁶ Andererseits bleiben seine Ausführungen oft in übertriebenem Pathos und vager Esoterik stecken, etwa wenn er vom „geistigen Elend" der Nachkriegsdeutschen spricht, die er pauschal als „Totgeburten" kritisiert. Ebenso diffus und problematisch ist seine Bezeichnung der deutschen „Volksseele" als „Heiligtum", das nach dem Krieg „brutal vergewaltigt" worden sei und das er deshalb immer verteidigen werde.⁵⁵⁷ Angreifbar macht er sich vor allem dadurch, daß Exaltation, Trotz, Provokationslust und Koketterie seine Äußerungen bestimmen und er sich wenig darum kümmert, sein Anliegen in einer genauen Sprache zu formulieren. Dies steigerte sich in den letzten Jahren zu massiven Eskalationen und Beschuldigungen, die im Endeffekt dazu führten, daß sich Klumbs Plattenfirma wegen der zunehmenden Medienschelte von ihm trennte. Jetzt kann er sich – in ein gesellschaftliches Abseits gedrängt – wirklich als „Ketzer" und „Märtyrer" fühlen, was vermutlich nur zur Verschärfung seiner Positionen führen wird: ein verhängnisvoller Teufelskreis, wie er jedoch hierzulande typisch für die angespannte Auseinandersetzung mit bestimmten Aspekten der Nazi-Vergangenheit ist.

Ähnlich kontrovers, aber auch nicht eindeutig auf „rechts" festzulegen, ist der Österreicher „Kadmon", der ebenfalls mit einem Song auf der „Riefenstahl"-CD vertreten ist und den wir bereits mit seiner Hommage an den Film „Das Blaue Licht" zitierten. Gerhard Petak, wie er mit bürgerlichem Namen heißt, betreibt neben seiner Band „Allerseelen" auch die Schriftenreihe „Aorta", in der er sich mit mystischen Traditionen Europas auseinandersetzt, zu denen er so unterschiedliche Geister wie Joseph Beuys, Therese von Konnersreuth, Alfred Schuler, Fidus, Viktor Schauberger sowie die SS-Forscher Otto Rahn und Karl Maria Wiligut zählt. Zu Gedichten von Wiligut hat er sogar eine technoinspirierte CD herausgebracht, deren Cover ebenfalls das 12speichige Sonnenrad aus der Wewelsburg schmückt, das auch Petak unbekümmert „Schwarze Sonne" nennt.[558] In einem Aufsatz über Wiligut läßt er zwar seine große Faszination für Himmlers esoterischen Berater durchblicken, aber es schimmern auch kritische Töne durch. Bei der Lektüre von Wiliguts drakonischen Vorschlägen, für die Wiederherstellung des „germanischen Urglaubens" Geistliche „unschädlich" zu machen, überkommen Petak Enttäuschung und Unbehagen. Diese Forderung zerstöre in ihm den ursprünglichen Eindruck, Wiligut stehe durch sein Wissen für eine offene Geisteshaltung, deren Liebe zum eigenen Kulturkreis nicht unbedingt Feindseligkeit gegenüber anderen berge.[559]

Mehr Sympathie empfindet er für den homosexuellen Katharer-Forscher Otto Rahn, der von der SS in den Suizid getrieben wurde. Petak reist nach Kufstein und steigt mit einem Einheimischen in die Berge, um an der Stelle von Rahns Selbstmord ein aus Stroh geflochtenes Sonnenrad niederzulegen.[560]

Petak geht es in seinen Liedern, Aufsätzen und Exkursionen um das Aufspüren einer heidnisch-ketzerischen Tradition Europas, mit deren Verdrängung durch die Kirche auch dämonische, ekstatische und naturverbundene Seiten des Menschen in den Untergrund gedrängt wurden. Er berichtet über Kindheitserlebnisse in seiner österreichischen Heimat, bei denen zu den volkstümlichen „Perchten"-Festen maskentragende Burschen durchs Dorf zogen, um lustvoll Lärm und Schrecken zu verbreiten: ein letztes Relikt von kultischem und auch gewalttätigem Brauchtum, in dem sich das Individuum auflöste und rauschhaft mit der Gemeinschaft verband. Petak versucht dem nachzuspüren, was sich im Begriff „furor teutonicus" verbirgt, der nach dem Krieg zu einem Schimpfwort für „germanische Barbarei" verkam. Er sieht in ihm eine ursprünglich nicht auf reine Destruktion gerichtete Kraftentfesselung, die mit Tiermasken und „Heidenlärm" die Wintergeister vertreiben und die unter der gefrorenen Erde schlafende Natur aufwecken sollte.[561]

Die durch die Schneelandschaft rasenden wilden Scharen verübten dabei jedoch auch Rache- und Strafakte an denjenigen, die gegen diese bäuerlichen Traditionen verstießen, plünderten ihre Vorratskammern und steckten ihnen sogar die Häuser in Brand – ein ebenso faszinierendes wie erschreckendes Beispiel für die Verflechtung von kultischem Brauchtum und der Disziplinierung des Individuums durch die Gemeinschaft.

In einem Aufsatz über die Musik-Szene Norwegens zieht Petak die problematische Parallele zwischen diesen altheidnischen Praktiken und der wilden Dark-Metal-Musik des Varg Vikernes, eines sich als „Faschist" und „Odin-Verehrer" bezeichnenden Rock-Musikers, der seit 1993 wegen Totschlags im Gefängnis sitzt. Dort hat ihn Petak besucht und versucht, in ihm den zeitgemäßen Vertreter eines archaischen Heidentums zu finden, wobei ihn vor allem Vikernes' extreme Ansichten jenseits von aller „political correctness" zu faszinieren scheinen. So beglückwünscht der Inhaftierte radikale neuheidnische Gruppen, die seit 1992 in Skandinavien Brandanschläge auf christliche Kirchen vornehmen, da diese angeblich auf alten germanischen Kultplätzen errichtet worden seien und sieht darin einen „Neuanfang". Vikernes verehrt Odin, weil er der Gott des Krieges sei und damit die Evolution vo-

rantreibe, die sonst durch zuviel Frieden der „Entartung" anheimfallen würde. Seine Schallplatten bezeichnet er polemisch als „hundertprozentig germanische Tonkunst, keine Neger-Musik wie die ganze Metal-Musik."[562] Mit Hilfe der germanischen Götter deutet er seinen Gefängnisaufenthalt von höherer esoterischer Warte aus als Stärkung „für etwas Größeres in der Zukunft". Die nordischen Mythen hätten ihn gelehrt, daß wir uns für unser Schicksal unbewußt selbst das Schlimme und Grausame aussuchen, damit mehr Energie für unser Leben entsteht. Odin habe sich sogar selber aufgehängt, um durch Schmerz zu mehr Wissen zu gelangen, während Jesus Christus von anderen hingerichtet wurde.
Die meisten Menschen – so Vikernes – wählten aber Christus, weil sie zu schwach für Odin seien, der keine Hilfeschreie erhöre, sondern einen ohne Erbarmen auf die eigene Persönlichkeit zurückstoße: „Er will, daß wir stark sind und uns auf unsere eigene Kraft verlassen. Wenn ich Hilfe brauche und nicht auf eigene Faust die Kraft zum Überleben habe, bin ich nicht stark genug für Odin. Odin ist ein Gott der Starken. Das beeinflußt die norwegische Kultur – und auch unsere Gefängnisse. Die Ausländer hier brechen zusammen und bringen sich um – nachdem sie uns als Schwächlinge verhöhnten, die in einem so luxuriösen Gefängnis lebten ... Narren ... Das Gefängnisleben ist für mich eine Art Klosteraufenthalt, obwohl ich fast jede Woche weiblichen Besuch empfange." In seiner Zelle – so der Musiker – lese er viel (u. a. Hitlers „Mein Kampf") und entwickle sich geistig weiter, ohne – wie andere – an der Einsamkeit zu verzweifeln. Wenn er herauskomme, werde er sehr gut ausgebildet sein, in guter körperlicher Verfassung und mit seinem „guten alten, kindlichen Willen zur Macht".[563]
Diese Anspielung auf einen entscheidenden Terminus von Nietzsche ist nicht zufällig. Wie Klumb und Petak ist auch Vikernes ein großer Anhänger des deutschen Philosophen, und Petak nennt ihre gemeinsame Weltanschauung denn auch einmal „nordischen Nietzscheanismus"[564]. Sie sei der Versuch einer „Umwertung aller Werte", das Anknüpfen an heidnisch-nordeuropäische Glaubensvorstellungen im Kampf gegen Rationalismus, Materialismus und Christentum, die Bejahung des Einzelgängerischen, Heroischen und auch Grausamen gegen

Vermassung, Pazifismus und Flucht vor der schmerzhaft-tragischen Dimension des Lebens.

Zu dieser esoterischen Gesinnungsgemeinschaft gehört auch der Amerikaner Michael Moynihan, dessen Band „Blood Axis" ebenfalls im VAWS-Vertrieb erhältlich ist und mit dem Petak zuweilen gemeinsame Konzerte gibt. Auch Moynihan ist glühender Anhänger von Nietzsche, dessen „Antichrist" er 1988 in einer „schönen, dunkelrot gebundenen Ausgabe" in Englisch herausbrachte. Petak sieht in ihm einen jungen Künstler, der die Schattenseiten des „american dream" so genau kennenlernte, daß er „eine ungeheure Sehnsucht nach der alteuropäischen Glaubenswelt" entwickelte.[565]

Moynihan ist Angehöriger der nordischen Gemeinschaft „Asatru" und veröffentlichte u. a. in amerikanischen Neo-Nazi- und Satanismus-Magazinen. Er ist weniger ein Musiker als eine Mischung aus Schriftsteller, Forscher, Performer und vor allem Provokateur, der bei seinen Auftritten in Deutschland wütende Reaktionen der linken Szene hervorruft.[566] 1989 trat Moynihan mit anderen Musikern der englischen Untergrund-Szene in Japan bei der sogenannten „Osaka-Performance" auf, wo zu martialischen Klängen Texte von Nietzsche, C. G. Jung und Gabriele d'Annunzio vorgetragen wurden. Kontakte zu dem seit 1969 wegen vermuteter Anstiftung zu Mord inhaftierten amerikanischen Satanisten Charles Manson[567] führten zu Überwachungen von Seiten des FBI, das Moynihan 1991 verdächtigte, gemeinsam mit Manson ein Attentat auf den US-Präsidenten George Bush vorbereitet zu haben.[568]

In den letzten Jahren veröffentlichte er Produktionen seiner Band „Blood Axis" sowie das Buch „Lord of Chaos", indem er den Motiven von etwa 90 Mord- und Brandanschlägen nachging, die vor einigen Jahren aus der heidnisch-satanistischen Metal-Szene Skandinaviens heraus verübt wurden.[569]

Ähnlich wie Petak ist auch Moynihan von der Symbolik und Mythologie des „Dritten Reiches" fasziniert und geht damit als Amerikaner noch wesentlich unbekümmerter um als sein österreichischer Kollege. So beschäftigte er sich mit den Forschungen der SS-Stiftung „Ahnenerbe" sowie mit Himmlers Berater Karl

Maria Wiligut, dessen Texte er ins Englische überträgt, und unternahm mystische Exkursionen zu NS-Kultstätten wie dem „Sachsenhain" und den Externsteinen, die er in werbewirksamen Fotos festhielt.[570] Ebenfalls recht eingehend hat er sich mit dem ariosophischen Rassenmystiker Lanz von Liebenfels auseinandergesetzt, von dem er nicht nur Bildmaterial und Texte auf seinen CDs zitiert, sondern dessen „Kruckenkreuz" ☩ er auch als Hauptsymbol für seine Band übernahm. Er habe ein einfaches und klares Zeichen gesucht, das eine Achse oder Einheit verkörpere und dessen Gestalt mehrere andere kraftvolle Symbole wie Sonnenrad oder Thorhammer enthalte.[571]

Als bisheriges Hauptwerk von „Blood Axis" gilt die CD „The Gospel of Inhumanity", in der Texte von Nietzsche, Ezra Pound, Moynihan und Charles Manson über gesampelter Musik u. a. von Bach und Prokofieff zu hören sind. Das Begleitheft verbindet in morbider Virtuosität Abbildungen von Wikingersymbolen, Heldendenkmälern, Gralskelchen und Soldatenfriedhöfen zum Lobgesang eines göttlich verklärten Kriegertums. Über die Motive seiner Arbeit sagt Moynihan in einem Interview: „Als Teil meiner Persönlichkeit und im Einklang mit meiner Philosophie habe ich immer jene Dinge, in denen ich eine gewisse Resonanz fand, gründlich untersucht, wobei ich stets bemüht bin, zur ursprünglichen Quelle vorzustoßen, anstatt mich auf Informationen aus zweiter und dritter Hand zu verlassen ... Wenn man diese urtümlichen indoeuropäischen spirituellen Systeme wiederentdeckt, ist es, als wenn man vertrautes Raunen hört – in einer Geheimsprache, die man als Kind kannte, aber seitdem vergaß (oder die einem verboten wurde)."[572]

Ihn interessiert vor allem die keltische und germanische Mythologie, was er u. a. darauf zurückführt, daß die Hälfte seiner Familie aus Irland oder Deutschland stammt. An diesen Mythen ziehen ihn Werte wie „Ehre" und „Wahrhaftigkeit" an sowie eine Daseinsauffassung, in der „Kampf und Krieg als natürliche Hindernisse auf dem Weg zur höheren Entwicklung akzeptiert werden".[573] Dies scheinen ihm kraftgeladene Elemente für die Gestaltung einer eigenen Kunstform zu sein, die provokativ gegen eine flache Spaß- und Konsumkultur angehen will, gegen eine „sterile, leere Welt, in der alle Realität nur stellvertretend durch Film und Fernsehen und in Serienproduktionen hergestellter Pop-Musik erlebt wird".[574] Gegen diese Oberflächlichkeit sucht Moynihan nach archaischen Gefühlen und Glaubensvorstellungen, die aus einem vorchristlichen Zeitalter stammen und im Gegensatz zu dem heute öffentlich akzeptierten demokratisch-humanistischen Wertekanon stehen. Ein von „Blood Axis" vertontes Nietzsche-Gedicht bringt das Grundgefühl dieser Suche auf den Punkt, wenn dort von der „Liebe zum Abgrund" die Rede ist, von einsamen Positionen über Felsenschluchten, wo es kaum mehr Stellen zum Festhalten gibt und der Wanderer nur noch vom „irren Gelächter" der Raubvögel umgeben ist.[575] In der Nachfolge von Nietzsche sieht sich Moynihan als ein Forscher „jenseits von Gut und Böse". Radikal stellt er moderne Werte wie Toleranz, Gleichheit und Pazifismus in Frage und stellt ihnen provokativ Reizworte wie „Blut", „Opfer", „Hierarchie", „Kraft" und „Krieg" als die älteren und vermeintlich ehrlicheren Alternativen gegenüber.

Moynihan verehrt nicht den zu Mitleid und Feindesliebe aufrufenden christlichen Gott, er hängt dem germanischen Sturmgott „Odin" sowie der altpersischen Mithras-Religion an, die unter den römischen Soldaten weit verbreitet war. Vor allem das „Martialische", „die Betonung der Stärke" und die „Kriegsverherrlichung" – so der Musiker in einem Interview – zögen ihn besonders daran an. Die heidnischen Götter hätten nach 2000 Jahren Unterdrückung immer noch ein „kraftvolles, grausames Charisma", das vom Christentum nicht endgültig verdrängt worden sei und jederzeit wieder mit faszinierender Gewalt hervorbrechen könne.[576] Das Cover von Moynihans Live-CD „Sacrifice in Sweden" versucht diesen archaischen Geist in der Darstellung eines germanischen Blutopferrituals einzufangen: Zwei Priester, der eine mit erhobenem Thorhammer, der andere mit gezücktem Ritualmesser, stehen vor einem sich entblößenden Mann, während im Hintergrund Mädchen mit blonden Zöpfen ekstatische Tänze aufführen und vermummte Männer in altertümliche Instrumente blasen.[577] Ganz im Einklang mit der heidnischen Verklärung von Kraft und Stärke attackiert Moynihan auch die christlich-humanistische Wertvorstellung der Gleichheit aller Menschen vor Gott und beruft sich auf ein hierarchisches Weltbild. Das Problem der Überbevölkerung lasse sich nicht lösen, solange jeder Mensch das Recht auf Leben habe.[578] Seine Interpretation des Krieges als intensives Daseinsgefühl und notwendiger Bestandteil des Lebens schließt die Mitleidlosigkeit gegenüber dessen Opfern mit ein, was auch auf die Ermordeten des Holocaust ausgedehnt wird. Er glaube, so Moynihan in einem Interview, daß die Zahl 6 Millionen ungenau und wahrscheinlich eine grobe Übertreibung sei. Sein Hauptproblem sei jedoch, daß man von der Annahme ausging, das Töten Millionen unschuldiger Menschen sei als solches „böse". Er selbst neige mehr und mehr zur entgegengesetzten Schlußfolgerung.[579] In dem Song „Eternal Soul" auf der CD „The Gospel of Inhumanity" erklärt Moynihan in mystisch überhöhter Form, was er damit meint. Das zu dem Lied gehörende Foto im begleitenden Booklet zeigt den „Gralsraum", den Lanz von Liebenfels 1924 im ungarischen Marienkamp/St.Balazs einrichtete. Auf einem in einer Grotte stehenden Altartisch befinden sich zwei Kreuze und ein Gralskelch. Dort baten die „Neutempler" ihren „arischen" Gott darum, ihnen bei der Eliminierung der „Minderrassigen" zu helfen. In Moynihans Lied heißt es zu stählernen E-Gitarren:

„Jenseits der Zeit
Befreit von Sünde
Pflügen wir mit grimmiger Bestimmtheit
Über die Leiber der Erschlagenen.
Ihre Eingeweide nähren die Erde

Das Rad dreht sich von Neuem ...
Unsere Köpfe reichen ins Reich der Unsterblichkeit
Unsere Füße stehen fest auf dem Boden
Die Natur ist zum letzten Widerstand aufgerufen ...

Aufstehen gegen die Furcht
Sich wie unsichtbare Schatten bewegen
Ein Widerhall der uralten Wälder sein
Gekleidet in Schwarz und Grün ..."[580]

Kampf und Krieg werden von Moynihan metaphysisch betrachtet und als absolute Notwendigkeiten interpretiert. Die Toten des Krieges sind folgerichtig Abfallprodukte, die die Drehung des großen Schicksalsrades unausweichlich zurückläßt und über die man sich nicht groß aufregen sollte. Daher sind für ihn auch der Zweite Weltkrieg und Auschwitz nichts besonderes, sondern Katastrophen wie unzählige andere in der Geschichte der Menschheit: „Ich bin ehrlich, wenn ich sage, daß ich kein Humanist oder Menschenfreund bin. Ich denke, es gibt nichts besonders Einmaliges daran, daß Millionen Menschen während des Dritten Reiches gestorben sind. Das ist kein grausamer Zynismus von meiner Seite, sondern einfach die Wahrheit. Ich habe nie jemanden getötet und bin in Wirklichkeit eine recht freundliche Person gegenüber den meisten Menschen, denen ich begegne, ganz gleich um welche Rasse es sich handelt. Aber Regierungen (alle Arten von Regierungen, seien sie demokratisch, monarchisch, sozialistisch, kommunistisch, faschistisch oder was auch immer) haben Millionen von Menschen getötet, seit organisierte Staaten existiert haben. Man muß das zugeben, selbst wenn man sich wünscht, daß es anders wäre."[581]

Auch wenn die beiden letzten Sätze plausibel klingen, so ist nicht zu übersehen, daß Moynihan niemals wirkliche Kritik oder Betroffenheit angesichts der Verbrechen des „Dritten Reiches" äußert. Am Ende überwiegen immer Relativierung, Faszination und Bewunderung gegenüber dessen zerstörerischer Kraft und der dunklen Gewalt seiner Symbole.

Bei all seinem unbekümmerten Flirten mit Krieg, Blut und Gewalt bleibt am Ende die Frage offen, wie er reagieren würde, wenn er mit solchen Dingen auf einer persönlich-existentiellen Ebene und nicht nur im Freiraum ästhetischen Spiels konfrontiert würde. Für solche Überlegungen interessiert sich Moynihans Fangemeinde jedoch nicht, sondern sie ist von seiner dunkel-martialischen Ausstrahlung fasziniert und feiert seine Projekte als „Anarchismus und Propaganda für die vollkommene Schönheit der Kraft".[582] Gegen seinen Einfluß, wie auch gegenüber anderen „Gurus" der neuheidnischen und rechten Esoterik könnte u. a. mehr Aufklärung über die nach wie vor stiefmütterlich behandelte mystisch-suggestive Seite des Nationalsozialismus helfen. Man muß etwas wissen über Germanen, Hakenkreuzsymbolik, Runen, Kultstätten und Mythen, wenn man diesen neuen „Propheten" mit mehr als nur moralischer Empörung gegenübertreten will. Der Schulunterricht klammert diese Themen aus, und man hat den Eindruck, daß sich Pädagogen oder Erzieher auch nicht näher damit befassen wollen. In ihrem Hang, all dies eher zu verdrängen oder mit „politisch korrekter" Ächtung zu überziehen, befördern sie sogar noch die Abwanderung der entsprechenden Themen in unkontrollierbare Dunkelzonen, wo sie von charismatischen Ideologen und Künstlern mit neuer Faszinationskraft aufgeladen werden. Denn vor allem viele Jugendliche sind in ihrer Suche nach glühenden Bildern und Idealen besonders empfänglich für alles Ausgegrenzte und suchen sich mit untrüglichem Instinkt gerade das heraus, was die Gesellschaft verurteilt.

## „Nordland-Blues": Die Sängerin Mari Boine

Wie völlig anders eine Musikerin mit dem heidnisch-magischen Erbe Nordeuropas umgeht, soll noch am Beispiel der Norwegerin Mari Boine veranschaulicht werden, der die heroisch-selbstverliebten Töne eines Varg Vikernes oder Michael Moynihan gänzlich fehlen, die aber gleichwohl die mythologischen Quellen ihrer Vorfahren sorgfältig zu rekonstruieren versucht. Wenn sie in Deutschland Konzerte gibt, werden keine Protestaktionen verübt, sondern die Kritik berichtet begeistert von „nordischem Erbe", „Suche nach kultureller Identität" und nennt ihre Musik „so klar wie eine nordische Nacht".[583] Begriffe, die bei einheimischen Gruppen einen Nazi-Verdacht hervorrufen würden, werden hier fast wie Kultformeln benutzt, in denen sich die Sehnsucht vieler Deutscher zeigt, auch einmal nach einem spirituellen Erbe jenseits von Tibet und Indianern suchen zu dürfen. Ähnlich wie man im Berliner Tempodrom wochenlang ein „gallisches Dorf" errichtete, um mit Musik und folkloristischem Spektakel den rebellisch-lebenslustigen Vorfahren der französischen Nachbarn – und nicht der eigenen – zu gedenken, so kann man sich bei Mari Boine im Schutz der skandinavischen Frühzeit in ein Stück heidnisches Europa zurückträumen, ohne vom Schatten der Nazis eingeholt zu werden. Mari Boine ist Samin und arbeitet sich in ihren Liedern zu einer religiös-schamanistischen Urtradition des Nordens vor, die ihrer Meinung nach vom Christentum z. T. mit Gewalt verdrängt wurde, eine ganz ähnliche Auffassung, wie sie neuheidnische Gruppen über die „Zwangsmissionierung" der Kelten und Germanen vertreten. Der Unterschied zu diesen besteht jedoch darin, daß die samische Überlieferung in Nordskandinavien bis in die jüngere Zeit fortdauerte, so daß die christlich erzogene Sängerin ab 1980 mit einem echten Quellenstudium von alten Gesangspraktiken und Mythen beginnen konnte. Dabei entdeckte sie „eine ganz neue, eine sehr spirituelle Welt voll gesunder Power, nichts, vor dem man Angst haben mußte".[584]

Die Kultur der Samen, die sich auch als „Indianer des Nordens" bezeichnen, ist sehr alt. Vermutlich wanderten bereits 2000 v. Chr. „ursamische Gruppen" von ihren früheren Wohnplätzen an der Eismeerküste nach Nordschweden, wo sie schon vor den Germanen einer Naturreligion mit stark schamanistischen Zügen anhingen.[585] Der Römer Tacitus erwähnt sie 98 n. Chr. in seiner „Germania" und ebenso der gotische Geschichtsschreiber Prokop in seinem Bericht über das legendäre „Thule". Darin beschreibt er etwa bestimmte Praktiken zwischen Müttern und Neugeborenen, die bis heute bei den Samen üblich sind.[586] Deren durchaus eigenständige Mythologie umfaßt einen Kosmos von verschiedenen Göttern und Göttinnen, wobei besonders der Sonne in speziellen Bräuchen und Ritualen gehuldigt wird. Auffallend dabei ist das Fehlen einer dualistischen Auffassung von Licht und Finsternis, Gut und Böse. Man sieht in diesen Kräften nichts von vornherein Gegebenes, das sich unversöhnlich gegenübersteht, sondern etwas Veränderliches, das in der Beziehung zum einzelnen Menschen eine ständige Transformation erfährt.[587]

Parallelen zur germanischen Glaubenswelt finden sich in der Verehrung heiliger Seen, Berge, Quellen, Bäume und Steine sowie bei mythologischen Figuren wie „Riese" und „Donnergott". Als Entsprechung zur germanischen Weltesche „Yggdrasill" können auch die kultischen Holzpfeiler angesehen werden, in denen die Samen ein Abbild der „Weltsäule" erblicken, die an ihrer Spitze mit dem Nordstern verbunden ist und so das ganze Universum zusammenhält. Wie die „Yggdrasill" aus drei miteinander verbundenen Sphären besteht, so zeigen auch Zeichnungen auf den samischen Zaubertrommeln eine Einteilung in Ober-, Mittel- und Unterwelt, zwischen denen der Schamane auf seinen Trancereisen hin und her reist.[588] Eine wichtige Rolle bei der Anrufung von Göttern und übersinnlichen Wesen spielt das sogenannte „Joiken", eine schamanistische Gesangspraxis, die auch Mari Boine wieder reaktiviert und zum Zentrum ihrer Kunst gemacht hat.

Wie ihre Vorfahren singt sie von „heiligen" Bergen, Stammesmüttern, Sonnengöttern und Werten wie Rechtschaffenheit oder Naturverbundenheit, wobei sie jedoch keine nostalgische Vergangenheitsverklärung oder polarisierende Feindbilder nötig hat. Sie weiß, daß sie in einer anderen Zeit lebt und versucht, die Spannung zwischen Altem und Neuem mit Poesie und Augenzwinkern zu überbrücken: „Ich wurde 1954 geboren, schreibe mit einem Macintosh, Sterne zeigen den Weg, Urahninnen erheben ihre Fackeln, wenn es nötig ist", heißt es in einem ihrer Lieder.[589] Gerne erzählt sie ihren verblüfften Interviewpartnern auch, wie ihre Brüder inzwischen sogar mit Helikoptern die großen Rentierherden beaufsichtigen: „Aber trotzdem – oder gerade deswegen – ist da Platz für die alten Werte."[590]

Bei der Suche nach diesen Werten unterscheidet sie sich von ihren martialischen männlichen Kollegen nicht nur durch anspruchsvollere Musik, authentischere Quellen und fehlenden Fanatismus, sondern auch durch ihren Humor und das Interesse, gerade die traditionellen Elemente etwa durch Verbindung mit Elektronik oder einem peruanischen Panflötisten zu erweitern. Dabei gelingen ihr – wie nur ganz wenigen – Momente einer neuen faszinierenden Tonsprache, die keine Angst vor fremden Kulturen kennt und dennoch ganz unverwechselbar von eigener spiritueller und musikalischer Identität geprägt ist.

## „Fährten im Traum-Harz": Der Dichter Rolf Schilling

Anders als in Skandinavien oder Island haben es in Deutschland nur ganz wenige Künstler geschafft, an die mythologische Welt der Germanen anzuknüpfen, ohne in diffuse Esoterik oder rechte Ideologie zu verfallen. Ein Beispiel dafür ist etwa der Maler Anselm Kiefer, der in den 80er Jahren mit Bildtiteln wie „Siegfrieds schwieriger Weg zu Brünhilde", „Parsifal", „Kyffhäuser" oder „Hermannschlacht" für kontroverse Diskussionen sorgte. Obwohl sein Werk vielschichtig ist und auch Themen aus der griechischen und jüdischen Mythologie umfaßt, reagierten viele deutsche Kritiker gereizt und warfen auch ihm die Verklärung nationalsozialistischer Ideologie vor.

Vermutlich störten sie sich an seinen suggestiven Riesenformaten und einer eher sich herantastenden als bewertenden Annäherung an das heikle Thema. Demgegenüber wurde Kiefer im Ausland – wo er auch heute lebt – mit Interesse und Faszination rezipiert: ein weiteres Indiz dafür, wie schwierig und angstbeladen die Thematik in Deutschland immer noch ist.

Ein anderer deutscher Künstler, der in seinem Werk die germanische Mythenwelt aufgreift, ohne sie nur zu ironisieren, ist der 1950 in der ehemaligen DDR geborene Dichter Rolf Schilling, der heute im Südharz lebt. In einem längeren Artikel der „Neuen Zürcher Zeitung" bezeichnete ihn Uwe Wolff 1990 als „Schriftsteller der inneren Emigration" und machte ihn erstmals einer größeren Öffentlichkeit bekannt: „Rolf Schilling ist ein unzeitgemäßer Kämpfer gegen seine Zeit, sein Werk eine totale Verweigerung. Die moderne Wirklichkeit, die Welt der Technik, die Sprache des Alltags sind darin vollständig ausgeblendet. Seit Stefan George wurde in deutscher Sprache nicht mehr so gedichtet."[591]

Auch wenn man seinem gelegentlich pathetischen Ton und seiner radikalen Gegenwartsabkehr nicht zustimmt, gehört Schilling – wie Kiefer – doch allein aufgrund seines künstlerischen Niveaus in eine andere Kategorie als die bisher besprochenen Esoteriker oder Neuheiden. Vielleicht kann man ihn eher mit dem irischen Dichter William Butler Yeats vergleichen, der ebenfalls den Mythenschatz seiner Heimat erforschte und daraus viele Anregungen für sein Werk gewann.

Schilling ist weder Mitglied irgendeiner heidnischen Glaubensgemeinschaft, noch hängt er dubiosen rassistischen Ideologien nach. Vor allem im Kontakt mit der ihm seit der Kindheit vertrauten Landschaft der „Goldenen Aue" gewinnt er durch sein künstlerisches Sensorium Zugang zu verborgenen mythologischen Tiefenschichten Deutschlands: die Elemente der Natur sowie die Aura von Namen, traditionellen Orten und Kultstätten helfen ihm dabei.

Den deutschen Mythen will er schon allein deshalb die Treue halten, weil sie – wie das Reich des Dichters – Magie, Traum und Unbewußtes berühren und ihm in einer „zerfallenden Gesellschaft" geistige Bindung geben. Dazu kommt die strikte Weigerung, alles aus diesem Bestand den Nazis zu überlassen und Hitler damit nachträglich noch mehr Macht zu geben.[592] Trotz seines Plädoyers für eine Akzeptanz des Nationalen und in bestimmten Fällen auch Hierarchischen gibt es bei Schilling keine heimliche Verklärung oder ein provokatives Kokettieren mit den Nazis: „Ein Volk muß sehr krank sein, wenn es sich solche Heiler sucht", schrieb er bereits 1971 auf einer Ostpreußenreise, wo er auch die Trümmer von Hitlers „Wolfsschanze" bei Rastenburg aufsuchte.[593]

In seinem Aufsatz „Schwarzer Apollo" stellt er sich bezüglich des „Dritten Reiches" die Frage, ob die Deutschen jemals wirklich die „Stierzeit" überwunden hätten und nicht jederzeit von atavistischen Rückfällen in gewalttätige Epochen ihrer Urzeit heimgesucht werden könnten. Mit Symbolen wie der „Blutfahne" und dem Kultus von „Blut und Boden" habe Hitler „sehr frühe Zeichen erweckt" und mit ihrer im Unbewußten verankerten Faszinationskraft gearbeitet: „Das Beängstigende, zutiefst Bedrohliche solcher Zeichen besteht darin, daß vor ihnen das Individuum, seine Freiheit und Würde, nichts gilt.

Es gibt keine Instanz als die des Blutes, vor ihr besteht weder menschliches noch göttliches Maß. Es ist eine geschlossene, totale und damit vormenschliche ... Welt."[594]

Hitler – so der Dichter – habe als „schwarzer Dämon" eine „Verkehrung der Zeichen" betrieben. Aus Lichtgott, Rune, Adler und Sonnenrad seien „Symbole des Todes" geworden, weil dem Führer zur symbolischen die geistige Macht fehlte: das „Erkenne dich selbst!" So konnte er nur „zerstören mit Feuer und Zeichen-Gewalt".[595] Schilling beharrt jedoch darauf, daß die „Wunde" nicht zu bluten aufhöre, bis man die verfemten Embleme und Mythen dem Tabu entrissen und sie durch bessere ersetzt habe. Außerdem habe der deutsche – genauso wie andere

Autoren in der Welt – das gleiche Recht und die gleiche Pflicht zu seiner Tradition. Wenn Autoren Lateinamerikas, Kirgisiens oder Afrikas ihr Sagengut literarisch verarbeiteten, so priesen wir „zu Recht diese Durchbrüche zur Eigenständigkeit", während wir selbst „in der geistigen Provinz" lebten. Die deutsche Dichtung brauche die deutsche Sprache, den deutschen Mythos, die deutsche Geschichte.[596]
Schillings Suche nach dem verborgenen „Geheimen Deutschland", das für ihn von der keltisch-germanischen Naturreligion über die mittelalterlichen Minnesänger bis zur Romantik reicht, beginnt mit der Lektüre von Wanderkarten in seiner Bibliothek. Dort locken magische Namen und verwunschene Pfade hinaus zu Exkursionen und abenteuerlichen Streifzügen:

„Treib aus der Geschichte
hinab in den Traum,
für große Gesichte
ist immer noch Raum ..."[597]

Zu dem Klang von Namen wie Questenberg, Falkenstein, Kyffhäuser, Einhornhöhle oder Hunrod-Eiche läßt er sich hinabtreiben in Tiefenschichten seiner Heimatlandschaft, in der noch Götter, Sagen, Bräuche und Symbole aus ältester Zeit leben, zu „Fährten im Traum-Harz", wie einer seiner Essaytitel heißt. „Goldene Aue, Himmelgarten, Auleben, Urbach, Windehausen, Auf der Hutweide, Unter der Flut – wie reich muß eine Welt gewesen sein, die solche Namen hervorbrachte", schreibt Schilling in seinem programmatischen Aufsatz „Geheimes Deutschland".[598] So ist ihm das Kyffhäuser-Gebirge nicht nur ein romantisches Wanderparadies, das vermutlich einst auch Kult- und Opferstätte war, sondern es birgt – laut Sage – den schlafenden König Barbarossa, der eines Tages wieder aufwachen und den Deutschen ihr „Reich" zurückbringen wird. Schilling sieht darin jedoch nicht das Versprechen einer politischen Herrschaft oder gar rassisch bedingten Dominanz, sondern ein geistiges Reich, das sogar niemals Realität werden darf. In dieser zu haltenden Spannung zwischen Ideal und Wirklichkeit, Traum und Realität erblickt der Dichter so etwas wie einen „Urmythos der Deutschen", den Hitler gerade dadurch verriet, daß er ihn zu materialisieren versuchte.[599] Demgegenüber besteht Schilling auf der Preisgabe der Politik zugunsten eines unbeirrbaren Festhaltens an Idealen, Träumen, Visionen und einer Spiritualität, die stark an die Elemente der Natur gebunden ist.

„Wenn wir keine Goldene Stadt besitzen", schreibt er über die Deutschen, „dann vielleicht darum, weil unser Ort woanders ist: im Offenen, im All, bei den Wurzeln und Wipfeln, bei heiligen Bäumen, Quellen und Hügeln, weil die Nabelschnur, die uns mit der Großen Mutter verbindet, nie zerriß."[600]

Diese Äußerungen ähneln denen des Römers Tacitus, der von den Germanen berichtete, daß sie kein Einsperren des Göttlichen in Tempelwände oder menschenähnliche Skulpturen duldeten, weil sie es als geheimnisvolle Kraft in ihren Wäldern wahrnahmen[601], ein Gespür für das Weben hinter der sichtbaren Natur, das auch noch die romantischen Dichter besaßen, wenn sie vom „Vater Äther" oder dem „Rauschen der Haine" sprachen.[602]

In ihrer Nachfolge begibt sich Schilling zu markanten Punkten der ihn umgebenden Landschaft wie etwa zur „Queste", die für ihn eine Art mythisches Schlüsselsymbol wurde, das auf solche unsichtbaren Kräfte verweist. Es handelt sich um ein aus Buchenzweigen geflochtenes Sonnenrad, das an einem ca. acht Meter hohen entrindeten Baumstamm hängt und alljährlich zu Pfingsten von der Dorfbevölkerung in einem festlichen Ritual gegen ein neues ausgetauscht wird. Typisch für Schilling ist seine Weigerung, an solchen Festen teilzunehmen, um sich seine Imagination vom ursprünglichen Sinn solcher Symbole nicht trüben zu lassen. Wer einmal selbst dabei war, weiß, daß er durchaus Recht damit hat. Während der Questen-Brauch vor der Wende ein reines Anliegen der Südharzer Bevölkerung war, das mit Musik, Bier und Tanz begangen wurde, ist es nach 1989 zu einem bizarren Treffpunkt von Dörflern, Touristen, Germanengruppen und Neo-Nazis verkommen, die von zahlreichen Fernsehteams voyeuristisch begleitet werden.[603]

Schilling sucht den Ort lieber zu einsameren Stunden auf: „In der Zeit der Baumblüte und des ersten durchsichtigen Grüns ist es gut, nach Questenberg zu gehen. Die Osterfeuer sind verloht, noch weht morgens der Ostwind kalt über die Ebenen, aber jetzt, zur Mittagsstunde, laden besonnte Kuppen zur Rast."

Mohnfelder vor sanften Hügeln, Pollenstaub in der Luft, die weißen Schäfte der Birken: Questenberg und der Mai, das ist eins. Und auch dies vielleicht nichts als ein Traum. Questenberg: ein Ort wie jeder. Ein Dorf von Hühnerhaltern und Motorradfahrern. Denn dort unten im Tal weiß niemand von uns. Aber zeitlos dauern die Refugien. Zwanzig Schritt vom Wege bereits beginnt Fabelland. Noch immer gibt es Wälder, in denen uns das Einhorn über die Schulter schaut. Aktaion, der verhirschte Knabe, labt sich am Bach. Es ist Mai, es ist Mittag: Pan erwacht ... Die Fährte, der ich zu folgen gewillt bin, führt zurück ins Elementare, zu den Thing-Linden, den Wallungen, die den Castellen vorausgingen, zu Adler, Schlange und Gral. Sie führt nach Questenberg, ins Herz meines Traums. Das scheidet den Harz vom Thüringer Wald: Dieser ist Cultur-Zone, jener mythische Landschaft. Nirgends in Deutschland sind die alten Götter noch so gegenwärtig wie hier."[604]

Im geflochtenen Kranz der Queste sieht Schilling „Mächte des Ursprungs: Welt-Ei und Sonne" und in den daran hängenden Laubbüscheln die „Zeichen der Fruchtbarkeit". Die Legende von einem Ketzer namens „Holdener vom Questenberg", der hier 1454 gemeinsam mit seiner Frau hingerichtet wurde, beflügelt seine Phantasie zu Spekulationen über geheime Kulte auf Gipfeln und in Grotten, die sowohl einen Vatergott wie eine Urmutter verehrten.[605]

Vom Mittelalter aus schweift er in noch ältere Bereiche zurück und stellt sich vor, „was hier, vielleicht, einmal war und ahndungsweise immer noch ist: Lodernde Reiser auf Bergeshöhen, Sonnenräder, die zu Tale schauern, Stirnen, in Widderblut getaucht, Arme, von Schwertern verletzt: ein deutscher Sacre du Printemps".[606]

Interessant der Hinweis auf Stravinskys geniale und kraftvolle Komposition, bei deren Genuß kein heutiger Musikliebhaber an faschistoides Heidentum denken würde, obwohl es in ihr auch um blutige Opferrituale geht und sie in einer Zeit entstand, in der viele völkische Gruppen die Rückkehr archaischer Führer herbeiträumten. Bei solchen Meditationen ins Heidnisch-Gewalttätige überkommt Schilling – trotz aller Liebe zum Mythos – gelegentlich auch ein Hauch des Erschreckens, und er distanziert sich von „gewissen Bräuchen", die sich nur aus der Härte des Daseins im nordischen Winter begründen ließen und heute nicht mehr notwendig seien. Ein Traum, so schreibt er, habe ihn einmal über jene Grenzen belehrt. Darin hätten sich 35 der besten Krieger eines heidnischen Volksstammes aneinandergebunden, um den Göttern – da ihr Krieg verloren schien – ein Opfer zu bringen. Nackt tanzten sie auf dem Questen-Hügel und stürzten sich auf darunter liegende Felsen, um sich die Schädel zu zertrümmern. Das war Schilling zuviel: „Angewidert ging ich weg."[607]

Trotzdem stellt er sich solchen Szenen in seinem Inneren, ohne sie zu verklären oder voreilig zu Positionen von „Vernunft" oder „Pazifismus" zu sublimieren. Der Wahrheitsgehalt des Heidnischen besteht für ihn durchaus in der Erinnerung an barbarisch-gewalttätige Anteile unserer Seele, die eher durchlebt als verdrängt werden sollten. Gleichwohl bedeutet die Kunst für ihn eine höhere Ebene als die nackte archaische Realität: ein bewußtes Bearbeiten und Transformieren atavistischer Bilder zu einem ästhetischen Kosmos, in dem kein konkretes Blut mehr fließen muß, aber uralte Gefühle nachhallen dürfen.

Faszination für Gewalt ist bei Schilling auch im Spiel, wenn er sich dem Bild des Falken nähert, der im Harz gelegentlich zu sehen ist und immer wieder in Namen wie „Falkenstein" und „Falkenburg" auftaucht. „Wir alle tragen den Falken in uns: als Lust am Wettstreit, als Blut und Opfer, als Willen zur Macht. Der Kampf ist der Vater aller Dinge – wer dies nie in sich erfuhr, hat nicht gelebt."[608]

Schilling weist darauf hin, daß das Christentum nicht nur solche Gefühle mit einem Tabu belegte, sondern auch die im Falkenflug verkörperte „Verheißung eines anderen, wilderen, gefährlich-freien Seins." Die Kirche habe den Flugtraum aus der Vorstellungswelt der Menschen verbannt, damit kein Erdenkind den Himmel schon zu Lebzeiten gewönne.[609] Dem stellt Schilling seine „heidnischen Phantasien" gegenüber und wandelt damit auch in der Nachfolge von Hexen und Ketzern, die noch im Mittelalter mit halluzinogenen Kräutern solche Erlebniswelten wiederherzustellen suchten.

Dazu zählen für ihn auch die von den christlichen Missionaren als „Höllenorte" verdammten Grotten und Labyrinthe, an denen der Harz reich ist und die den Dichter bereits in seiner Kindheit magisch anzogen: Fährten ins Dunkle, Ungewisse, Gefährliche, in denen – laut Sage – gelegentlich weißgekleidete Frauen warten und den neugierigen Schatzsucher ins Unbekannte entführen.

Vielleicht liege es daran, daß seine Vorfahren Bergleute gewesen seien, schreibt Schilling. Er habe Geheimgänge, Irrgärten und Labyrinthe immer geliebt. Wenn sie in der Schule – er war elf, zwölf Jahre alt – selbsterfundene Geschichten erzählen sollten, wurden seine immer rätselhafter: „Ich fand kein Ende, denn jede Lösung zerstörte das Geheimnis. Der Lehrer unterbrach mich dann und führte in die Wirklichkeit zurück, doch bald spann ich wieder alles aus ins Grenzenlose."[610]

Modernes Heidentum, das seine Nahrung aus Sagen und geheimnisvollen Orten der alten Naturreligion schöpft, ist für Schilling auch Widerstand gegen das rational Abgegrenzte, vom Tagesverstand allzu schnell Aufgehellte und Klassifizierte. Dies betrifft sowohl Nuancen der Wahrnehmung wie auch moralische Wertungen wie „gut" und „böse", „Tugend" und „Sünde". Wie Nietzsche ist er auf diesem Felde eher ein Suchender als ein „politisch Korrekter", der aus Angst vor dem Unbekannten alles aus seinem System Herausfallende vorschnell als „Teufelswerk" oder „Irrationalismus" brandmarkt. Nicht umsonst erzählt er daher in einem Essay vom Fällen der „Donar-Eiche" durch den christlichen Missionar Bonifatius, in dem er einen symbolischen Akt mit verheerenden Folgen erblickt.[611] Die Zerstörung dieses Baumes bedeutete die Eliminierung eines der wesentlichsten germanischen Seelenbilder, der „Weltesche" Yggdrasill, die mit ihrem gewaltigen Stamm Ober- und Unterwelt, Lichtäther und Erdendunkel, Götter und Dämonen miteinander verband und noch keine christlich-rigide Trennung von „Himmel" und „Hölle" kannte.[612] Der Dichter versucht diesen Verlust dadurch zu kompensieren, daß er den Baum als Meditationsobjekt in seine Bilderwelt aufnimmt und zum Symbol ursprünglicher Ganzheit und Kraft erklärt:

„Als ich Kind war, gab es in unserer Gegend drei berühmte Bäume, ihr Laubschmuck war üppig, ihr Alter legendär, sie spendeten Zuversicht, wie sie aus Menschen-Dingen kaum noch erwuchs: die Merwigs-Linde im Nordhäuser Gehege, die Hunrods-Eiche bei Stolberg und der Lindenbaum am Wege von Bielen zum Himmelgarten. Es gibt viele Linden: dies war der Lindenbaum, wie wir ihn aus Liedern und Orakeln kannten ... Was vom Heidnischen bleibt, sind vor allem die Bäume. Jene ersten Heiligtümer, die wir als solche erkennen. Die Eichen im heiligen Hain, dem Donar geweiht. Siegfried unter der Linde. Wacholder, Wermut rundum. Der Apfelbaum der Iduna, der den Asen ewige Jugend schenkt. Yggdrasil, die Weltesche, augenbesät, weissagender Vögel Horst. Solange sie steht, dämmert noch immer ein Tag für uns. Dazu verhelfen uns die Bäume: Sie lehren uns die große Geduld im Angesicht all des Unabwendbaren, das uns bedroht. Und sie spenden uns den langen Atem, dessen es bedarf, um in der Wirrnis des Geschichtlichen ein Sein zu stiften und zu bewahren."[613]

Schilling wird mit seinen Essays und Gedichten Widerspruch hervorrufen, aber er zählt zu den ganz wenigen heutigen Künstlern, die deutsche Mythen in ihrem Werk aufgreifen, ohne in okkulten Nebel, völkisch-rassistische Ideologie oder folkloristische Beliebigkeit zu verfallen. Für viele wird er ein Kuriosum und Außenseiter bleiben, vor allem für Deutsche, die ihren Mythenhunger längst nicht mehr durch eigene Traditionen, sondern durch Anleihen bei anderen – unbelasteteren – Kulturen befriedigen. Wie kontrovers man auch zu seinem Weltbild stehen mag: Imponierend bleibt in jedem Fall seine Weigerung, sich die eigenen spirituellen Bilder und Symbole widerstandslos von den Nazis wegnehmen zu lassen.

„Wie erweisen Adolf Hitler zuviel Ehre, wenn wir ihn zum Universal-Erben und Allein-Eigentümer des deutschen Mythos' ... erklären. Der Adler, die Schlange, der Gral, Wotans Speer und Siegfrieds Schwert, die Queste und der Echsen-Stein kommen von weit her und bleiben fruchtbar für künftige Zeiten, fruchtbar vor allem für den Gesang."[614]

# 10. Vom Mißbrauch und Gebrauch der Mythen

Wir haben eine lange Reise in einen bizarren und weitgehend unbekannten Untergrund der europäischen Geschichte zurückgelegt.

Sie begann am Anfang dieses Jahrhunderts, als in Deutschland und Österreich zahlreiche esoterische und neogermanische Gruppen aus dem Boden sprossen. Eine im Zuge starker Industrialisierung einsetzende Landflucht hatte viele Menschen in die langsam entstehenden Metropolen getrieben, wo sie sich sozialer Isolierung und irritierenden Neuerungen gegenübersahen, die sie bisher nicht gekannt hatten. Ehemalige sinnstiftende Institutionen wie das Christentum fingen selber an, ihre Glaubenslehren zu entmythologisieren, und mit der Autorität der neuen Naturwissenschaften startete ein Triumphzug moderner Rationalität, der Logik und Effizienz höhere Werte waren als Mystik und Intuition.

Viele der neu gegründeten okkulten und neuheidnischen Vereine begannen mit einem antimaterialistischen und zivilisationskritischen Gestus und wollten sich nicht so einfach von Natur, Geheimnis und Tradition verabschieden, wie es die neue gesellschaftliche Ordnung vorzusehen schien. Dabei kam es recht früh zu Verbindungen von überspannten esoterischen und völkisch-nationalen Phantasien. Man träumte sich nicht nur in die Welt der Germanen zurück, sondern las aus alten Legenden die vermeintliche Existenz „arischer" Urrassen heraus, die bereits Jahrtausende vor den damals bekannten Kulturanfängen im hohen Norden existiert haben sollen. Zu dem Bedürfnis nach Ausgrabung eigener spiritueller Wurzeln traten Gefühle von rassischer Überlegenheit und Skepsis gegenüber „artfremden" Kultureinflüssen, die man vor allem im „jüdisch-christlichen Geist" erblickte.

Begriffe wie „Arier", „Germane" und „nordisch" wurden mit einem vorher nie gehörten Pathos aufgeladen, und man sah in den mit ihnen verbundenen Völkern – besonders in den Deutschen – die Heilsbringer einer neuen Zeit. Zahlreiche Nazi-Führer waren mit solchem Gedankengut bereits seit ihrer Jugend vertraut bzw. gehörten selber völkisch-esoterischen Glaubensgemeinschaften an. Sie spürten in der Bevölkerung nicht nur ein starkes Bedürfnis nach der Lösung ökonomischer Probleme, sondern auch nach geistiger Neuorientierung in einer schwierigen und konfliktbeladenen Zeit. Nach dem als Demütigung empfundenen Versailler Vertrag sehnte man sich nach einer neuen kraftvollen Identität und suchte alte Traditionen wiederzubeleben, die Deutschland zum ältesten und überlegensten Kulturland der Welt machen sollten. Mit ihren suggestiven Symbolen, Ritualen und Parolen sprachen die Nazis Gefühle an, die nicht nur politischer Natur waren, sondern in wesentlich tiefere Schichten des kollektiven Unbewußten reichten. Die NSDAP nannte sich eine „Bewegung" und redete von „Heil", „Deutschland erwache", „Blut und Boden", „Ahnenerbe", „nordischer Größe" und einem bevorstehenden „Tausendjährigen Reich". Ihr von esoterischen Gruppen übernommenes Hauptsymbol, das Hakenkreuz, wurde als altgermanisches „Sonnenrad" gedeutet, das die Wiedergeburt des „arischen Lichtes" in Zeiten allgemeiner Verfinsterung verkörpern sollte. Hunderte von Fackelträgern stellten es auf den großen Parteitagen nach und drehten sich langsam im Kreis, um den Sonnenlauf zu demonstrieren, der nach jeder Nacht wieder zu einer neuen Morgendämmerung führt. Flakscheinwerfer warfen ihre kilometerlangen Strahlenbündel in den Nachthimmel und bauten eine kreisförmige Kultstätte, die nicht aus Findlingen, sondern aus Lichtsäulen bestand und von Augenzeugen fasziniert als ein „Schutz gegen die Dunkelheit dort draußen" beschrieben wurde. Riesige Monumentalbauten sollten das Volk in Weihe- und Andachtsstunden an seine uralte und überlegene Tradition erinnern, die die „Arier"- Forscher in willkürlicher Deutung archäologischer und mythologischer Quellen zu rekonstruieren versuchten. Eigens zu diesem Zweck gründete Heinrich Himmler eine umfangreiche Institution, die SS-Stiftung „Ahnenerbe", um Mythen, Sagen, Kultstätten, Symbole und Brauchtümer erforschen zu lassen, und verlegte den Ursprung der Germanen sogar bis ins legendäre Atlantis zurück. Schon im Kindes- und Jugendalter wurde man daran erinnert, daß der blonde Held Siegfried ein Vorbild für bevorstehende Kämpfe sei und auch Deutschland immer wieder von „bösen Drachen" bedroht würde. Als Hitlers Aggressionspolitik dann wirklich zum Krieg führte, wurde dieser als „Gottesdienst" gerechtfertigt und zu einem apokalyptischen Endkampf zwischen dem „arischen Licht" und der „jüdisch-bolschewistischen Finsternis" hochstilisiert. Der Soldat, der fürs Vaterland falle, so hieß es, stürbe nicht umsonst, sondern ziehe wie seine germanischen Vorfahren ins Kriegerparadies „Walhall" ein, wo er im Kreise der Ahnen ein ewiges und ruhmreiches Leben führen werde. Nach dem Endsieg, den Hitler mit einer gigantischen Aufführung der Wagnerschen Gralsoper „Parsifal" feiern wollte, sollte in der mythenträchtigen Umgebung des Teutoburger Waldes ein riesiges neuheidnisches Glaubenszentrum der SS entstehen, das „Mittelpunkt der Welt" genannt wurde und von dem aus eine neue Religion auf der Grundlage germanischer Mythologie entwickelt werden sollte.

All diese Elemente waren wesentlich dafür verantwortlich, daß die NS-Ideologie ihre emotionale Kraft entwickeln konnte, mit der Millionen Deutsche zu Begeisterungsstürmen und enthusiastischer Mitwirkung animiert wurden, die eine politische Bewegung herkömmlichen Typs kaum hätte hervorrufen können. Gerade weil diese Mythen, Symbole, Rituale und quasireligiösen Parolen eine so große anfachende Energie besaßen und die geistigen Grundlagen für die barbarische Seite des „Dritten Reiches" schufen, verschwanden sie nach dem Krieg, als ob es sie nie gegeben hätte. Viele Quellen waren nur noch in entlegenen Archiven zu finden, und die Medien, Lehrer und Historiker beschränkten sich auf eine „rationale" Auseinandersetzung mit dem Nationalsozialismus in Form von politischen, ökonomischen und bestenfalls psychologischen Analysen. Das mythologische Element wurde entweder geleugnet oder zu einer peripheren Erscheinung reduziert, obwohl bereits in den dreißiger Jahren scharfsinnige Beobachter wie Ernst Bloch, C. G. Jung, Denis de Rougement, Thomas Mann oder Karl Kerényi dessen starke Kraft erkannt hatten.[615]

Die letzten beiden Kapitel zeigten, wie bereits unmittelbar nach dem Krieg eine rechtsokkulte und völkische Untergrundszene entstand, die alle Mythologeme der NS-Zeit weiter pflegte und sie an spätere Generationen weiterzugeben begann. Von ehemaligen Nationalsozialisten initiiert, erfuhr diese Szene nach und nach eine „Modernisierung", indem jüngere Esoteriker, Schriftsteller und Künstler sie mit neuen Zeitgeistelementen und Ausdrucksformen verbanden, wobei bestimmte Grundinhalte gleich blieben, so etwa die Spekulationen über eine einstige überlegene „arische" Urkultur, deren angeblich durch jüdisch-christliche Herrschaft verschüttetes „Geheimwissen" jetzt in Zeiten von Dekadenz, Kapitalismus und Naturzerstörung wieder zu reaktivieren sei. Neuheidnische Glaubensgemeinschaften wiederholten die alten NS-Ideologeme von „artgemäßer Religion", „Blutsbindung", „nordischer Überlegenheit", „Recht des Stärkeren" und „germanischem Kriegergeist" und verbanden sie vielfach geschickt mit sanfteren Elementen der modernen Hexen-, Esoterik- und Ökologiebewegung. Andere Autoren verknüpften geheimnisvolle Gerüchte aus Himmlers „Ahnenerbe" mit alten Legenden und modernen Fantasy- und Ufo-Elementen zu ganz neuen Mythen, die ebenfalls wieder „Germanisches" zu erhöhen versuchten und das „Dritte Reich" zu einer Art spirituellen Suchbewegung verharmlosten. In der Rock- und Pop-Szene schließlich entstanden in den 90er Jahren provokative Musik-Projekte, die Bestandteile der NS-Mythologie und des tabuisierten Germanentums aufgriffen und mit aktuellen Stilen wie Techno, Dark-Metal oder Industrial vermischten, womit wiederum ganz neue Publikumsschichten in den dunklen Reiz von unaufgearbeiteten Elementen des „Dritten Reiches" hineingezogen wurden.

Wie die Nazis selbst, so benutzten auch ihre esoterischen Nachfolger einen Mythen-Mix aus den verschiedensten Bestandteilen, zu dem die Legenden von „Atlantis" und „Thule" genauso gehören wie das Hakenkreuz, die Runen, die „Edda" oder der Mythos vom „Heiligen Gral", in deren mehrdeutige Bildersprache man jede Art von Interpretation hineinlesen konnte.

Nur ganz wenigen gelang es, die spirituellen Traditionen des Nordens zu beerben, ohne in verquere Esoterik, rassistischen Wahn oder provokatives Kokettieren mit den Nazis zu verfallen. Daher bleibt am Schluß die wichtige Frage übrig, inwieweit die germanischen Mythen tatsächlich selber einen Keim des Unheils in sich tragen bzw. was sie uns darüber hinaus heute noch zu sagen haben.

Ein erster Blick scheint sie von jedem Verdacht freizusprechen. Was können Hünengräber, germanische Götter, Heldensagen, Sonnenwendfeuer und Runensymbole dafür, daß eine Jahrhunderte später entstandene Diktatur sie für ihre Ideologie eines „arischen Herrenmenschentums" verwendete?

Doch obwohl die Germanen für solchen Mißbrauch nicht verantwortlich zu machen sind, gibt es in ihrer Glaubenswelt dennoch Elemente, die den Bedürfnissen der Nazis geradezu perfekt entgegenkamen: die Verherrlichung des Krieges als heroischer Daseinsform, in der Ehre und Rache mehr galten als Friedensliebe und Versöhnung, priesterliche Führer und Orakel, deren Wort unangreifbare Autorität hatte, die Übertragung von der in der Natur beobachteten Dominanz des Stärkeren auf gesellschaftliche Bereiche, in deren Namen man „unwertes Leben" auslöschen konnte, die Verklärung von Ahnen und Urtraditionen sowie die strikte Einbindung des Individuums in Sippen- und Kollektivstrukturen. Dazu kamen suggestive Ritualformen, die im „Dritten Reich" wiederbelebt wurden, wie die Sonnenwendfeuer mit ihrem Appell an Licht- und Wiedergeburtskräfte sowie Symbole wie Hakenkreuz, Thorhammer und Rune, in denen man Sonnenkraft, Donnergewalt und magische Ur-Energien zu erkennen glaubte.

Doch all diese Elemente kommen auch in anderen archaischen Religionen vor. Kriegerpathos, Heldenlob, Sippenzwang und Sonnenmystik finden sich ebenso bei den alten Assyrern, Mexikanern, Azteken, Römern, Kelten, Indern und Japanern und sind auch von den dortigen Nachfolgekulturen für ideologische Zwecke mißbraucht worden.[616] Vermutlich erreichten die nordischen Mythen und Symbole im „Dritten Reich" deshalb eine so große Schlagkraft, weil sie bereits lange vor Hitlers Machtergreifung von völkischen Zirkeln reaktiviert worden waren und dann mit Perfektionismus, moderner Technik und auch Kreativität zu einer zeitgemäßen „Heilslehre" umgewandelt wurden. Zur deutschen Veranlagung, nach metaphysischen „Ur-Gründen" zu suchen, kam die ebenso charakteristische „deutsche Gründlichkeit" hinzu, die sich nicht nur auf Ahnenforschung erstreckte, sondern am Ende auch auf die Durchführung der „Endlösung". Selten erlebt man diese unheimliche deutsche Doppelgesichtigkeit so eindringlich wie beim Studium von SS-Akten im Bundesarchiv, wo Originalbriefe von Himmler über Kultstättenforschung unmittelbar neben solchen über Menschenversuche und KZ-Praktiken zu finden sind – die SS als Brennpunkt deutscher Janusköpfigkeit zwischen idealistisch-romantischer Inbrunst und bürokratisch-pedantischer Todeskälte.

Der eigentliche Mythen-Mißbrauch der Nazis bestand darin, Glaubensvorstellungen einer 1000 Jahre vergangenen Kultur umstandslos auf die Neuzeit zu übertragen und die Mehrdeutigkeit ihrer Überlieferungen auf die jeweils gewünschte ideologische Eindeutigkeit zu reduzieren. Dabei ging es ihnen vor allem darum, aus den alten Sagen und Zeichen dualistische Positionen zu destillieren, die ihrem flachen Kampfschema von „Licht" gegen „Finsternis", „Arier" gegen „Untermensch", „nordisch" gegen „jüdisch-christlich" entsprachen und wirkungsvoll in Propaganda und weltanschaulichem Unterricht eingesetzt werden konnten. Mit dieser Verkürzung zu Schwarz-Weiß-Klischees und banalen Polaritäten legten sie einen bis heute andauernden Schatten der Primitivität über die germanische Mythenwelt, der ihrer Differenziertheit jedoch in keiner Weise entspricht.

Wir wollen daher am Schluß unserer Untersuchung auch einen Blick in die Originaltexte werfen und uns fragen, was sie wirklich zum Inhalt haben und ob sie – jenseits von anachronistischen Elementen und ideologischem Mißbrauch – noch etwas Positives und Erkenntnisförderndes für die Gegenwart bereithalten. C. G. Jung vermutete einmal, daß „im verworfenen Heidentum noch lebenswichtige Werte stecken" und warnte davor, „das Kind mit dem Bade auszuschütten", was in unserem Zusammenhang auch heißt, den germanischen Mythos nicht automatisch wegen seiner Nähe zu den Nazis zu verwerfen.[617] Welche „lebenswichtigen Werte" könnten das sein, und woraus besteht der – wie sich Ernst Bloch ausdrücken würde – „utopische Überschuß" der Mythen, der über die Zeit ihrer Entstehung oder späteren Mißbrauch hinausweist?

Die altgermanische Sagenwelt verklärt weder irgendwelche paradiesischen Urzustände, noch stellt sie eine „arische Herrenrasse" in den „Mittelpunkt der Welt", sondern sie besteht aus monumentalen und differenzierten Bildern der Weltenevolution. Diese beginnen mit der Entstehung des Universums und zeigen, wie die ersten Menschen geschaffen und in einen beseelten Naturzusammenhang hineingestellt werden, dem sie schließlich immer mehr entwachsen und sogar ihre Unabhängigkeit von den Göttern erkämpfen. Dabei zeigen die Mythen nicht nur die Chancen, die mit diesem Freiheitsgewinn verbunden sind, sondern warnen auch vor den Gefahren von Verblendung und Größenwahn, die dem Individuum bei einer allzu selbstherrlichen Herauslösung aus Natur- und Schicksalszusammenhängen drohen können.

Bereits der Anfang der „Edda" ist von dramatischen Entwicklungsprozessen bestimmt. Die riesigen Eismassen des Nordens treffen auf das von Süden herandrängende Feuer, und aus den Schmelzprozessen entsteht der Urriese „Ymir", in dessen tropfenden Achselhöhlen weitere Giganten heranwachsen, deren Nachfahren die ersten Götter sind.[618] „Ymir" symbolisiert nicht – wie etwa Guido von List annahm – erste „Hauptrassen" am Nordpol[619], sondern die den Germanen vertraute Urgewalt des Eises, dem Fruchtbarkeit und Weltordnung abgerungen werden mußte.

So erschlagen die ersten Götter ihren Ahnen und formen aus seinen Gliedmaßen die Erde, ein drastisches Symbol für Urbarmachung und Transformation des Alten, Kalten und Starren in neues Leben. Aus „Ymirs" Fleisch wird das Land, aus seinem Blut die Seen, aus den Haaren die Bäume, aus dem Gehirn die Wolken, aus Knochen Gebirge, aus Zähnen Geröll und aus der Hirnschale der gewölbte Himmel – ein Bild der Schöpfung als Entsprechung zum menschlichen Organismus, in dem alle Teile miteinander verbunden sind.

Als die Götter am Strand zwei angeschwemmte Baumstämme finden, machen sie die ersten Menschen daraus und nennen sie Ask („Esche") und Embla („Ulme"). Diese errichten ihr Reich in „Mitgard" (Mittelgarten) unterhalb der Götterwelt „Asgard" (Asengarten) und oberhalb von „Utgard" (Außengarten), der Welt des Todes und feindlicher Dämonen, wobei jedoch alle Bereiche durch die Weltesche „Yggdrasill" miteinander verbunden sind. Schon allein dieses Schöpfungsszenario unterscheidet sich in vieler Hinsicht von den Spekulationen der völkischen Okkultisten und NS-Mythologen, die in der „Edda" Verschlüsselungen für nordische Urparadiese sahen, aus denen „ario-germanische Gottmenschen" kamen, um die Welt mit ihrer überlegenen Kultur zu befruchten.

Aber auch die Figur des Siegfried – im nordischen „Sigurd" – ist weit davon entfernt, ein erhabener Held zu sein, der mit seinem Wunderschwert ein für allemal den Drachen des Bösen bezwingt. Gerade die sich um ihn rankenden Sagen zeigen ein wesentlich komplexeres Bild, als es die Nazis für ihre Propagandaarbeit gebrauchen konnten und beschreiben keine „goldenen Urzeiten", sondern die schwierige Herauslösung eines Individuums aus veralteten Bindungen von Sippe, Blut und Götterlenkung. Denn der oberste Gott Odin selbst hat den Tod von Sigurds Vater im Krieg bewirkt, damit der junge Held alleine und auf sich gestellt aufwächst. Er lebt bei einem Pflegevater, dem Zwerg Regin, der ihn „Fertigkeiten, Brettspiel und Runen" lehrt.[620]

Gelegentlich taucht Odin in verkleidetem Zustand auf, um Ratschläge und kleine Hilfestellungen zu geben, etwa bei der Wahl eines für Sigurd geeigneten Pferdes – eine väterliche Figur, die einen Prozeß der menschlichen Ichwerdung in Gang setzt, vielleicht weil er die bevorstehende „Götterdämmerung" bereits ahnt.

Regins Bruder, der Riese Fafnir, hat deren gemeinsames Golderbe an sich gerissen und ist in gieriger Selbstsucht zu einer Drachengestalt verwildert, die in einer Waldeshöhle vor sich hin vegetiert.[620] Ein eindrucksvolles Bild, das uns zeigt, wie die Germanen in den „Riesen" keine hünenhaften „Ur-Arier" sahen, sondern chaotisch-kraftvolle Naturgewalten, die den Menschen immer wieder neu herausfordern. Während sich Sigurd ein geeignetes Schwert sucht, um dem Ungeheuer entgegenzutreten, wachsen seine Ich-Kräfte. Er übernimmt nicht wahllos die erstbeste Waffe, die ihm Regin darbietet, sondern prüft und verwirft, bis endlich die richtige gefunden ist, die aus den zerbrochenen Stücken von seines Vaters Schwert neu zusammengefügt wird. Hierin zeigt sich das Erwachen von Sigurds bewußtem Geist, der selber Entscheidungen trifft und aus den Fragmenten der Überlieferung etwas Neues und Eigenständiges schafft. Die Szene, in der er schließlich den Drachen tötet, ist von interessanter und vieldeutiger Symbolkraft, die das Nazi-Klischee vom Sieg des blonden Germanen über das absolut Böse weit hinter sich läßt. Anders als die christlichen Drachentöter St. Georg und St. Michael, die sich das Monster mit langen Stangen vom Leib halten, kostet Sigurd nach dem Kampf sogar das Blut des Untiers und verleibt sich ganze Stücke seines Herzens ein.[622]

Im Gegensatz zur späteren christlichen Deutung sieht die germanische Mythologie in der Drachenkraft nicht die Verkörperung des Teufels, sondern einen Teil der Schöpfung, mit dem sich der Held auch innerlich auseinanderzusetzen hat. Am Bug der Wikingerschiffe, die auch „Drakken" hießen, war der hölzerne Kopf eines Seeungeheuers abgebildet, und man bezwang das wütende Meer und den grimmigen Feind auch dadurch, daß man vorübergehend Drachengestalt annahm. Der Drache, dessen Kraft Sigurd durch den Verzehr seines Blutes in sich hineinnimmt, verkörpert vor allem die Gewalten der Erde und des Feuers. Schwer lastet sein massiger Körper im Innern einer Berghöhle, und glühende Flammen stieben aus seinem zähnestarrenden Maul. Wie diese Kräfte nun im Helden wirken, wird allein von ihm selber abhängen. „Erde" kann ebenso Verankerung und ruhige Gelassenheit bedeuten wie auch statische Trägheit und dumpfes Festhalten, „Feuer" sowohl Leidenschaft und Tatendrang als auch Gier und zerstörerische Glut.

Nun ist der richtige Umgang mit diesen Energien durch Sigurds bewußte und ausbalancierende Verstandeskraft gefordert. Der erste positive Effekt seiner Verbundenheit mit der „Erde" ist eine plötzliche Hellhörigkeit gegenüber der Sprache der Vögel, die ihm geheime Botschaften zuraunen[623]. Es sind warnende Stimmen, die ihm raten, den habgierigen Regin zu erschlagen und das Gold an sich zu nehmen, aber auch Hinweise auf eine Jungfrau, die ihm „große Weisheit" geben wird. Sigurd folgt diesen Offenbarungen, erschlägt den arglistigen Zwerg, lädt den Goldschatz auf sein Pferd und trifft wenig später tatsächlich auf eine schlafende Jungfrau, die in einen mächtigen Feuerkreis eingeschlossen ist.[624] Gestärkt durch das „Drachenfeuer" in sich durchschreitet er die Flammen und schneidet die schöne Gestalt aus ihrer eisernen Rüstung heraus. Er erlebt die erste Begegnung mit dem noch schlummernden Weiblichen in seiner Seele als weiteren Schritt innerhalb eines von den Göttern vorgesehenen Initiationsvorganges, der ihn zu einer ganzen Persönlichkeit machen soll. Brynhild – so heißt die Erweckte – ist eine Walküre, d. h. ein halb irdisches und halb überirdisches Wesen, dessen Hauptaufgabe es ist, die Seelen der toten Krieger ins Jenseits zu geleiten. [625] Sie verkörpert Kräfte des Schicksals und der Unsterblichkeit, und die klugen Ratschläge, die sie Sigurd mit auf den Weg gibt, resultieren von einem höheren Blick auf die Welt, der nicht in unmittelbarer Affektivität und männlichem Draufgängertum befangen ist:

„Sei gut zu deinen Verwandten und räche nicht Feindseligkeiten an ihnen, sondern trag sie mit Geduld, und du erlangst davon langwährendes Lob ... Nimm dich in acht vor Bösem, verführe kein Mädchen und keines Mannes Frau, davon kommt oft Unheil ... Wenn du törichte Worte trunkener Männer hörst, so hadere nicht mit ihnen, während sie weintrunken sind und ihre Sinne nicht beisammen haben – solches bringt dem einen groß Elend, dem anderen Tod ... Schwör keinen falschen Eid, denn grimmige Rache folgt dem Friedensbruche ... Handle nicht lieblos an Leichen Siechtoter, Seetoter oder durch Waffen Getöteter – bestatte Verstorbene sorgfältig!"[626]

Durch den Verzehr des Drachenblutes wurde Sigurd in eine Richtung gewiesen, die ihm neue wertvolle Erfahrungen vermittelte. Er begegnete Feuer, Erde und dem Weiblichen sowie den damit verbundenen Energien von Leidenschaft, Kraft und Intuition, die ihn vor zukünftigen Gefahren beschützen sollen. Doch in den Blutstropfen von Fafnir schlummerte auch der Bazillus von Selbstsucht, Trägheit und Gier. In einem Anfall von Eitelkeit malt Sigurd den besiegten Drachen auf seine Schilder und Waffen, die er zudem mit dem erbeuteten Gold überzieht, und trägt seine Heldentat überall sichtbar zur Schau.[627] Wenn er an die Königshöfe des Landes kommt, eilen ihm seine Ruhmestaten bereits voraus, und es bedarf mehrerer starker Männer, um den schweren Goldschatz von seinem Pferd zu heben. Ab und zu wird er von Träumen und Visionen heimgesucht, die wie warnende Stimmen aus dem Unbewußten heraufsteigen und ihn für kurze Zeit nachdenklich machen. So steigt er auf der Jagd einem Habicht nach und erkennt plötzlich, daß es Brynhild ist, die seine Heldentaten mit goldenen Fäden in einen Teppich hineinstickt.[628] Wird aus dem Gold, das Sigurd einst aus eher ideellen Motiven eroberte, zunehmend ein Symbol für materielle Verführung und Eigensucht?

Als er Brynhild aufsucht und um ihre Hand anhält, gibt sie ihm zu verstehen, daß sie kein materielles Wesen sei, sondern ihm nur als eine Art geistige Geliebte gehören könne. In der Psychologie von C. G. Jung wäre dies die „Anima" des Mannes, sein weiblich-intuitiver Anteil, den er nicht auf eine reale Frau projizieren, sondern in sich selbst entwickeln soll, um zu einer reifen Persönlichkeit zu gelangen. Sigurd lehnt dies jedoch ab und beharrt darauf, sie „besitzen" zu wollen. Zur Bekräftigung ihrer gegenseitigen Verbundenheit schwören sie sich beim Abschied einen Treueeid.

Eine weitere Station auf Sigurds Weg ist der Hof des Königs Gjuki, wo der Herrscher mit seiner Frau Grimhild und den Kindern Gunnar, Gutthorm und Gudrun wohnt. Gudrun wird seit längerer Zeit von quälenden Träumen heimgesucht, in der schöne goldene Tiere auf brutale Art umgebracht werden. Zur Erläuterung dieser Bilder begibt sie sich zu Brynhild, die für ihre Traumdeutungen berühmt ist, ein Hinweis auf den Glauben der Germanen an die seherische Kraft der Frauen.

Brynhild sagt Gudrun voraus, daß sie Sigurd heiraten wird, nachdem ihre Mutter Grimhild ihn durch einen Vergessenstrank betäubt hat, um alle Erinnerung an seine eigentliche „Vermählte" Brynhild auszulöschen. Zwar werde sie ihn besitzen, aber auch schnell wieder verlieren, und großes Unheil käme über all ihre Sippen.[629]

Alles tritt so ein, wie es Brynhild voraussagte, wobei es wiederum Sigurd selber ist, der mit seinem Auftreten das Verhängnis ein Stück mitinitiiert. Als er mit seinen vielen Waffen und dem riesigen Goldschatz in Gjukis Hof einreitet, ruft einer der Türsteher erstaunt: „Ich glaube, hier kommt einer von den Göttern! Dieser Mann ist ganz mit Golde geschmückt".[630] Der einsame Held, der sich durch eigenständiges Tun von den Göttern zu emanzipieren schien, ist nun selber zu einem „überirdischen Wesen" geworden, das sich im Triumph eigener Kraft und eigenen Reichtums sonnt. Das kann bei den anderen nur Neid und Mißgunst auslösen. So will Grimhild Sigurd am Hof behalten und zum Manne für ihre Tochter Gudrun gewinnen. Ein Zaubertrank nimmt dem Helden alle Erinnerungskraft, und sein mühsam erworbenes bewußtes Ich beginnt sich aufzulösen. Als er Gudrun zur Frau geboten bekommt, nimmt er sie bedenkenlos an, ohne an seine geistige Geliebte Brynhild zu denken, und auch Gudrun willigt in die Hochzeit ein, obwohl sie den weiteren Verlauf der Dinge bereits durch ihren Traum kennt.[631] Sie tut es, weil es die Gesetze ihrer Sippe vorschreiben und sie stolz darauf ist, nun selber den „berühmtesten Mann auf der Welt" zu besitzen.

Als Grimhild den Plan aushect, ihren Sohn Gunnar mit Brynhild zu vermählen, muß Sigurd dabei helfen. Beide schwören sich Blutsbrüderschaft, und Sigurd gibt damit ein weiteres Stück seiner Individualität zugunsten alter Sippenbindungen auf. Durch seine zunehmende Blindheit und Unbewußtheit verwandeln sich die vom Drachen übernommenen Erdkräfte in seinem Inneren zu statischen Energien des Beharrens und der Trägheit. Da Gunnar es nicht schafft, den Feuerring zur Walküre zu durchschreiten, praktiziert er mit Sigurd einen – von Grimhild gelernten – magischen Gestaltwechsel.

Sigurd wirbt mit dem Aussehen seines Blutsbruders um Brynhild und verbringt mit ihr inkognito eine dreitägige Hochzeitsnacht, eine letzte Auflösung seiner Identität, die Verwirrungen und Vertrauensbrüche nach sich ziehen wird, welche in ein katastrophales Finale münden.

Die ahnungslose Brynhild wird von dem stolzen Gunnar als Braut heimgeführt, doch bereits einige Monate nach der Hochzeit kommt der Betrug heraus. Bei einem Streit enthüllt Gudrun ihr das Täuschungsmanöver, und Brynhild fällt in Depressionen, aus denen sie niemand mehr herauszuholen vermag. Weder kann sie jetzt noch ihren eigenen Mann ernstnehmen, noch ihren geistigen Geliebten Sigurd, der sie verriet. Auch brach sie ihren Eid gegenüber Odin, dem sie einst versprochen hatte, nur dem Mann zu folgen, der wirklich das Feuer zu durchschreiten vermag. Als Sigurd die vertrackte Situation dadurch zu lösen versucht, daß er hinter dem Rücken von Gunnar um ihre Hand anhält, wandelt sich Brynhilds Verzweiflung zu Gefühlen der Verachtung: „Solches soll man nicht reden, ich mag nicht zwei Könige in einer Halle haben; eher will ich mein Leben lassen, als daß ich König Gunnar betrüge."[632]

Selbstsucht, Eitelkeit, Gier, Lüge und der Rückfall in alte Blutsbindungen haben ein dramatisches Verwirrspiel angezettelt, aus dem es keinen Ausweg mehr zu geben scheint. Da reizt Gunnar seinen jungen Bruder Gutthorm zum Mord an Sigurd auf. Man mischt ihm, Schlangen- und Wolfsfleisch in ein Getränk, um seine animalischen Instinkte anzufachen, und er erschlägt Sigurd noch in derselben Nacht. „Gudrun war in Sigurds Armen eingeschlafen", heißt es in den drastischen Bildern des altisländischen Textes, „aber sie erwachte mit unsagbarem Harme, da sie in seinem Blute schwamm".[633]

In einem großen Feuerritual wird die Leiche des Helden nach altem heidnischen Brauch bestattet: „Und als der Scheiterhaufen hell in Flammen stand, da bestieg ihn Brynhild und sagte zu ihren Kammermädchen, sie sollten das Gold nehmen, das sie ihnen geben wollte. Hierauf starb Brynhild und verbrannte mit Sigurd – also endete beider Leben."[634]

Diese originale Version des Sigurd-Mythos war über Jahrhunderte in einem europäischen Raum verbreitet, der von Island über Norwegen bis nach Bayern reichte, was nicht nur Texte, sondern auch Abbildungen auf Kirchenportalen und Bildsteinen beweisen.[635] Er darf daher als ein wesentlicher Bestandteil der mythologischen Weltsicht unserer Vorfahren angesehen werden. Um so bestürzender ist die Tatsache, daß nicht seine intelligente Vielschichtigkeit unser heutiges Bild von den germanischen Glaubensvorstellungen prägt, sondern die klischeehaften Deutungen aus der Nazi-Zeit. Denn die Sage von Sigurds Untergang beschreibt ein Drama, das heute von ähnlicher Aktualität ist wie vor 1000 Jahren und das Philosophen wie Theodor W. Adorno und Max Horkheimer einmal als „Dialektik der Aufklärung" beschrieben haben. Sie bezeichnet die für das moderne Individuum allzeit lauernde Gefahr, sich bei seiner Befreiung von Naturzwängen und Götterlenkung zu Selbstsucht und Größenwahn zu verhärten und dadurch in neue blinde und undurchschaute Zusammenhänge zu verstricken.[636]

Mit dem Prozeß von Sigurds Scheitern warnt der Mythos vor dem totalen Abheben des Individuums in den Wahn eines überspannten Ego-Triumphes, der seine Eingebundenheit in Natur- und Schicksalszusammenhänge vollständig zu vergessen droht. Nicht umsonst streut der Text immer wieder Träume ein, die die selbstgefällig Handelnden zur Besinnung aufrufen, aber meist ungehört verhallen. Es sind dies treffende Bilder für die gelegentliche Taubheit des „selbstbestimmt" agierenden Menschen gegenüber feineren Stimmen seines Unterbewußtseins, das mit größeren Zusammenhängen verbunden bleibt. So wird der Goldschatz, den Sigurd ursprünglich nicht aus materiellen Interessen erbeutete, zunehmend zu einer funkelnden Verführung von Eitelkeit und Besitzgier, die in ein blutiges Finale von Mord und Verhängnis mündet. Eigentlich hätte solch ein Mythos also auch zur Besonnenheit und Selbstreflexion aufrufen können.

Ähnliches gilt für die Sagen um den germanischen Gott Baldur, der ebenfalls im „Dritten Reich" immer nur für eine simple Lichtbringer-Mystik gegen Finsterniskräfte beschworen wurde[637], obwohl das Original sich durchaus kritisch-ironisch mit „Reinheit" und „Erhabenheit" auseinandersetzt. Denn Baldur reizt gerade durch seine herausragenden Eigenschaften von Schönheit, Klugheit, Sauberkeit und Güte den dämonischen Gott Loki, der ihn vom Thron seiner Unantastbarkeit hinunterstoßen will. In Baldurs Wohnung, so berichtet die „Edda", „wird nichts Unreines geduldet", aber um so schlimmere Träume suchen ihn heim.[638] Eine erstaunliche Erkenntnis, die geradezu moderne psychologische Tiefenschärfe besitzt: Wer seine Schatten verdrängt, wird hinterrücks von ihnen überfallen.

Besorgt um die Alpträume ihres Sohnes reist seine Mutter Freya durch das Land und bittet alle Wesen, diesem niemals einen Schaden zuzufügen, was alle durch einen Schwur besiegeln – bis auf die kleine Mistel, die der Göttin zu jung und unbedeutend für den Pakt erscheint. Dies beobachtet Loki – eine Art germanischer Mephisto – mit Verärgerung, reißt die Mistel aus und schnitzt sich einen Pfeil aus ihr. Bei Kampfspielen, in denen Baldur seine Unverletzbarkeit zur Schau stellt, drückt er das Geschoß dem blinden Gott Hödur in die Hand und fordert ihn auf, damit auf den jungen Heros zu zielen. Als Hödur auf seine Blindheit hinweist, bietet sich Loki mit verschmitztem Lächeln an, ihm die Hand zu führen. Getroffen sinkt Baldur zu Boden und muß in die düstere Unterwelt der Todesgöttin Hel. Verzweifelt reist Freya erneut durchs Land und versucht alle Lebewesen zum Weinen um den Tod ihres strahlenden Sohnes zu bringen. Falls ihr dies gelänge, so hatte die Todesgöttin versprochen, würde sie Baldur wieder freigeben. Wiederum sind alle dazu bereit bis auf eine Riesin – der verkleidete Loki – die verkündet, Baldur habe zu seinen Lebzeiten nichts Gutes für sie getan, und daher sehe sie auch keinen Sinn darin, ihn jetzt zu beklagen.[639]

Genauso wie Sigurd und der Drache ist die Konstellation Baldur – Loki nicht auf den einfachen Generalnenner von Licht gegen Dunkelheit zu bringen.

Denn Loki ist nicht das absolut Böse, sondern eine schillernde Figur, deren scheinbar unmoralische Taten in Wirklichkeit Gleichgewichte wiederherstellen und verhärtete Positionen aufweichen. So sind seine derben Aktionen im Grunde ein verständlicher Protest gegen den Reinheits- und Unsterblichkeitskult einer auserwählten Götterfamilie, die sich damit über das allgemeingültige Schicksalsgesetz des Stirb und Werde stellt. Es handelt sich um eine ähnliche Kritik von Hybris wie in der Drachentötersage, wo Sigurd dafür büßen muß, daß ihm der Glanz des Goldes zu Kopfe stieg. Loki – eine Art „dunkler Gott" – verkörpert ein zwar dämonisches, aber auch notwendiges Gegenprinzip innerhalb der Schöpfung und tritt immer als provozierende Gestalt auf, die scheinbar etablierte Klarheiten mit Genuß durcheinanderbringt. Auch er ist ein Beispiel für den differenzierten Umgang der heidnischen Mythen mit Gut und

Böse, Schwarz und Weiß, Hell und Dunkel, Tugend und Sünde, der zu ihrem auch heute noch aktuellen „utopischen Überschuß" dazugehört.

Denn Christentum und Aufklärung haben gegenüber der archaischen Zeit zwar große Fortschritte im geistig-moralischen Bereich gebracht. Aber auch sie tendierten zu einem immer rigider werdenden dualistischen Denken, das die Welt in Himmel und Hölle, Gott und Teufel, Geist und Natur, Vernunft und Irrationalität einteilte und damit tieferliegende Verbindungen verdrängte, die wir uns heute wieder – etwa mithilfe der Kunst und der Mythen – bewußt machen müssen. So erinnern uns die alten Sagen mit ihren vielen mythischen Wesen etwa daran, daß die Natur keine bloße Rohstoffhalde sondern ein beseelter Organismus ist, auf dessen Stimme wir hören müssen, wenn wir die Erde nicht in eine Wüste verwandeln wollen. Ebenso schärfen sie unsere Sinne für archaische Schichten unseres Unbewußten, die wir genauso gerne „wegrationalisieren", für das Dämonische, Aggressive, Wilde, „Böse", den „Loki" und „Drachen" in uns, schlummernde Fähigkeiten von Magie und Intuition sowie Ahnungen von Bereichen jenseits der Todesschwelle. Für diese vielschichtige und in einem geistigen Sinn reale Welt, mit der unser Tagesbewußtsein verbunden bleiben muß, halten auch die germanischen Mythen eine Fülle von Bildern bereit, die man jedoch nicht auf buchstäbliche Realität oder „göttliche Offenbarung" hin abklopfen, sondern eher wie Dichtung lesen sollte.

Zwar enthalten sie auch zeitbedingte und anachronistische Momente wie Blutrache, Blutopfer, Kriegerpathos, Ahnen- und Sippenkult, aber eben immer auch einen „Überschuß" über ihre eigene Epoche. Denn sie thematisieren oft genug selber Ablösungs- und Emanzipationsvorgänge, die auch das moderne Individuum in ähnlicher Form immer wieder durchmachen muß.

So ist der in den Mythen beschriebene Weg des Helden durch Dunkelheit und Gefahr ein zeitloses Bild für Reifungsvorgänge und initiationsähnliche Erlebnisse, die jedem Mensch mehrfach in seinem Leben widerfahren und die auch die Grundstruktur vieler großer Geschichten und Kinofilme ausmachen.[640]

Wer also mit interpretierender Genauigkeit eine Sagenfigur wie „Sigurd" begleitet und mit ihm sein Ohr für die Stimmen von weissagenden Vögeln, verwandelten Riesen, feuerspeienden Drachen und schlafenden Jungfrauen schärft, läuft dabei noch keine Gefahr, zum Rassenfanatiker oder germanophilen Neo-Nazi zu werden. Wie wir in vielen Beispielen sahen, resultieren deren ideologisch verzerrte Mythen-Karikaturen vor allem daraus, daß die vielschichtigen Texte auf faktische Realitäten bzw. simple Dualismen reduziert werden, die die Original-Vorlagen so gut wie nie beinhalten.

So gehören die „Edda", der „Parsival", das Nibelungenlied oder die „Deutschen Heldensagen" genauso wie viele in vorchristliche Zeit zurückreichende Märchen nicht nur zu unserer kulturellen Tradition, sondern die Beschäftigung mit ihnen kann uns mit Erfahrungen einer archaischen Vergangenheit verbinden, die in unserem Unbewußten weiterlebt. Verdrängt man diese Überlieferungen dagegen gänzlich aus dem Bereich von Bildung und Kultur, so besteht – nach der Auffassung von C. G. Jung – die Gefahr, daß ein „wurzelloses, an der Vergangenheit nicht mehr orientiertes Bewußtsein" entsteht, „welches hilflos allen Suggestionen erliegt, d. h. praktisch für psychische Epidemien anfällig wird".[641]

Gerade die vielen verqueren und z. T. fanatisch aufgeladenen Ersatz-Mythologien, die heute wieder verstärkt aus einem esoterischen, neuheidnischen und rechtsradikalen Untergrund empordrängen, zeigen in exemplarischer Deutlichkeit, was mit dieser Warnung gemeint ist.

# Anmerkungen

1 Billy Price: Adolf Hitler als Maler und Zeichner, Zug 1983, 200
2 Als „politische Religion" wurde der Nationalsozialismus erstmals von Eric Voegelin bezeichnet („Die politischen Religionen", Wien 1938), siehe auch Michael Ley/Julius Schoeps (Hg.): Der Nationalsozialismus als politische Religion, Bodenheim 1997, sowie Hans Maier, Politische Religionen. Die totalitären Systeme und das Christentum, Freiburg 1995
3 Harald Strohms eigenwillige, materialreiche und teilweise brilliant geschriebene Studie „Die Gnosis und der Nationalsozialismus" (Frankfurt/Main 1997) sieht zahlreiche manichäische Wurzeln in der NS-Ideologie. Leider verwendet er als Belege z. T. dubiose und unzuverlässige Literatur, wie etwa Hermann Rauschnings „Gespräche mit Hitler", Dietrich Bronders „Bevor Hitler kam", oder sogar Trevor Ravenscrofts „Speer des Schicksals". Außerdem werden Themen wie Anthroposophie, „Gral" oder „Edda" zu undifferenziert dargestellt, weil der Autor sie unbedingt in ihrer angeblich dualistisch-manichäischen Grundstruktur „entlarven" möchte, um reichhaltigen Stoff für den Beweis seiner These zu erhalten.
4 So arbeitet Nicholas Goodrick-Clarke in seinem verdienstvollen und äußerst genau recherchierten Buch „Die okkulten Wurzeln des Nationalsozialismus" (Graz 1997) zwar dementsprechende Unterströmungen im Vorfeld des „Dritten Reiches" heraus. Im Nachwort wird jedoch darauf hingewiesen, daß der Nationalsozialismus keinerlei okkulte Ursprünge gehabt habe (217) – ein irritierender Widerspruch, der den etwas reißerischen Buchtitel nachträglich in Frage stellt.
5 Vor allem Claus-Ekkehard Bärsch sieht starke Ähnlichkeiten zwischen nationalsozialistischer und christlich-apokalyptischer Vorstellungswelt, wobei er die Elemente der nordischen Mythologie vollständig vernachlässigt. So taucht Himmler in seiner Studie nur ganz am Rande auf, die SS überhaupt nicht, und auch von Hitler, Rosenberg etc. werden nur Belege gebracht, die in das Konzept der Arbeit passen. (C. E. Bärsch: Die politische Religion des Nationalsozialismus. Die religiöse Dimension der NS-Ideologie in den Schriften von Dietrich Eckart, Joseph Goebbels, Alfred Rosenberg und Adolf Hitler, München 1998)
6 Siehe Kapitel 3.4. und Anmerkung 385
7 Henry Picker (Hg.): Hitlers Tischgespräche im Führerhauptquartier, Bonn 1951, 298

8 Heinrich Himmler: Geheimreden 1933–1945, hrsg. von Bradley F. Smith und Agnes F. Peterson, Frankfurt/Main 1974, 193
9 Denis de Rougement: Journal aus Deutschland 1935–1936, Wien 1998, 122, 137
10 Ebd. 100f   11 Ebd. 62ff   12 Ebd. 128
13 C. G. Jung: Psychologie und Religion (Grundwerk Bd. 4, Olten 1989) 35f
14 C. G. Jung: Antwort auf Hiob (Grundwerk Bd. 4, Olten 1989) 279
15 C. G. Jung: Über das Unbewußte (Gesamtwerk Bd. 10, Olten 1974) 35
16 Beat Mazenauer / Severin Perrig: Im Licht des eigenen Schattens. C. G. Jung und der Nationalsozialismus, in: „du", Heft Nr. 8, August 1995, 59ff
17 Ernst Bloch: Erbschaft dieser Zeit, Frankfurt/Main 1977, 155
18 Ebd.195   19 Ebd. 66f   20 Ebd. 56   21 Ebd. 126ff
22 Ebd. 63, 65   23 Ebd. 150   24 Ebd. 149
25 „Die Sonne", Volksdeutsche Wochenschrift, 7. Brachmonds 1924, 1. Jahrgang, Heft Nr. 10, 146
26 Ebd. 146
27 Guido von List: Deutsch-Mythologische Landschaftsbilder, Wien 1891, 642
28 Ebd. 124f
29 Ebd. 44, 46ff, 59ff
30 Ebd. 468 und 68
31 Ebd. 587f
32 Guido von List: Die Armanenschaft der Ario-Germanen, 2. Teil, Wien 1911, 182, und Nicholas Goodrick-Clarke: Die okkulten Wurzeln des Nationalsozialismus, Graz 1997, 41
33 Guido von List: „Die Rita der Ario-Germanen", Wien 1908, 31ff und ders. „Von der Armanenschaft der Arier", in: Neue Metaphysische Rundschau, Berlin 1906, Bd. XIII, Heft 4, 174
34 Guido von List: Das Geheimnis der Runen, Groß-Lichterfelde 1907, 4ff
35 Guido von List: Von der Armanenschaft der Arier, 215f
36 Ebd. 221
37 Johannes Balzli: Guido von List, Der Wiederentdecker uralter arischer Weisheit, Leipzig und Wien 1917, 167
38 „Runen-Schmuck" (Haus Ecklöh, Lüdenscheid 1919) aus: Ludwigstein-Archiv der Deutschen Jugendbewegung
39 Guido von List: Die Armanenschaft der Ario-Germanen, 2. Teil, Leipzig und Wien 1911, 107
40 Joh. Balzli: Guido von List, 126
41 Lanz-Liebenfels: Der heilige Gral als das Mysterium der arisch-christlichen Rassenkultreligion (Ostara Nr. 69), Wien 1913
42 Goodrick-Clarke: Die okkulten Wurzeln des Nationalsozialismus, 84
43 Lanz-Liebenfels: Anthropogonika, Urmensch und Rasse im Schrifttum der Alten (Ostara Nr. 10, Wien 1906) 20
44 Goodrick-Clarke: Die okkulten Wurzeln des Nationalsozialismus, 85f

⁴⁵ Lanz-Liebenfels: Theozoologie oder die Kunde von den Sodoms-Äfflingen und dem Götter-Elektron. Eine Einführung in die älteste und neueste Weltanschauung und eine Rechtfertigung des Fürstentums und des Adels (Wien 1905), auch: Goodrick-Clarke: Die okkulten Wurzeln, 86 ff
⁴⁶ Wilfried Daim: Der Mann, der Hitler die Ideen gab. Jörg Lanz von Liebenfels, Wien 1994, 101 ff
⁴⁷ Lanz-Liebenfels: Der heilige Gral (Ostara Nr. 69) 3
⁴⁸ Lanz-Liebenfels: Theozoologie V: Der Götter-Vater und Götter-Geist oder die Unsterblichkeit in Materie und Geist (Ostara Nr. 16 und 17) Wien 1929 (1. Auflage Wien 1904), 15
⁴⁹ Wilfried Daim: Der Mann, der Hitler die Ideen gab, 204 ff
⁵⁰ Lanz-Liebenfels: Der heilige Gral (Ostara Nr. 69), 15
⁵¹ Siehe auch Janos Frecot (u. a.): Fidus 1868–1948. Zur ästhetischen Praxis bürgerlicher Fluchtbewegungen, München 1972, 15 ff, und Ulrich Linse (Hg.): Zurück o Mensch zur Mutter Erde. Landkommunen in Deutschland 1890–1933, München 1983
⁵² Heinrich Ahrens: die deutsche Wandervogelbewegung von den Anfängen bis zum Weltkrieg (Hamburg 1939) 51
⁵³ Das Wandervogelbuch, Rudolstadt 1923, 17
⁵⁴ Ebd. 10 f
⁵⁵ Ebd. 14
⁵⁶ Ebd. 15 f
⁵⁷ Heinrich Ahrens: Die deutsche Wandervogelbewegung, 89
⁵⁸ Frecot: Fidus, 184 und Erhard Schlund: Neugermanisches Heidentum im heutigen Deutschland, München 1924, 34 ff
⁵⁹ Wolfgang Schlicker: Die Artamanenbewegung, in: Zeitschrift für Geschichtswissenschaft XVIII. Jahrgang, 1970, Heft 1, 68
⁶⁰ Michael Kater: Die Artamanen – Völkische Jugend in der Weimarer Republik, in: Historische Zeitschrift, Bd. 213, Dezember 1971, 590
⁶¹ Ebd. 602    ⁶² Ebd. 603    ⁶³ Ebd. 604    ⁶⁴ Ebd. 625 ff
⁶⁵ Ellic Howe: Rudolph Freiherr von Sebottendorff, hrsg. von Albrecht Götz von Olenhusen, Freiburg i. Br. 1989, 10 ff, siehe auch Goodrick-Clarke: Die okkulten Wurzeln, 122 ff
⁶⁶ Rudolph v. Sebottendorff: Der Talisman des Rosenkreuzers, Pfullingen 1925, 81
⁶⁷ Ebd. 81    ⁶⁸ Ebd. 82
⁶⁹ Goodrick-Clarke: Die okkulten Wurzeln, 126 ff, und Detlev Rose: Die Thule-Gesellschaft, Tübingen 1994, 32 ff
⁷⁰ „Runen": Zeitschrift für germanische Geistesoffenbarungen und Wissenschaften, Januar bis Dezember 1918 (Deutsche Bücherei, Leipzig)
⁷¹ Sebottendorff: Bevor Hitler kam, München 1934, 57–60, Goodrick-Clarke: Die okkulten Wurzeln, 129
⁷² Sebottendorff: Bevor Hitler kam, 241
⁷³ Max Domarus: Hitler. Reden und Proklamationen 1932–45, München 1965, 574

[74] Margarete Plewnia: Auf dem Weg zu Hitler. Der ‚völkische' Publizist Dietrich Eckart, Bremen 1970, 24, 44
[75] Ebd. 46
[76] Adolf Hitler: Mein Kampf, München 1936, 336
[77] Hitler: Mein Kampf, 395 ff, auch Max Domarus: Hitler. Reden und Proklamationen, 892 ff, und Hitler: Monologe im Führerhauptquartier 1941–44, hrsg. von Werner Jochmann, Hamburg 1980, 84
[78] Hitler: Mein Kampf, 317
[79] Leon Poliakov: Der arische Mythos, Hamburg 1993, 219
[80] Ebd. 220     [81] Ebd. 224     [82] Ebd. 227     [83] Ebd. 235
[84] Siehe hierzu auch Ruth Römer: Sprachwissenschaft und Rassenideologie in Deutschland, München 1989
[85] Poliakov, Der arische Mythos, 269
[86] Houston Stewart Chamberlain: Die Grundlagen des 19. Jahrhunderts, München 1940, 271, 276, 284, 467, 472 ff, 488, 555 ff, 561, 892 ff
[87] Joachim Köhler: Wagners Hitler. Der Prophet und sein Vollstrecker, München 1997, 18 f, 296
In Himmlers Bücherliste finden sich von Chamberlain „Rasse und Nation" sowie „Richard Wagner" (Bundesarchiv Berlin NL 126/9, 14 und 29)
[88] Helena Petrovna Blavatsky: Die Geheimlehre, Leipzig 1901, Bd.II, 6 f
[89] Ebd. 234, 356 ff, 444
[90] Ebd. 273 ff, 812, 103 f
[91] Karl Penka: Origines Ariacae, Wien 1883 / Ludwig Wilser: Herkunft und Urgeschichte der Arier, Heidelberg 1899 / Georg Biedenkapp: Der Nordpol als Völkerheimat, Jena 1906. Zur Entstehung der „Nordthese" im 19. Jahrhundert siehe auch Ingo Wiwjorra: Germanenmythos und Vorgeschichtsforschung (in Vorbereitung befindliche Dissertation im Fachbereich Geschichtswissenschaft der FU-Berlin)
[92] Guido von List: Die Rita der Ario-Germanen, Wien 1908, 37 f
[93] Vgl. „Hyperboreer" in: Pauly's Real-Encyclopädie des classischen Altertums, Bd. 9, Stuttgart 1916, 258 ff
[94] Lanz-Liebenfels: Urheimat und Urgeschichte der Blonden heroischer Rasse (Ostara-Heft Nr. 50), Rodaun 1911, 16
[95] Ebd. 10
[96] So etwa Georg Biedenkapp: Der Nordpol als Völkerheimat, Jena 1906, 56 ff und C. Kofel: Die arktische Heimat in den Veden (Metaphysische Rundschau, Band XIII, 1906, Heft 3, 49 ff)
[97] Gustav Neckel: Vom Germanentum. Ausgewählte Aufsätze und Vorträge, Leipzig 1944, 410 f, Hans F. K. Günther: Die Nordische Rasse bei den Indogermanen Asiens, Jena 1934, 14 f
[98] Julia Zernack: Geschichten aus Thule, Freie Universität Berlin, 1994, 1, 70
[99] Sebottendorff: Bevor Hitler kam, 261, und ders.: Geschichte der Astrologie, Leipzig 1923, Bd. 1, 55

100 Siehe auch Artikel „Thule" in: Pauly's Real-Encyclopädie des classischen Altertums, Stuttgart 1936, 628 f, und Prokop: Gotenkriege (hrsg.von Otto Veh), München 1966, 321 ff
101 Sebottendorff: Geschichte der Astrologie, 22 ff
102 Sebottendorff: Bevor Hitler kam, 53
103 „Runen": Zeitschrift für germanische Geistesoffenbarungen und Wissenschaften, Blatt 10, 1. Jahrgang, 21. Gilbhart (Oktober) 1918, 6
104 „Runen", Blatt 12, 21. Julmonds (Dezember) 1918, 2
105 Führer durch die erste urreligionsgeschichtliche Ausstellung „Der Heilbringer – Von Thule bis Galiläa und von Galiläa bis Thule", veranstaltet von der Forschungsanstalt für Geistesurgeschichte Bad Doberan i. M., unter der Leitung von Prof. Dr. Herman Wirth, 3
106 „Die Sonne": Monatsschrift für Rasse, Glauben und Volkstum im Sinne Nordischer Weltanschauung und Lebensgestaltung, 12. Jahrgang, Heft 4, Ostermond 1935, 146
107 Billy Price: Adolf Hitler als Maler und Zeichner, 171
108 „Nordland", 1935, Jahrgang 3, Folge 24, 265
109 Otto Rahn: Luzifers Hofgesind. Eine Reise zu Europas guten Geistern, Leipzig und Berlin 1937, 372 ff
110 Ebd. 109 ff   111 Ebd. 372   112 Ebd. 385   113 Ebd. 380 ff
114 Edmund Kiß: Die Singschwäne von Thule, Leipzig 1939, 13
115 Ebd. 244   116 Ebd. 35   117 Ebd. 139
118 Ebd. 10   119 Ebd. 311   120 Ebd. 169
121 Alfred Rosenberg: Der Mythus des 20. Jahrhunderts, München 1934, 24
122 Himmlers Bücherliste enthält etwa Veröffentlichungen über Freimaurerei, Spiritismus, die „Edda", Pendelmagie, Okkultes Logentum, Hypnose und das Zweite Gesicht (Bundesarchiv Nachlaß Himmler NL 126/9)
123 Michael Kater: Das „Ahnenerbe" der SS 1935–1945, Stuttgart 1974, 50 f
124 Siehe etwa Brigitte Nagel: Die Welteislehre. Ihre Geschichte und ihre Rolle im „Dritten Reich", Stuttgart 1991
125 Hörbigers Glacial-Kosmogonie, hrsg. von Phillip Fauth, Kaiserslautern 1913, XI
126 Ebd. 521, 524
127 Ebd. 329 f, 344 ff, 394 ff, 412 f, 514
128 Ebd. 344   129 Ebd. 344
130 R. v. Elmayer-Vestenbrugg: Rätsel des Weltgeschehens (Kampfschriften der obersten SA-Führung) München 1937, 137 ff
131 Edmund Kiß: Nordische Baukunst in Bolivien? in: „Germanien", Mai 1933, Heft 5, 138 ff, oder ders.: Die Kordillerenkolonien der Atlantiden, in: „Schlüssel zum Weltgeschehen" 1931, Heft 8/9, 256 ff, und ders.: Das Sonnentor von Tihuanaku und Hörbigers Welteislehre, Leipzig 1937
132 Etwa Dieter Eisleb / Renate Strelow: Altperuanische Kulturen (Tiahuanaco) Berlin 1980, 10
133 Edmund Kiß: Nordische Baukunst in Bolivien? a. a. O.
134 Ebd. 143   135 Ebd.

[136] Bundesarchiv Berlin: SS-Personalakte Edmund Kiß und NS 21/166, NS 21/167, NS 21/171
[137] In seiner kommentierten Bücherliste spricht Himmler bezüglich des Ossendowski-Buchs von den „ganzen großen Mysterien und Geheimnissen der Mongolei" (Bundesarchiv Nachlaß Himmler NL 126/9, Nr. 213)
[138] Ferdinand Ossendowski: Tiere, Menschen und Götter, Frankfurt/Main 1923, 344 ff
[139] Hörbigers Glacial-Kosmogonie, 344
[140] Unveröffentlichte Memoiren eines Mitgliedes der SS-Tibetexpedition von 1938/39, der namentlich nicht genannt werden möchte, 199 f
[141] Batti Dohm: Stielauge, der Urkrebs. Eine Chronik aus Urzeiten unserer Erde, Leipzig 1933, 135 f
[142] Ebd. 233 ff   [143] Ebd. 239   [144] Ebd. 243 f
[145] Unveröffentlichtes Manuskript Tibetforscher, 204 ff
[146] Reinhard Greve: Tibetforschung im SS-Ahnenerbe, in: Lebenslust und Fremdenfurcht. Ethnologie im Dritten Reich, hrsg. von Thomas Hauschild, Frankfurt/Main 1995, 173, 186 f.
[147] Hans-Jürgen Lange: Weisthor. Karl-Maria Wiligut. Himmlers Rasputin und seine Erben, Engerda 1998
[148] Darstellung der Menschheitsentwicklung aus der Geheim-Überlieferung unserer Asa-Uana-Sippe Uiligotis, Bundesarchiv Berlin NS 19/3671 (auch Lange, 188 f)
[149] Bericht über die Dienstreise von SS-Oberführer Weisthor nach Gaggenau/Baden und Umgebung vom 16. Juni–24. Juni 1936, Bundesarchiv Nachlaß Darré, AD 26, 70, 84 f (Ausschnitte bei Lange, 185 f)
[150] Hans-Jürgen Lange: Weisthor, 127 f
[151] Dienstreise von Weisthor nach Gaggenau, 86 (Lange, 187)
[152] Unveröffentlichtes Manuskript Tibetforscher: „Viele Jahre später, mitten im Krieg, erfuhr ich durch die Indiskretion eines Mannes aus Himmlers nächster Umgebung Einzelheiten über das untergründige Wirken und den unheimlichen Einfluß dieses ‚Weis-Tor'. Es muß etwas daran gewesen sein, berichtete mein Informant, denn gelegentlich einer Fahrt auf der neuerbauten Autobahn zwischen Berlin und Frankfurt a. d. Oder habe er die merkwürdigsten Dinge erlebt. Am hellichten Tag sei Weis-Tor während der Fahrt im Himmler'schen Maybach plötzlich in Trance gefallen. Ein glutheißer Sommertag, das Getreide stand in wogenden Ähren, ein Gewitter war gerade niedergegangen. Weis-Tor, der neben Himmler saß, sackte zusammen, Schaum vor dem Mund. Himmler ließ halten, und Weis-Tor lief mit ausgebreiteten Armen mitten hinein in das triefendnasse Roggenfeld. Himmler in voller Uniform hinterher ... weiter, immer weiter, bis Weis-Tor plötzlich niederkniete und ‚hier grabet – hier grabet' stammelte. Himmler habe daraufhin Ausgrabungen unter Weis-Tors Leitung angeordnet und eine frühgeschichtliche Siedlung sei zutagegebracht." 206 f

[153] Gitta Sereny: Albert Speer. Das Ringen mit der Wahrheit und das deutsche Trauma, München 1995, 376 f
[154] Siehe etwa Claus-Ekkehard Bärsch: Die politische Religion des Nationalsozialismus, München, 267 ff. Trotz einiger interessanter Analysen versucht Bärsch, aufgrund von zwei Stellen in „Mein Kampf" Hitler jedes Interesse an germanischer Mythologie abzusprechen (287 f), eine Folge von Bärschs Bestreben, christlich-apokalyptische Elemente zu reduzieren, was aber ihrer Komplexität nicht gerecht wird.
[155] Brigitte Hamann: Hitlers Wien. Lehrjahre eines Diktators, München-Zürich 1996, 24, 26 f
[156] August Kubizek: Adolf Hitler, mein Jugendfreund, Graz und Göttingen 1953, 99, 40
[157] Ebd. 196
[158] Siehe etwa Lothar Kettenacker: Der Mythos vom Reich, in: Mythos und Moderne, hrsg. von Karl Heinz Bohrer, Frankfurt/Main 1983, 261 ff
[159] Kubizek: Adolf Hitler, 233
[160] Ebd. 84
[161] Etwa Richard Wagner: Heldentum und Christentum, Sämtliche Schriften und Dichtungen, 10. Band, Leipzig 1911, 275 ff
[162] Wilfried Daim: Der Mann, der Hitler die Ideen gab, 27 ff
In einer Besprechung der Zweitauflage dieses Buches („Lanz, Hitler und die ,Schrättlinge'", Frankfurter Allgemeine Zeitung vom 14. April 1986) bezweifelt Ernst Vollrath, daß Lanz eine maßgebliche Bedeutung für Hitlers Weltanschauung gehabt hat, eine These, die sich wohl eher gegen Daims etwas übertriebenen Buchtitel als gegen einen Einfluß überhaupt richtet. Lanz war neben anderen völkischen Phantasten (List, Hörbiger etc.) höchstwahrscheinlich eine der vielen Quellen, aus denen sich vor allem der junge Hitler in seiner Wiener Zeit bedient hat. (Siehe Brigitte Hamann: Hitlers Wien, 285 ff)
[163] Brigitte Hamann: Hitlers Wien, 299, 302
[164] Rede vom 13. August 1920 in München (Hitler. Sämtliche Aufzeichnungen 1905–1924, hrsg. von Eberhard Jäckel und Axel Kuhn, Stuttgart 1980, 185 f)
[165] Guido von List: Die Bilderschrift der Ario-Germanen, Wien 1910, 43 ff
[166] Henry Picker: Hitlers Tischgespräche im Führerhauptquartier 1941–42, Bonn 1951, 299
[167] Adolf Hitler. Monologe im Führerhauptquartier 1941–44, hrsg. von Werner Jochmann, Hamburg 1980, 286 f
[168] Henry Picker, 298
[169] Ebd. 298
[170] Hitler aus nächster Nähe. Aufzeichnungen eines Vertrauten 1929–1932, hrsg. von H. A. Turner, Berlin/Wien 1978, 164 (Der Herausgeber attestierte Wageners Erinnerungen einen hohen Grad von Zuverlässigkeit, nachdem er zahlreiche Stellen im Vergleich mit überprüfbaren Quellen verifiziert hatte. Siehe editorische Vorbemerkung, VIIIf)

[171] Ebd. 165
[172] Ebd. 164f, 167f
[173] Werner Maser: Hitlers Briefe und Notizen, Düsseldorf 1973, 293
[174] Adolf Hitler: Mein Kampf, 317
[175] Ebd. 69f, 421
[176] Über Atlantis-Literatur im „Dritten Reich" siehe etwa Jost Hermand: Der alte Traum vom neuen Reich. Völkische Utopien und Nationalsozialismus, Frankfurt/Main 1988, 238 ff
[177] Richard Rein: Rasse und Kultur unserer Urväter. Ein methodisch-schultechnisches Hilfsbuch für Unterricht und Vorträge in der Vorgeschichte, Frankfurt/Main 1936, 42
Erich Mohr: Nordmänner herrschen im Süden, Deutsche Geschichte für die Jugend, Frankfurt/Main 1940
Walther Gehl: Nordische Urzeit, für die Mittelstufe, Breslau 1936, 12
Deutsche Geschichte von den Uranfängen bis zum Hochmittelalter, Frankfurt/Main 1935, 13f
[178] Walther Gehl: Nordische Urzeit, 4
[179] Ebd. 11
[180] Hans Hahne: Das Erbe der Vorzeit, in: Altgermanisches Geisteserbe, hrsg. von Otto Uebel, Bielefeld und Leipzig 1936, 5
[181] Deutsche Geschichte von den Uranfängen, 19, und Walther Gehl: Nordische Urzeit, 9
[182] Schulwart: Berichte über neue Lehrmittel, Mai 1933, Heft 2, 45f
[183] Ebd. August 1933, Heft 3, 78
[184] Ebd. August 1934, Heft 3, 54
[185] Richard Rein: Rasse und Kultur unserer Urväter, 50
[186] Paul Börger: Das Erbe der Ahnen. Geschichtsbuch für Oberschulen und Gymnasien, Leipzig 1939, 33
[187] Schulwart, August 1934, Heft 3, 58
[188] Otto Uebel: Runen und Runenschrift, in: Altgermanisches Geisteserbe, 45ff
[189] Ebd. 48
[190] Deutsche Geschichte von den Uranfängen, 14
[191] Erich Mohr: Nordmänner herrschen im Süden, 4
[192] Ebd. 31, und Richard Rein: Rasse und Kultur unserer Urväter, 47, auch: Deutsche Geschichte von den Uranfängen, 12
[193] Deutsche Geschichte von den Uranfängen, 18
[194] Erich Mohr: Nordmänner herrschen im Süden, 19f, und: Deutsche Geschichte von den Uranfängen, 8f
[195] Erich Mohr: Nordmänner herrschen im Süden, 20
[196] „Nordland", Oktober 1935, Jg. 3, 19. Folge, 214
[197] Siehe etwa Hermann Wille: Germanische Gotteshäuser zwischen Weser und Ems, Leipzig 1932, und Wilhelm Teudt: Germanische Heiligtümer, 4. Auflage Jena 1936
[198] „Das Schwarze Korps", 28. November 1935, 6

199 „Das Schwarze Korps", 23. Januar 1936, 11
200 R. Sinnhuber: Die Hitlerjugend übernimmt den Ehrenschutz über die vorgeschichtlichen Bodendenkmäler, in: Volk und Vorzeit, 1/1939, 35–36 (Boltze-Verlag, Karlsruhe)
201 Siehe etwa Sibylle von Reden: Die Megalithkulturen, Köln 1987, 17ff
202 Etwa Brief von SS-Brigadeführer Wolff vom 23.1.1937 an SS-Hauptsturmführer Galke über den von Himmler geplanten Kauf des Gollensteins bei Blieskastell (Bundesarchiv Berlin, SS-Personalakte Richard Anders) Studien über Tier- und Menschenköpfe im Aufsatz von Richard Anders „Der Täufelsstein bei Bad Dürkheim" (SS-Personalakte Anders)
203 Ebd.
204 Richard Anders: Der Sinn der Ortung (SS-Personalakte Anders)
205 Michael Schmidt: Die alten Steine, Rostock 1998, 9, 42, 99, 101
206 Teudt an Weerth 31.7.1926, Staatsarchiv Detmold, D72 Teudt Nr. 24
207 Etwa Herman Wirth: Das Felsengrab an den Externsteinen, in: Germanien. Monatshefte für Vorgeschichte zur Erkenntnis deutschen Wesens, 1933, Heft 1, 9ff. Eine kritische Auseinandersetzung mit Teudt findet sich bei Erich Kittel: Die Externsteine, Detmold 1984, 19ff
208 Bildarchiv des Westfälischen Freilichtmuseums für Volkskunde, Detmold
209 Siehe auch Uta Halle: „Die Externsteine sind bis auf weiteres germanisch". Eine dokumentarische Studie zur prähistorischen Archäologie im Spannungsfeld völkisch-nationalsozialistischer Wissenschaft, Habilitationsschrift Westfälische Wilhelms-Universität Münster 1999, und Kittel: Die Externsteine, 22
210 Rudolf Pörtner: Bevor die Römer kamen, Düsseldorf/Wien 1961, 403
211 Johannes Mundhenk: Forschungen zur Geschichte der Externsteine (4 Bände), Lemgo 1980, Bd. II/33ff, III/115f und IV/17ff, 79ff, 87ff sowie Rudolf Pörtner: Bevor die Römer kamen, 377f
212 Etwa Gottfried Spanuth: Glaube und Kult unserer Ahnen, Arbeitsheft, Erfurt 1934, 11
213 Heinrich Himmler an Oswald Pohl, 20.4.1940 (Bundesarchiv Berlin NS 19/1631)
214 Kulturfilm „Germanen gegen Pharaonen" (Bundesarchiv Berlin M 970). Über den angeblich germanischen Ursprung von Stonehenge siehe auch: „Nordland", Juli 1936, 153f, und „Germanen-Erbe" April 1937, 100f
215 Zensurkarte zum Film „Germanen gegen Pharaonen" vom 4. Juli 1939 (Bundesarchiv-Filmarchiv)
216 Justus H. Ulbricht: „Heil dir, Wittekinds Stamm", Verden, der „Sachsenhain" und die Geschichte völkischer Religiosität in Deutschland, in: Heimatkalender für den Landkreis Verden 1995, 95ff
217 „Völkischer Beobachter", 23.6.1935
218 Hans Christoph Schöll: Die Feierstätte auf dem Heiligen Berg, in: Badische Heimat. Zeitschrift für Volkskunde, Heimat-, Natur- und Denkmalschutz, 26. Jhg. Jahresband 1939, 373

[219] Wolfgang Neuschaefer: Thing am Heiligen Berg. Schau eines völkischen Kultes, Mühlhausen 1935, 16
[220] Rainer Stommer: Die inszenierte Volksgemeinschaft. Die „Thing-Bewegung" im Dritten Reich, Marburg 1985, 110
[221] Ebd. 130
[222] Hitler 1920: „Wir müssen den Kult erneuern, der alten Germanen." (Jäckel/Kuhn: Hitler. Sämtliche Aufzeichnungen 1905–24, 1265)
[223] Albert Speer: Erinnerungen, Frankfurt/Main-Berlin 1969, 55, 110
[224] H. A. Turner (Hg): Hitler aus nächster Nähe. Aufzeichnungen eines Vertrauten, 166
[225] Neue Deutsche Baukunst, hrsg. von Albert Speer, Berlin 1941, 9f
[226] Jochen Thies: Architekt der Weltherrschaft, Die „Endziele" Hitlers, Düsseldorf 1976, 76
[227] Ebd.
[228] Mortimer G. Davidson: Kunst in Deutschland 1933–1945, Band 3/1 Architektur, Tübingen 1995, Nr. 389–395
[229] Das Bild. Monatsschrift für das Deutsche Kunstschaffen in Vergangenheit und Gegenwart, Karlsruhe 1934, 64f und 133f
[230] Tannenberg: Deutsches Schicksal – Deutsche Aufgabe, hrsg. vom Kuratorium für das Reichsehrenmal Tannenberg, Oldenburg 1939, 227f, 238f
[231] Ebd. 245    [232] Ebd. 247    [233] Ebd. 223
[234] „Nordland", November 1935, Jg. 3, 22. Folge, 240
[235] „Sonnenwendfeier im Berliner Olympiastadion 1938" (Bundesarchiv Berlin UTW 408/1938)
[236] Felix Kersten: Totenkopf und Treue, Hamburg 1952, 189f
[237] Alfred Rosenberg: Der Mythus des 20. Jahrhunderts, München 1934, 46
[238] Frecot/Geist/Kerbs: Fidus, 297f
[239] „Völkischer Beobachter", 22. Juni 1935
[240] Nach Albrecht W. Thöne: Das Licht der Arier. Licht-/ Feuer- und Dunkelsymbolik des Nationalsozialismus, München 1979, 23
[241] Ebd. 31
[242] Bundesarchiv Berlin NS 19/530
[243] Bundesarchiv Berlin NS 19/2240
[244] „Nordland", Julfest 1935, 262
[245] „Nordland", Julfest 1934, 307
[246] Ebd. 308
[247] „Das Schwarze Korps", 26. Juni 1935, 3
[248] Bericht in „Niederelbisches Tageblatt" vom 12.9.1937, zitiert nach: Klaus Vondung: Magie und Manipulation. Ideologischer Kult und politische Religion des Nationalsozialismus, Göttingen 1971, 190f
[249] Albrecht Thöne: Das Licht der Arier, 75ff
[250] Elisabeth Weeber: Das Hakenkreuz – Geschichte und Bedeutungswandel eines Symbols, Magister-Arbeit an der Ludwig-Maximilians-Universität München, 1998, 1, 22ff, 103–106

²⁵¹ Ebd. 41 ff
²⁵² Wilfried Daim: Der Mann, der Hitler die Ideen gab, 83 ff, 96
²⁵³ Elisabeth Weeber: Das Hakenkreuz, 56 f
²⁵⁴ Ebd. 55
²⁵⁵ Karlheinz Weißmann: Schwarze Fahnen, Runenzeichen. Die Entwicklung der politischen Symbolik der deutschen Rechten zwischen 1890 und 1945, Düsseldorf 1991, 134
²⁵⁶ Billy Price: Adolf Hitler als Maler und Zeichner, 200
²⁵⁷ Ebd.
²⁵⁸ Ernst Hanfstaengl: Zwischen Weißem und Braunem Haus, München 1970, 196 f
²⁵⁹ Siehe Hitler-Rede von 1937 (Bundesarchiv DTW 277/1937) und Hitler auf dem Reichsparteitag 1934 (nach Weißmann: Schwarze Fahnen, Runenzeichen, 135)
²⁶⁰ H. A. Turner (Hg.): Hitler aus nächster Nähe, 164
²⁶¹ Zitiert bei Ulrich Hunger: Die Runenkunde im Dritten Reich, Frankfurt/Main 1984, 240
²⁶² Klaus Düwel: Runenkunde, Stuttgart 1983, 3, 94 f
²⁶³ Odins Runenlied im „Havamal" der „Edda"
²⁶⁴ Ebd. und im Lied von Sigrdrifa der „Älteren Edda"
²⁶⁵ Siehe etwa Karl Theodor Weigel: Runen und Sinnbilder, Berlin 1935, 36, oder auch Herman Wirth: Die Heilige Urschrift der Menschheit, Leipzig 1936
²⁶⁶ Guido von List: Das Geheimnis der Runen, Groß-Lichterfelde 1907
²⁶⁷ Ebd. 2 f
²⁶⁸ Siehe die Runengedichte von Wiligut in „Hagal" 7 und „Hagal" 8, 1934 (auch Hans-Jürgen Lange: Weisthor, 146 ff)
²⁶⁹ Siehe Karl Maria Wiligut: Darstellung der Menschheitsentwicklung aus der Geheimüberlieferung unserer Asa-Uana-Sippe Uiligotis (Bundesarchiv Berlin NS 19/3671), und das Gedicht „Ahnenwissen" („Hagal 7, 1934)
Beides auch bei H. J. Lange: Weisthor, 149 f, 188 ff
²⁷⁰ Ulrich Hunger: Die Runenkunde im Dritten Reich, 148 ff
²⁷¹ Ebd. 152
²⁷² Ulrich Nußbeck: Karl Theodor Weigel und das Göttinger Sinnbildarchiv. Eine Karriere im Dritten Reich, Göttingen 1993, 7, 129 ff
²⁷³ Ebd. 167
²⁷⁴ SS-Personalakte Karl-Theodor Weigel (Bundesarchiv Berlin)
²⁷⁵ Otto Rahn: Kreuzzug gegen den Gral, Freiburg i. Br. 1933, 74 f, 78 ff, 96 ff
²⁷⁶ Ebd. 78 f    ²⁷⁷ Ebd. 147    ²⁷⁸ Ebd. 87, 121, 280
²⁷⁹ Ebd. 288    ²⁸⁰ Ebd. 111 f    ²⁸¹ Ebd. 98 f
²⁸² Motto zu Otto Rahn: Luzifers Hofgesind. Eine Reise zu den guten Geistern Europas, Leipzig und Berlin 1937, auch noch einmal auf S. 154
²⁸³ Ebd. 248 ff. Daß die Deutungen Suhtschecks nicht abwegig sind, behauptet Walther Hinz in einer neueren Studie: „Persisches im ‚Parsi-

val'", in: Archäologische Mitteilungen aus Iran, Bd. 2, Reimer, Berlin 1969, 177ff
[284] Ebd. 212, 207, 209, 110ff
[285] Ebd. 210  [286] Ebd. 69  [287] Ebd. 231  [288] Ebd. 230ff
[289] „Völkischer Beobachter" 29.6.1937, 4f
[290] Adolf Frisé: Der Beginn der Vergangenheit, Hamburg 1992, 40
[291] Siehe den biographischen Abriß über Rahn von Hans-Jürgen Lange in: Otto Rahn, Leben und Werk, Engerda 1995, 30 – und Kapitel Dokumentation, 56
[292] Westfälische Landeszeitung „Rote Erde", Ausgabe D, 51. Jg., Folge 7, vom 9.1.1938, zitiert aus: Wewelsburg 1933–1945, Kult- und Terrorstätte der SS. Eine Dokumentation, hrsg. von Karl Hüser, Paderborn 1987, 206
[293] Otto Rahn, Leben und Werk, 34
[294] Ebd. 35 – und Kapitel Dokumentation, 69f
[295] Ebd. 39
[296] Josef Ackermann: Heinrich Himmler als Ideologe, Göttingen 1970, 96ff, 105, 107
[297] Hüser: Wewelsburg, Kult- und Terrorstätte der SS, 29
[298] Josef Ackermann: Heinrich Himmler als Ideologe, 58, Fußnote 98
[299] Richard Wagner: Lohengrin (Textbuch, Reclam)
[300] Renate Schostack: Hinter Wahnfrieds Mauern. Gertrud Wagner. Ein Leben, Hamburg 1998, 174f
[301] Joachim Fest: Hitler. Eine Biographie, Frankfurt/Main 1973, 683
[302] Renate Schostack: Hinter Wahnfrieds Mauern, 175
[303] Joachim Köhler: Wagners Hitler. Der Prophet und sein Vollstrecker, 316
[304] Mortimer Davidson: Kunst in Deutschland 1933–1945, Tübingen 1995, Bd. 2/1, Nr. 781
[305] Hitler: Mein Kampf, 339, 358f, 314
[306] Richard Wagner: Parsifal. Ein Bühnenweihfestspiel (Reclam), Vorbemerkung zum 2. Aufzug
[307] Richard Wagner über den „Parsifal" in: Sämtliche Schriften und Dichtungen, Leipzig 1911, Bd. 11, 396
[308] Annette Hein: „Es ist viel ‚Hitler' in Wagner". Rassismus und antisemitische Deutschtumsideologie in den „Bayreuther Blättern" (1878–1938), Tübingen 1996, 119
[309] Richard Wagner: Religion und Kunst, in: Sämtliche Schriften und Dichtungen Bd. 10, 232
[310] In den Aufsätzen „Erkenne dich selbst" und „Heldentum und Christentum" Richard Wagner: Sämtliche Schriften Bd. 10, 272, 280
[311] Ebd. 263, 275f, 278
[312] Cosima Wagner: Tagebücher, München 1988, Nr. 4, 853, zitiert nach Annette Hein: „Es ist viel ‚Hitler' in Wagner", 119
[313] Textbuch „Parsifal", Ende des 3. Aufzuges
[314] Ebd.

315 Houston Stewart Chamberlain: Richard Wagner, München 1923, 208–247. Daß dieses Buch zu Hitlers bevorzugter Lektüre gehörte, behauptet Ernst Hanfstaengl in: Zwischen Weißem und Braunem Haus, 52 f
316 Adolf Hitler: Monologe im Führerhauptquartier 1941–1944, hrsg. von Werner Jochmann, Hamburg 1980, 96 f, 150, 370
317 H. Dieter Arntz: Ordensburg Vogelsang 1934–1945, Euskirchen 1986, 169, 177, 59, 96, 47
318 Ruth Schmitz-Ehmke: Die Ordensburg Vogelsang, Landschaftsverband Rheinland, Köln 1988, 34, 45.
319 Arntz: Ordensburg Vogelsang, 110 f
320 Geheimrede zur Einweihung der Ordensburg Sonthofen am 23. November 1937 (Max Domarus: Hitler, Reden 1932–45, München 1965, 762)
321 In Leni Riefenstahls Film „Triumph des Willens" anläßlich des Reichsparteitages 1934 (Bundesarchiv Berlin – Filmarchiv Nr. 964)
322 „Das Schwarze Korps", 23. April 1936
323 Felix Kersten: Totenkopf und Treue, 401 f
324 Heinrich Himmler: Die Schutzstaffel als antibolschewistische Kampforganisation, München 1937, 9 f und 26 f
325 Himmler Geheimreden 1933–1945, hrsg. von Bradley F. Smith und Agnes F. Peterson, Frankfurt/Main-Berlin-Wien 1974, 61, 100
326 Ebd. 100, 181   327 Ebd. 51
328 Felix Kersten: Totenkopf und Treue, 197
329 Wewelsburg 1933–1945, Kult- und Terrorstätte der SS, hrsg. von Karl Hüser, Paderborn 1987, 29
330 Ebd. 33, 37   331 Ebd. 35   332 Ebd. 208
333 Herman Wirth: Das Felsengrab an den Externsteinen, in: „Germanien", 1933, Heft 1, 9 ff
334 Joseph Otto Plaßmann: Zum „Felsensarg" unter den Externsteinen, in: „Germanien" 1933, Heft 4, 105 f
335 Hans Christoph Schöll: Das heilige Spiel am Kar, in: „Germanen-Erbe". Monatsschrift für deutsche Vorgeschichte, Dezember 1936, Heft 8, 248 ff
336 Richard Wagner: Sämtliche Werke, Bd. 30 (Dokumente zur Entstehung und ersten Aufführung des Bühnenweihfestspiels Parsifal, hrsg. von Martin Geck und Egon Voss, Mainz 1970, 244)
337 Heinrich Wolfrum: Die Marienburg, Leer 1972, 17
338 „Edda", Gylfaginning, 9, 14, 20
339 Walther Blachetta: Das Buch der deutschen Sinnzeichen, Berlin-Lichterfelde 1941, 80
340 Hüser: Wewelsburg, 7
341 Gustav Neckel: Vom Germanentum, 128 ff, und Otto Sigfrid Reuter: Germanische Himmelskunde, München 1934, 229 ff, 246 f, 308, 618 Wilhelm Groenbech: Kultur und Religion der Germanen, Darmstadt 1997 (erste deutsche Ausgabe 1909/12), 295

342 Josef Ackermann: Heinrich Himmler als Ideologe, 96, Fußnote 335
343 Hüser: Wewelsburg, 294 ff, 272
344 Vom Kampf als „Gottesdienst" spricht Goebbels in einer NS-Wochenschau vom 16.3.1945 (Bundesarchiv Berlin Nr. 754), von „Heldenopfer" in der berühmten Sportpalast-Rede vom 18.2.1943 (Iring Fetcher: Joseph Goebbels im Berliner Sportpalast 1943, Hamburg 1998, 64). Himmler spricht von „germanischer Sendung" (Himmler: Geheimreden 1933–1945, hrsg. von Bradley F. Smith und Agnes F. Peterson, Frankfurt/Main 1974, 229), Goebbels vom „letzten Akt eines gewaltigen Dramas" („Völkischer Beobachter" 20.4.1945)
345 Goebbels am 19.4.1945 („Völkischer Beobachter" vom 20.4.1945)
346 „Nordischer Geist in Kampf und Kampfspiel früher Zeit" („Die Sonne", Heft 6, 1936), „Die kriegerische Kultur der heidnischen Germanen" (Gustav Neckel: Vom Germanentum, 240 ff), „Germanisches Kriegertum" (Fritz Wüllenweber: Altgermanische Erziehung, Hamburg 1935), „Die nordische Seele im Kampfe" („Die Sonne", Heft 8, 1934), „Nordisches Erleben im Weltkrieg" (ebd.), „Ritter, Tod und Teufel" von H. Günther, München 1920, „Von Fehde und Krieg" (in Otto Uebel: Altgermanisches Geisteserbe), „Germanisches Heldentum" von Gustav Neckel, Jena 1934, „Die Waffen der Väter" („Nordland" November 1935, 22. Folge), „Ein Krieg der Götter: Die Entstehung der germanischen Religion" („Das Schwarze Korps", 30. Januar 1936), „Die kriegerische Revolution" von Kurt Eggers, Berlin 1943
347 Heinrich Schnee: Geschichtsunterricht im völkischen Nationalstaat, Bochum 1933, 48 f
348 Gustav Neckel: Vom Germanentum, 248
349 Ebd. 72 f und 80
350 H. Günther: Ritter, Tod und Teufel, 16 f, 20, 24 f, 47, 50 ff
351 Kurt Eggers: Die kriegerische Revolution, 44, 23 f
352 Ebd. 25    353 Ebd. 16, 18, 20
354 Kurt Eggers: Von der Freiheit des Kriegers, Berlin 1941, 29 f
355 Gustav Neckel: Vom Germanentum, 244
356 Wilhelm Richter: Nordisches Erleben im Weltkrieg („Die Sonne", 13. Jg. Heft 6, 1936, 384 ff)
357 Martin Ninck: Wodan und germanischer Schicksalsglaube, Jena 1935, 124 ff
358 Ebd. 155, 173, 161 f
359 Andreas Heusler: „Heidnische" Hochziele, in: Altgermanisches Geisteserbe, hrsg. von Otto Uebel, 8
360 Werner Wunderlich (Hrsg.): Der Schatz des Drachentöters, Materialien zur Wirkungsgeschichte des Nibelungenliedes, Stuttgart 1977, 83
361 Ebd. 84    362 Ebd. 93
363 Frantisek Graus: Lebendige Vergangenheit, Köln-Wien 1975, 248 ff
364 Ebd. 256 ff
365 „Der Schulwart" 1934, Heft 1, 14, und Heft 3, 54

366 H. E. Stier: Die Bedeutung der römischen Angriffskriege für Westfalen, in: Kleine Schriften, hrsg. von P. Funke, Meisenheim am Glan 1979, 130f
367 Hildegard Wiegand: Armin. Ein Siegfriedschicksal, Leipzig-Straßburg-Zürich 1935, 16, 18
368 Ebd. 34ff, 58   369 Ebd. 62f   370 Ebd. 150ff
371 Ebd. 179ff   372 Ebd. 212   373 Ebd. 262
374 „Die Göttlichen sind bei den Kämpfenden", in: „Germanien" 1939, 433f
375 „Nordland", November 1938, 242f
376 „SS-Leithefte" Nr. 7, 2. Jahrgang, 9. September 1936, 39ff
377 „Das Schwarze Korps", 6.8.1936, 18
378 „Das Schwarze Korps", 3.10.1940, 9
379 „Das Schwarze Korps", 12.3.1936, 12
380 „SS-Leithefte", Jg. 7, Folge 9b, 1941, 8f
381 Hitler in: Tannenberg: Deutsches Schicksal – Deutsche Aufgabe, 223. Himmler in: Geheimreden, 52
382 Hitler: Mein Kampf, 336
383 Walter Wüst: Tod und Unsterblichkeit im Weltbild indogermanischer Denker, Berlin 1939 (Daß Hitler sich für dieses Buch interessierte, berichtet Josef Ackermann in: Heinrich Himmler als Ideologe, 69)
384 Adolf Hitler: Monologe im Führerhauptquartier 1941–1944, hrsg. von Werner Jochmann, 150
385 Hitler zu Hans Severus Ziegler: „Sie müssen wissen, ich bin Heide. Ich verstehe darunter: Nichtchrist. Selbstverständlich habe ich eine innere Beziehung zu einer kosmischen Allmacht, zu einer Gottheit. Diese muß ja jeder besitzen, der sich zur Kunst hingezogen fühlt." (H. S. Ziegler: Adolf Hitler aus dem Erleben dargestellt, 120)
386 Felix Kersten: Totenkopf und Treue, 187
387 Himmler: Geheimreden 1933–1945, 52
388 Josef Ackermann: Heinrich Himmler als Ideologe, 68f
389 H. Höhne: Der Orden unter dem Totenkopf. Die Geschichte der SS, München 1979, 144f, und Josef Ackermann: Himmler als Ideologe, 60f
390 Friedrich Hielscher: Fünfzig Jahre unter Deutschen, Hamburg 1954, 454. Der ehemalige Gefängnispfarrer von Landsberg – Karl Ehrmann – stand über Monate hinweg in engem Kontakt zu hohen SS-Offizieren (darunter auch Otto Ohlendorf), die auf ihre Exekution warteten: „Erstaunlich war, daß sie alle doch sehr gefaßt ihrem Ende entgegensahen. Von Furcht und Angst vor dem Sterben war eigentlich bei keinem dieser Männer etwas zu spüren." („Die 12 Nürnberger Nachfolgeprozesse". Eine Dokumentation von Bengt von zur Mühlen, Teil 2, Chronos-Film Kleinmachnow)
391 „Das Schwarze Korps" 26.11.1942, 6
392 „Völkischer Beobachter" vom 2. Juli 1936
393 Goebbelsrede Silvester 1944, „Völkischer Beobachter" 2. Januar 1945

394 Hermann Tögel/E. H. Wohlrab: Germanisches Gottgefühl im christlichen Religionsunterricht, Leipzig 1935, 122 ff
395 Joachim Heinzle/Anneliese Waldschmidt (Hg.): Die Nibelungen. Ein deutscher Wahn, ein deutscher Alptraum. Studien und Dokumente zur Rezeption des Nibelungenstoffs im 19. und 20. Jahrhundert, Frankfurt/Main 1991, 180
396 Ebd. 173, 174, 178
397 Hitler: Mein Kampf, 421
398 Himmler: Geheimreden, 229, 237
399 Görings Stalingrad-Rede, in: Heinzle/Waldschmidt: Die Nibelungen, 181, 183
400 „Stimme der Heimat", 7. März 1943, Blatt 16
401 „Völkischer Beobachter" 6. Januar 1945, Titelseite „Das Opfer als Idee"
402 Goebbels' Rede in Görlitz (Deutsche Wochenschau Nr. 754 vom 16.3.1945, Bundesarchiv – Filmarchiv)
403 „Völkischer Beobachter" 20.4.1945
404 Nicolaus von Below: Als Hitlers Adjutant, Mainz 1980, 409
405 Richard Wagner: Götterdämmerung, Ende des dritten Aufzugs
406 Michael Bentine: The Door Marked Summer, London-Toronto-Sydney-New York, 1981, 291
407 Bei den Serben, Iren, Israeli und Palästinensern haben bis heute – so die „Berliner Zeitung" vom 1.4.1999 anläßlich des Kosovo-Krieges – „archaisch anmutende Mythen über das Land der Väter, über Siege und Niederlagen ... entscheidende Bedeutung ... Die Mitteleuropäer, durch zwei furchtbare Weltkriege vom Wahn und Zwang solcher Mythen erlöst, schauen fassungs- und verständnislos auf die Ränder ihres Kulturkreises, wo Völker und Volksgruppen in wiederkehrenden Anfällen von Massenhysterie ihr Lebensrecht nur mit Mord und Totschlag, Vernichtung und Vertreibung bewahren zu können glauben. Sie berufen sich auf Siege und Niederlagen, die Jahrhunderte zurückliegen ..." (Dieter Schröder in: „Berliner Zeitung", 1.4.99, S. 4) Vor allem die serbische Regierung benutzt zur Rechtfertigung ihrer „ethnischen Säuberungen" immer wieder verklärende Ursprungsmythen und Blut- und Bodenmystik, in der die eigene Nation zum „himmlischen Volk" hochstilisiert wird (siehe auch Michael W. Weithmann: Balkanchronik, Regensburg 1995, 121 ff)
408 http://www.schatzsucher.de/Abenteuer/germanen.htm
409 „Voice of blood": Eine Nacht auf der Wewelsburg, H. A. Service, P. O. Box 33, O1844 Neustadt, Germany
410 Mündliche Auskunft des Leiters des Kreismuseums Wewelsburg Wulff Brebeck (siehe auch „Schwarze Sonne – Mythologische Hintergründe des Nationalsozialismus", Film von Rüdiger Sünner, ARTE/WDR 1997, Vertrieb: Absolut Medien, Rosenthalerstr. 38, 10178 Berlin)
411 „Elemente der Metapolitik zur europäischen Neugeburt". Die Buchzeitschrift des Thule-Seminars e.V., Nr. 6, Kassel 1998, 8, 22, letzte Seite

412 Rückseite des Heftes „Mitternacht" (Texte zum Mythenkomplex Mitternachtsberg – Schwarze Sonne – Lichtbringer) der Schriftenreihe des Freundeskreises für Brauchtum und Kultur „Sol Invictus", Folge 2, Ilvesheim o. J.
413 Buchdienst Nation-Europa Nr .49/98/99
414 Russell McCloud: Die schwarze Sonne von Tashi Lhunpo, Vilsbiburg 1991, 156 ff
415 Ebd. 285 ff
416 H. P. Blavatsky: Die Geheimlehre, Bd. II, 37, 41, 249 f
417 Ebd. 250      418 Ebd. 812      419 Ebd. 6 f
420 Guido von List: Die Bilderschrift der Ario-Germanen, Leipzig-Wien 1910, 44 f
421 Peryt Shou: Das Mysterium der Zentralsonne, Leipzig 1910, 7, 39
422 Peryt Shou: Deutschlands Zukunft im Gesetz kosmologischer Entwicklung, Berlin 1923, 269 f, 274 f, 276, 292 ff
423 Ebd. 106
424 Emil Rüdiger: Die Kraft der zwei Sonnen, Ingelheim 1994, und Rudolf Mund: Vom Mythos der Schwarzen Sonne (Das andere Kreuz – Schriften für esoterische Forschung, Wien o. J.)
425 Hans-Jürgen Lange: Weisthor, 225 ff
426 Dorothee Renner: Die durchbrochenen Zierscheiben der Merowingerzeit, Mainz 1970. Unter den Abbildungen gibt es zahlreiche Exemplare, die dem Sonnenrad der Wewelsburg sehr ähnlich sind und gut als Vorlage gedient haben können, zumal sie auch bereits in Veröffentlichungen des „Dritten Reiches" auftauchten: Zeitschrift „Mannus", Bd. 28, 1936, 270, Walther Veeck: Die Alamannen in Württemberg, Berlin-Leipzig 1931, Hans Reinerth (Hg.): Die Vorgeschichte der deutschen Stämme (Bd. 2), 1940, Tafel 219
427 Rudolf Mund: Vom Mythos der Schwarzen Sonne (Bd. 2 der Schriftenreihe „Das andere Kreuz: Schriften für esoterische Forschung")
428 Wilhelm Landig: Wolfszeit um Thule, Wien 1980, 354 f
429 Landig: Wolfszeit, 67
430 Landig: Wolfszeit, 255, 267
431 Landig: Rebellen für Thule, Wien 1991, 430 f
432 Ebd. 432, Landig bezieht sich auf 2. Samuel 12, 30 f
433 Landig: Rebellen, 432 f
434 Etwa das „Lied vom Gottesknecht" (Jesaja 42–53)
435 Norbert Lohfink: Die Schichten des Pentateuch und der Krieg, in: ders. (Hg.): Gewalt und Gewaltlosigkeit im Alten Testament, Freiburg-Basel-Wien 1983, 74. Zu der Stelle im Buch Samuel siehe auch H. J. Stoebe: Das 2. Buch Samuelis, KAT VIII, 2, Gütersloh 1994, 312–318
436 Landig: Rebellen, 357 ff, 489 ff
437 Ebd. 102 ff
438 Ebd. 105
439 Landig: Wolfszeit, 133

440 Landig: Rebellen, 226 f
441 Ebd. 104   442 Ebd. 307 ff
443 Landig: Rebellen, 308, 318, und Elisabeth Neumann-Gundrum: Europas Kultur der Groß-Skulpturen, Schmitz, Gießen 1981, 190, sowie: Arbeitsspuren an megalithischen Großskulpturen
444 Landig: Rebellen, 311 f
445 Ebd. 341   446 Ebd. 343   447 Ebd. 344 ff
448 Ebd. 345, 347
449 Ebd. 355, 358, 371
450 Ebd. 364, siehe hierzu Hannes Stein: Hoch die Weisen von Zion! (Kursbuch „Verschwörungstheorien" Heft 124, Berlin Juni 1996, 35 ff)
451 Landig: Rebellen, 99, 358 ff
452 Ebd. 478, 481 f
453 Ebd. 482
454 Landig: Wolfszeit, 178 ff
455 Ebd. 183
456 Nicholas Goodrick-Clarke: Hitler's Priestess. Savitri Devi, the Hindu-Aryan Myth, and Neo-Nazism, New York und London 1998, 8
457 Ebd. 14 ff   458 Ebd. 21   459 Ebd. 27 f, 39
460 Ebd. 110, 67 ff   461 Ebd. 55   462 Ebd. 120 f
463 Ebd. 121 f   464 Ebd. 143   465 Ebd. 150 f
466 Ebd. 153 f   467 Ebd. 158   468 Ebd. 167
469 Ebd. 1 f, 210 ff
470 Etwa in der Andromeda-Buchhandlung, Nürnberg
471 Miguel Serrano: Das Goldene Band. Esoterischer Hitlerismus, Wetter 1987, 24
472 Ebd. 25, 36   473 Ebd. 34
474 Ebd. 21, 219 f, 224 f, 240 f, 243
475 Ebd. 62, 68, 93, 95
476 Ebd. 229   477 Ebd. 334   478 Ebd. 248
479 Ebd. 33, 56 f, 83 ff, 182, 246, 315
480 Ebd. 40   481 Ebd. 368 f
482 Ebd. 35 ff, 256
483 Jan van Helsing: Geheimgesellschaften und ihre Macht im 20. Jahrhundert, Meppen 1993, 45 ff, 54 ff, 90 ff, 102 ff
484 Jan van Helsing: Unternehmen Aldebaran, Lathen 1997, 122, 322 f
485 Helsing: Geheimgesellschaften, 124 ff, und Unternehmen Aldebaran, 122 ff
486 Norbert-Jürgen Ratthofer/Ralf Ettl: Das Vril-Projekt, Wien 1992, siehe auch das Video: „Ufo-Geheimnisse des Dritten Reiches" (Royal-Atlantis-Film, Chemnitz)
487 Helsing: Geheimgesellschaften, 109 ff
488 „Der Spiegel", 30.3.1950, 33 ff, und „Welt am Sonntag", 26.4.1953
489 „Welt am Sonntag" 26.4.53, Titelblatt

490 Olof Alexandersson: Lebendes Wasser. Über Viktor Schauberger und eine neue Technik, unsere Umwelt zu retten, Steyr 1998, 112 ff
491 Ebd. 19 ff, 91 ff, 137 ff.145 ff, 204 ff, siehe auch Siegbert Lattacher: Viktor Schauberger. Auf den Spuren des legendären Naturforschers, Steyr 1999
492 Alfred Ritscher (Hg.): Wissenschaftliche und fliegerische Ergebnisse der Deutschen Antarktischen Expedition 1938/39, Leipzig 1943, 81, 94, 242
493 Video „Geheimgesellschaften" (Exklusiv-Interviews mit Jan van Helsing und Wilhelm Landig) VAWS, Duisburg
494 Helsing: Unternehmen Aldebaran, 12, 39 ff, 42 f, 56 ff
495 Ebd. 61    496 Ebd. 272 ff    497 Ebd. 233 ff
498 Zu diesen Kritikern gehören etwa Peter Kratz: Die Götter des New Age. Im Schnittpunkt von „Neuem Denken", Faschismus und Romantik, Berlin 1994, sowie Klaus Bellmund/Kaarel Siniveer: Kulte, Führer, Lichtgestalten, Esoterik als Mittel rechtsradikaler Propaganda, München 1997
499 Stefanie von Schnurbein: Göttertrost in Wendezeiten. Neugermanisches Heidentum zwischen New Age und Rechtsradikalismus, München 1993, 18 ff, und Franziska Hundseder: Wotans Jünger. Neuheidnische Gruppen zwischen Esoterik und Rechtsradikalismus, München 1998, 129 ff
500 Schnurbein: Göttertrost, 25, 20
501 Ebd. 20
502 Schnurbein: Göttertrost, 21, 25 f
503 Etwa in der Vereinszeitschrift „Irminsul" 1998/3
504 Schnurbein: Göttertrost, 19
505 „Irminsul" 1998/3
506 Originalaufsätze von Richard Anders und Lanz von Liebenfels etwa in „Irminsul" 1998/2, von Günther Kirchhoff in „Irminsul" 1998/4
507 Schnurbein: Göttertrost in Wendezeiten, 17, und „Irminsul" 1998/3
508 „Irminsul" 1998/2
509 „Irminsul" 1998/4
510 „Huginn und Muninn" 1998, Heft 4/5
511 Franziska Hundseder: Wotans Jünger, 50 ff, 59 ff
512 Auf der Rückseite jeder Ausgabe der „Nordischen Zeitung" abgedruckt
513 „Nordische Zeitung" Heft 4/60. Jahrgang, Gilbhart/Julmond 3792 n. St. (soll heißen 3792 nach Stonehenge), 18
514 „Nordische Zeitung" Heft 3/65. Jahrgang, Heuert/Scheiding 3797 n. St., 41
515 „Nordische Zeitung" Heft 2/66. Jahrgang, Ostermond/Brachet 3798 n. St., 21 f
516 Ebd. 22, 28, 24
517 Ebd. 34
518 „Nordische Zeitung", Heft 3/66. Jg., Heuert/Scheiding 3798 n. St., 45
519 „Sittengesetz unserer Art" auf der Rückseite der „Nordischen Zeitung", Paragraph 19

520 „Nordische Zeitung", Heft 3/65. Jg. Heuert/Scheiding 3797 n. St., 42
521 Ebd. 52 und Heft 3/66. Jg. Heuert/Scheiding 3798 n. St., 41 ff
522 Heft 2/65. Jg. Ostermond/Brachet 3797 n. St., 40
523 Heft 3/66. Jg. Heuert/Scheiding 3798 n. St., 45 ff
524 „Germanen-Glaube" 6/1996, 3 ff
525 Géza von Neményi: Heidnische Naturreligion. Altüberlieferte Glaubensvorstellungen und Bräuche, Bergen/Dumme 1993, 12
526 „Germanen-Glaube" 3/1998, 13
527 „Germanen-Glaube", 3/1998, 14 ff
528 „Germanen-Glaube", 4/1998, 11
529 „Germanen-Glaube", 2/1996, 19
530 „Germanen-Glaube" 1/1998, 15
531 „Lebensborn: Bote des neuen Zeitalters", Nebelung 1990, 9
532 „Germanen-Glaube" 3/1998, 4
533 Ebd. 3
534 „Der Hain: Zeitschrift für Heidentum, Naturreligion und thelemitische Philosophie", Nr. 26 (1/98), 31
535 „Der Hain" Nr. 25 (8/97) 31 und Nr. 24 (1/97) 28
536 „Der Hain" Nr. 26 (1/98) 13 ff
537 Ebd.
538 Ebd. 19
539 Etwa im Metal-Magazin „Heavy" 3/98 (Nr. 39) 75
540 „Odins Gerechtigkeit" auf der CD: „Veit: In eine neue Zeit" (VBR Verlag Berlin)
541 Zitiert aus: „Skinheads und Rechtsextremismus: Instrumentalisierung einer jugendlichen Subkultur" (Info-Broschüre des Ministerium für Inneres und Justiz des Landes Nordrhein-Westfalen, Juli 1998, S. 23) siehe auch Franziska Hundseder: Wotans Jünger, 16
542 Textbuch zur CD „Riefenstahl" (VAWS, Duisburg)
543 Ebd.
544 CD „Riefenstahl"
545 Ebd.
546 Andreas Speit: „Riefenstahl neutral. Mit Riefenstahls Ästhetik kämpfen auch Neurechte gegen die Moderne und den ‚sinnentleerten Zeitgeist'" (Internet http:/www.ftz.org/nadir/periodika/jungle-world/35/11a.htm); Alfred Schobert: „Graswurzelrevolution von rechts? Zum Versuch jüngerer Vertreter der ‚Neuen Rechten', in der Dark-Wave-Szene Fuß zu fassen" (Internet http:/members.aol.com/dissdui/bi0015.htm)
547 Alfred Schobert: In Riefenstahl-Gewittern, in: Junge Welt, 9. 12. 1996
548 „Der Spiegel" 14/1995, 170 ff, und „Die Woche" 10. März 1995, 44
549 Rückseite von „Sol Invictus: Schriftenreihe des Freundeskreises für Brauchtum und Kultur", Folge 2 „Mitternacht", und Texte der CD von Klumbs ehemaliger Rock-Gruppe „Weißglut"
550 Interview in „Junge Freiheit", 23. Februar 1996
551 Interview in „Gothic Grimoire 1/96" und „Gothic, 23", zitiert nach

dem Artikel „Forthcoming Fire" (Internet http:/www.free.de/antifa/nrw/sommer 97/forthcom.html)
552 „Der Spiegel" 26. Oktober 1998, 304
553 „Junge Freiheit", 23. Februar 1996
554 Ebd.
555 Peter Hoffmann: Claus Schenk Graf von Stauffenberg und seine Brüder, Stuttgart 1992, 61 ff
556 Interview in „Junge Freiheit" vom 23. Februar 1996
557 Interview in „Junge Freiheit" vom 9. Februar 1996
558 Textbuch zu „Allerseelen: Gotos-Kalanda" (Storm-Records, Denver, USA)
559 „Aorta" Nr. 6 über Karl Maria Wiligut
579 „Aorta" Nr. 7 über Otto Rahn
560 Ebd.
561 „Aorta" Nr. 20 „Oskorei"
562 Ebd.
563 Ebd.
564 Ebd.
565 „Aorta" Nr. 19 „Blood Axis"
566 Alfred Schobert „Graswurzelrevolution von rechts" (s.o.), oder ders.: „Mythos macht Musik" („Der Rechte Rand" Nr. 55, Nov./Dez. 1998)
567 Moynihan interessiert sich für die „dämonische Kraft" von Charles Manson, die er mit der Hitlers vergleicht, und nennt die „Manson Family", aus der heraus 1969 mehrere Morde (u. a. an Roman Polanskis damaliger Ehefrau Sharon Tate) verübt wurden, eine „gnostische Erneuerungsbewegung". Laut Auskunft ihrer Mitglieder sollten diese Taten der Auftakt eines „heiligen Krieges gegen die Gesellschaft, gegen die Reichen" sein. (Aorta Nr. 19, „Blood Axis")
Zum bizarren „mythologischen Hintergrund" von Mansons Weltanschauung siehe auch Vincent Bugliosi: Helter Skelter. The true story of the Manson murders, New York 1994, 281 ff
568 „Aorta" Nr. 19
569 Michael Moynihan und Didrik Soderlind: Lords of Chaos. The bloody rise of the satanic metal underground, Misanthropy Records, Hadleigh, England 1998
570 Interviews zwischen Gerhard Petak und Moynihan in „Aorta" Nr. 19 und zwischen Thor Wanzek und Moynihan in „Deftone" Nr. 7, Okt./Nov. 6/98
571 „Aorta" Nr. 19
572 „All art is propaganda": Blood Axis (Michael Jenkins Moynihan im Interview) in: „Sigill" Nr. 14, 4. Jg. 1997
573 Ebd.
574 Interview in „Deftone"
575 Song „Between Birds of prey" auf der CD „The Gospel of Inhumanity" (Storm Records, USA) Deutscher Text in Friedrich Nietzsche: Dionysos-

Dithyramben, Werke III, hrsg. Karl Schlechta, Frankfurt-Berlin-Wien 1972, 1249 ff
576 „Aorta"-Heft Nr. 19 über „Blood Axis"
577 „Blood Axis": „Blot. Sacrifice in Sweden" (Live-CD vom 15. November 1997 in Linköping) Colt Meat Industry/Schweden
578 „All art is propaganda" (Interview in „Sigill")
579 Interview in „No Longer an Fanzine", zitiert nach: Alfred Schobert/Daniel Hügel: Mythos macht Musik, in: „Der Rechte Rand" Nr. 55, Nov./Dez.1998, 20 f
580 Song „Eternal Soul" auf der CD „The Gospel of Inhumanity"
581 Interview in „Deftone"
582 Markus Wolff über Moynihan in: „All art is propaganda" (Interview in „Sigill")
583 Zitate aus der Pressemappe von Mari Boines Firma „Motor Music", Hamburg
584 Ebd. (Artikel „Geisterbeschwörung" von Detlef Kinsler in: Journal Frankfurt, 3.–16.11.1995)
585 Erich Kasten: Kulturwandel bei den Samen. Eine ethnohistorische Untersuchung zum Kulturkontakt in Schwedisch-Lappland, Berlin 1983, 10
586 Ebd. 13 f
587 Abjörn Nesheim: Über die Lappen und ihre Kultur, Oslo 1964, 36 ff
588 Ake Hultkrantz: Die Religion der Lappen, in: Ivar Paulson (Hg.): Die Religionen Nordeurasiens und der amerikanischen Arktis, Stuttgart 1962, 299 und T. I. Itkonen: Heidnische Religion und später Aberglauben bei den finnischen Lappen, Helsinki 1946, 196 ff
589 Song „Risten" auf der CD „Balvvoslatjna" („Room of worship")
590 Siehe Anm. 584
591 „Neue Zürcher Zeitung" vom 31. Dezember 1990, 23
592 Schilling: Lebens Mittag, Erstes Buch. Notizen und Träume, München 1995, 335
593 Schilling: Reise nach Ostpreußen. August 1971 (unveröffentlichtes Manuskript)
594 Schilling: Schwarzer Apollon. Essays zur Symbolik, München 1990, 59 ff
595 Ebd. 61
596 Schilling: Das holde Reich, Essays zur Symbolik, München 1990, 18
597 Schilling: Questengesang. Gedichte, München 1990, 35
598 Schilling: Schwarzer Apollon, 71
599 Schilling: Das holde Reich, 14 ff., 38, 75 und Schwarzer Apollon, 69 f
600 Schilling: Schwarzer Apollon, 69
601 Tacitus: Germania, Reclam, Stuttgart 1975, 9. Kapitel, 9
602 Etwa Hölderlins Gedicht „An den Äther" oder Eichendorffs „Gruß"
603 Auch im Nationalsozialismus war das Questenfest bereits von völkischen Ideologen für ihre Zwecke instrumentalitiert worden. So berich-

tet etwa Herman Wirth, der Mitbegründer der SS-Stiftung „Ahnenerbe" in seinem Buch „Die heilige Urschrift der Menschheit" (Leipzig 1936, 430) darüber und die Queste taucht auch auf den „Schulwandtafeln" des „Dritten Reiches" auf („Schulwart" 1935, 44). Nach der Wende sorgte u. a. Werner Haverbeck für eine erneute Aufladung des Festes mit völkisch-nationalen Untertönen. Haverbeck war in der NS-Zeit Beauftragter für „Volkstumsarbeit" gewesen und hatte nach dem Krieg das „Collegium Humanum" gegründet, in dem man u. a. auch Hitlers Geburtstag feierte und Existenz von Gaskammern leugnete – so Haverbecks Ehefrau Ursula Haverbeck-Wetzel. (Nach Arfst Wagner: Anthroposophen und Nationalsozialismus, Flensburger Hefte, Nr. 32, 38 ff und Bellmund/Siniveer: Kulte, Führer, Lichtgestalten, 83–127)

Was die Queste wirklich bedeutet, läßt sich kaum mehr exakt rekonstruieren. Die Form des Sonnenrades findet sich jedoch auch auf Zierscheiben der Alemannen und auf Kunstwerken der skandinavischen Bronzezeit (Felsbilder von Bohuslän und „Sonnenwagen von Trundholm"), was einen in germanisch-nordeuropäische Frühzeit reichenden Sonnenkult wahrscheinlich macht. Auch die Lappen hängen zur Huldigung an die Kraft und zyklische Wiederkehr der Sonne Ringe aus Zweigen oder Räder aus Eisenblech in die Bäume (T. I. Itkonen: Heidnische Religion und später Aberglauben bei den finnischen Lappen, 7 ff)

[604] Schilling: Das holde Reich, 154, 156
[605] Ebd. 159 f   [606] Ebd. 160   [607] Ebd. 162 f   [608] Ebd. 125 f
[609] Ebd. 118, 176   [610] Ebd. 167   [611] Ebd. 163 f
[612] Siehe etwa in der „Edda" (Gylfaginning 15 ff)
[613] Ebd. 164, 163
[614] Schilling: Echsenstein (unveröffentlichter Essay von 1993)
[615] So taucht die mythologische Dimension des „Dritten Reiches" etwa auch im Briefwechsel zwischen Thomas Mann und dem ungarischen Mythenforscher Karl Kerényi auf (Karl Kerényi/Thomas Mann: Romandichtung und Mythologie. Ein Briefwechsel, Zürich 1945, 42 f). Thomas Mann fordert darin, „den Mythos den faschistischen Dunkelmännern aus den Händen zu nehmen und ihn ins Humane ‚umzufunktionieren'" (82).
[616] Hans-Dietrich Fuhlendorf: Rückkehr zum Paradies oder Erbauen des neuen Jerusalem? Geschichtsbetrachtungen in apokalyptischer Zeit, Flensburg 1992, 207, 24 ff
[617] C. G. Jung: Antwort auf Hiob, in: Menschenbild und Gottesbild, Grundwerk 4, Olten 1989, 279
[618] Edda, Völuspa und Gylfaginning 4 ff
[619] Guido von List: Die Bilderschrift der Ario-Germanen, Wien 1910, 30
[620] Die Geschichte von den Völsungen, in: Isländische Heldenepen, Übertragen von Paul Hermann, München 1996, 35
[621] Ebd. 37, 40   [622] Ebd. 48 f   [623] Ebd. 48
[624] Ebd. 50   [625] Ebd. 60   [626] Ebd. 55 f

[627] Ebd. 56f  [628] Ebd. 59  [629] Ebd. 63
[630] Ebd. 64  [631] Ebd. 66f  [632] Ebd. 75
[633] Ebd. 79  [634] Ebd. 82
[635] Heinrich Beck (Hg.): Germanische Religionsgeschichte, Berlin-New York 1992, 109ff (Fußnote 45), 249f, 299f, ferner Helmut Berndt: Die Nibelungen. Auf den Spuren eines sagenhaften Volkes, Bergisch Gladbach 1997, 130, und Erik Nylén/Jan Peter Lamm: Bildsteine auf Gotland, Neumünster 1991, 30f, Ein Bezug der isländischen Sagen zum südgermanischen Raum ergibt sich auch durch geographische Hinweise: So heißt es, daß Sigurd „nach Frankenland" ritt oder zum Reich König Gjukis „südlich am Rhein". (Die Geschichte von den Völsungen, 49, 61)
[636] Max Horkheimer/Theodor W. Adorno: Dialektik der Aufklärung. Philosophische Fragmente, Frankfurt/Main 1973
[637] „Nordland" Juli 1935, 182, oder Gottfried Spanuth: Glaube und Kult unserer Ahnen, 16f
[638] Edda, Gylfaginning 22, und Baldrs draumar 1
[639] Edda, Gylfaginning 49
[640] Siehe dazu etwa Joseph Campbell: Der Heros in tausend Gestalten, Frankfurt/Main 1978
[641] C. G. Jung und K. Kerényi: Einführung in das Wesen der Mythologie, Hildesheim 1982, 115

# Ausgewählte Literatur

*Ackermann, Josef:* Heinrich Himmler als Ideologe, Göttingen 1970
*Bärsch, Claus-Ekkehard:* Die politische Religion des Nationalsozialismus. Die religiöse Dimension der NS-Ideologie in den Schriften von Dietrich Eckart, Joseph Goebbels, Alfred Rosenberg und Adolf Hitler, München 1998
*Beck, Heinrich u .a. (Hg.):* Germanische Religionsgeschichte, Berlin – New York 1992
*Blavatsky, Helena Petrovna:* Die Geheimlehre, Leipzig 1901
*Bloch, Ernst:* Erbschaft unserer Zeit, Frankfurt/Main 1977
*Burri, Margit:* Nachdenken über germanische Mythologie. Wider Mißbrauch und Verfälschung, Zürich 1990
*Campbell, Joseph:* Der Heros in tausend Gestalten, Frankfurt/Main 1978
*Daim, Wilfried:* Der Mann, der Hitler die Ideen gab. Jörg Lanz von Liebenfels, Wien 1994
*Düwel, Klaus:* Runenkunde, Stuttgart 1983
*Die Edda:* Götterlieder, Heldenlieder und Spruchweisheiten der Germanen, hrsg. von Manfred Stange, Augsburg 1995
*Godwin, Joscelyn:* Das Buch von der Hohlen Erde, Peiting 1997
*Goodrick-Clarke, Nicholas:* Die okkulten Wurzeln des Nationalsozialismus, Graz 1997
*ders.:* Hitler's Priestess. Savitri Devi, the Hindu-Aryan-Myth and Neo-Nazism, New York-London 1998
*Greve, Reinhard:* Tibetforschung im SS-Ahnenerbe, in: Lebenslust und Fremdenfurcht, Ethnologie im Dritten Reich, hrsg. von Thomas Hauschild, Frankfurt/M. 1995
*Groenbech, Wilhelm:* Kultur und Religion der Germanen, Darmstadt 1997 (deutsche Erstausgabe 1937)
*Heller, Friedrich Paul/ Maegerle, Anton:* Thule. Vom völkischen Okkultismus zur Neuen Rechten, Stuttgart 1995
*Hamann, Brigitte:* Hitlers Wien. Lehrjahre eines Diktators, München – Zürich, 1996
*Hasenfratz, Hans-Peter:* Die religiöse Welt der Germanen. Ritual-Magie-Kult-Mythus, Freiburg 1992
*Hermand, Jost:* Der alte Traum vom neuen Reich. Völkische Utopien und Nationalsozialismus, Frankfurt/M.1988
*Himmler, Heinrich:* Geheimreden 1933–1945, hrsg. von Bradley F. Smith und Agnes F. Peterson, Frankfurt/Main – Berlin – Wien 1974

*Höhne, Heinz:* Der Orden unter dem Totenkopf. Die Geschichte der SS, München 1979
*Hüser, Karl (Hg.):* Wewelsburg 1933–1945, Kult- und Terrorstätte der SS, Paderborn 1987
*Hundseder, Franziska:* Wotans Jünger. Neuheidnische Gruppen zwischen Esoterik und Rechtsradikalismus, München 1998
*Hunger, Ulrich:* Die Runenkunde im Dritten Reich, Frankfurt/Main 1984
*Isländische Heldenepen,* übertragen von Paul Hermann, München 1996
*Jung, C. G./Kerényi, Karl:* Einführung in das Wesen der Mythologie, Hildesheim 1982
*Kater, Michael:* Das „Ahnenerbe" der SS 1935–1945, Stuttgart 1974
*Kersten, Felix:* Totenkopf und Treue, Hamburg 1952
*Kirchhoff, Jochen:* Nietzsche, Hitler und die Deutschen. Vom unerlösten Schatten des Dritten Reiches, Berlin 1990
*Köhler, Joachim:* Wagners Hitler. Der Prophet und sein Vollstrecker, München 1997
*Kubizek, August:* Adolf Hitler, mein Jugendfreund, Graz-Göttingen 1953
*Lange, Hans-Jürgen:* Der Gralssucher, in: Otto Rahn, Leben und Werk, Engerda 1995
*ders.:* Weisthor. Karl Maria Wiligut. Himmlers Rasputin und seine Erben, Engerda 1998
*Ley, Michael/Schoeps, Julius (Hg.):* Der Nationalsozialismus als politische Religion, Bodenheim 1997
*Lohfink, Norbert:* Gewalt und Gewaltlosigkeit im Alten Testament, Freiburg – Basel – Wien 1983
*Maier, Hans:* Politische Religionen. Die totalitären Regime und das Christentum, Freiburg 1995
*Metzner, Ralph:* Der Brunnen der Erinnerung. Von den mythologischen Wurzeln unserer Kultur, Braunschweig 1994
*Mundhenk, Johannes:* Forschungen zur Geschichte der Externsteine (4 Bände), Lemgo 1980
*Nagel, Brigitte:* Die Welteislehre. Ihre Geschichte und ihre Rolle im „Dritten Reich", Stuttgart 1991
*Neckel, Gustav:* Vom Germanentum. Ausgewählte Aufsätze und Vorträge, Leipzig 1944
*Ninck, Martin:* Wodan und germanischer Schicksalsglaube, Jena 1935
*Nußbeck, Ulrich:* Karl Theodor Weigel und das Göttinger Sinnbildarchiv. Eine Karriere im Dritten Reich, Göttingen 1993
*Plewnia, Margarete:* Auf dem Weg zu Hitler. Der ‚völkische' Publizist Dietrich Eckart, Bremen 1970
*Poliakov, Leon:* Der arische Mythos, Hamburg 1993
*Rahn, Otto:* Kreuzzug gegen den Gral, Freiburg 1933
*ders.:* Luzifers Hofgesind. Eine Reise zu Europas guten Geistern, Leipzig 1937
*Reden, Sibylle von:* Die Megalithkulturen, Köln 1987

*Rose, Detlev:* Die Thule-Gesellschaft. Legende – Mythos – Wirklichkeit, Tübingen 1994

*Rougement, Denis de:* Journal aus Deutschland 1935–36, Wien 1998

*Schilling, Rolf:* Das holde Reich. Essays zur Symbolik, München 1990

*Schnurbein, Stefanie von:* Göttertrost in Wendezeiten. Neugermanisches Heidentum zwischen New Age und Rechtsradikalismus, München 1993

*Strohm, Harald:* Die Gnosis und der Nationalsozialismus, Frankfurt/Main 1997

*Thies, Jochen:* Architekt der Weltherrschaft. Die ‚Endziele' Hitlers, Düsseldorf 1976

*Thöne, Albrecht:* Das Licht der Arier. Licht-/Feuer- und Dunkelsymbolik im Nationalsozialismus, München 1979

*Vondung, Klaus:* Magie und Manipulation. Ideologischer Kult und politische Religion im Nationalsozialismus, Göttingen 1971

*Weeber, Elisabeth:* Das Hakenkreuz – Geschichte und Bedeutungswandel eines Symbols, Magisterarbeit an der Ludwig-Maximilians-Universität München 1998

*Weißmann, Karlheinz:* Schwarze Fahnen, Runenzeichen. Die Entwicklung der politischen Symbolik der deutschen Rechten zwischen 1890 und 1945, Düsseldorf 1991

*Wunderlich, Werner (Hg.):* Der Schatz des Drachentöters. Materialien zur Wirkungsgeschichte des Nibelungenliedes, Stuttgart 1977

# Abbildungsnachweis

S. 125  Blavatsky (Archiv am Goetheanum, Dornach)
Lanz von Liebenfels (Uwe Berg, Toppenstedt)
List (Privatarchiv Rüdiger Sünner)
Sebottendorff (Archiv Albrecht Götz v. Olenhusen, Freiburg i. Br.)
S. 126  Bildarchiv Preußischer Kulturbesitz, Berlin 1999
S. 127  Wirth (Uwe Berg, Toppenstedt)
Wiligut (Kreismuseium Wewelburg, Büren–Wewelsburg)
Weigel (Privatarchiv Renate Beling)
Rahn (Privatarchiv Ingeborg Römer)
S. 128  Hünengrab (Bildarchiv Preußischer Kulturbesitz, Berlin 1999)
Externsteine (Privatarchiv Sünner)
S. 129  „Germanen gegen Pharaonen" (Bundesarchiv Berlin – Filmarchiv M 970)
Tannenberg (Bildarchiv Preußischer Kulturbesitz, Berlin 1999)
S. 130  Lichterdom aus dem Olympiafilm von Leni Riefenstahl (Ullstein)
Sonnenwendfeier Juni 1938 (Süddeutscher Verlag)
S. 131  Bayerisches Staatsministerium der Finanzen, München
S. 132  Schulwandbild Hakenkreuz (Privatarchiv Sünner)
Runenkunde in der SS (Süddeutscher Verlag)
S. 133  Totenkopfring SS (Elisabeth Müller-Filmproduktion, Düsseldorf)
S. 134  Montségur (Privatarchiv Sünner)
Hitler als „Gralsritter" (Bildarchiv Preußischer Kulturbesitz, Berlin 1999)
S. 135  Kreismuseum Wewelsburg, Büren-Wewelsburg
S. 136
und 137  (Elisabeth Müller-Filmproduktion)
S. 138,
139, 140  (Privatarchiv Sünner)